New Chinese Intermediate Listening Course

新中级汉语听力

上 册 I

（生词和练习）

刘颂浩　马秀丽　编著

北京大学出版社
北　京

图书在版编目(CIP)数据

新中级汉语听力(上册)/刘颂浩 马秀丽 编著.—北京：北京大学出版社，2003.12
ISBN 978-7-301-06527-3

Ⅰ.新…　Ⅱ.①刘…　②马…　Ⅲ.汉语-听说教学-对外汉语教学-教材
Ⅳ.H195.4

中国版本图书馆 CIP 数据核字(2003)第 079608 号

书　　　名：新中级汉语听力(上册)
著作责任者：刘颂浩　马秀丽　编著
责 任 编 辑：郭　力
标 准 书 号：ISBN 978-7-301-06527-3/H·0889
出 版 发 行：北京大学出版社
地　　　址：北京市海淀区成府路 205 号　100871
网　　　址：http://www.pup.cn
电　　　话：邮购部 62752019　发行部 62750672　编辑部 62753334　出版部 62754962
电 子 邮 箱：zpup@pup.pku.edu.cn
印 刷 者：北京大学印刷厂
经 销 者：新华书店
　　　　　787 毫米×1092 毫米　16 开本　22 印张　374 千字
　　　　　2003 年 12 月第 1 版　2008 年 6 月第 3 次印刷
定　　　价：60.00 元(上册全二册，含 1 张 MP3)

未经许可，不得以任何方式复制或抄袭本书之部分或全部内容。
版权所有，侵权必究　举报电话：010-62752024
　　　　　　　　　　电子邮箱：fd@pup.pku.edu.cn

目 录

第一单元　升堂入室 …………………………………………………… 1
课文一　第一次 ………………………………………………… 1
　　　　语言练习 ………………………………………………… 3
课文二　一天一封 ……………………………………………… 6
课文三　第一次拿工资 ………………………………………… 7
　　　　专项练习 ………………………………………………… 8
　　　　词语小结 ………………………………………………… 8

第二单元　酸甜苦辣 ………………………………………………… 10
课文一　吃西瓜 ………………………………………………… 10
　　　　语言练习 ………………………………………………… 13
课文二　张不开嘴 ……………………………………………… 15
课文三　留言 …………………………………………………… 17
　　　　专项练习 ………………………………………………… 17
　　　　词语小结 ………………………………………………… 18

第三单元　应接不暇 ………………………………………………… 20
课文一　我都不知道东西南北了 ……………………………… 20
　　　　语言练习 ………………………………………………… 23
课文二　谢梦有 ………………………………………………… 26
课文三　快乐的原因 …………………………………………… 27
　　　　专项练习 ………………………………………………… 28
　　　　词语小结 ………………………………………………… 28

第四单元　春暖花开 ………………………………………………… 30
课文一　好主意！ ……………………………………………… 30

　　　　语言练习 ·· 33
　　　课文二　云南绝对值得一去！ ························· 35
　　　课文三　全球变暖 ······································· 37
　　　　专项练习 ·· 38
　　　　词语小结 ·· 38

第五单元　何去何从 ·· 40
　　　课文一　茶馆 ·· 40
　　　　语言练习 ·· 43
　　　课文二　数码相机 ······································· 46
　　　课文三　猪狗不如 ······································· 47
　　　　专项练习 ·· 48
　　　　词语小结 ·· 49

第六单元　余音绕梁 ·· 50
　　　课文一　思想手 ·· 50
　　　　语言练习 ·· 54
　　　课文二　像鱼一样 ······································· 56
　　　课文三　明星整容 ······································· 58
　　　　专项练习 ·· 58
　　　　词语小结 ·· 59

第七单元　闻鸡起舞 ·· 61
　　　课文一　不踢了 ·· 61
　　　　语言练习 ·· 64
　　　课文二　健康秘诀 ······································· 67
　　　课文三　瑜伽 ·· 69
　　　　专项练习 ·· 69
　　　　词语小结 ·· 70

第八单元　神秘莫测 ·· 72
　　　课文一　白羊白羊 ······································· 72

目 录

  语言练习 ·· 75
 课文二 你怎么办？ ································ 78
 课文三 八字和生肖 ································ 80
  专项练习 ·· 80
  词语小结 ·· 81

第九单元 梅妻鹤子 ··································· 83
 课文一 矛盾 ·· 83
  语言练习 ·· 86
 课文二 鹤 ·· 89
 课文三 岁寒三友 ···································· 90
  专项练习 ·· 91
  词语小结 ·· 91

第十单元 独在异乡 ··································· 93
 课文一 交友 ·· 93
  语言练习 ·· 96
 课文二 坏心情，我不带你回家 ······················ 98
 课文三 饺子、胡子及其他 ·························· 100
  专项练习 ·· 101
  词语小结 ·· 103

课外作业 ·· 105
单元练习参考答案 ······································ 125
课外作业参考答案 ······································ 143
词汇总表 ·· 155

第一单元　升堂入室

题解：升，从低的地方来到高的地方；入，进入。古代的房屋，前边叫"堂"，后边叫"室"。"升堂入室"指学问或技能由浅入深，一步一步达到更高的水平。

课文一

第 一 次

词　语

1.	具有(动,乙)	jùyǒu	be provided with; have *vt.*
2.	大型(形,乙)	dàxíng	large-scale *adj.*
3.	尊敬(动,乙)	zūnjìng	hono(u)r someone; respect *vt.*
4.	某(代,乙)	mǒu	certain; some *adj.*
5.	生意(名,乙)	shēngyì	trade; commerce; business *n.*
6.	成功(动/形,乙)	chénggōng	successful; prosperous *adj.* succeed *v.*
7.	由(介,乙)	yóu	through; by way of; using *prep.*
8.	表达(动,乙)	biǎodá	express; convey; profess one's devotion; describe *vt.*
9.	公交车(名,超)	gōngjiāo chē	bus *n.*
10.	地位(名,乙)	dìwèi	position; place; status; standing; posture; rank

11. 科学家(名,乙)	kēxuéjiā	scientist	n.
12. 组成(动,丙)	zǔchéng	compose; make up of	vt.
13. 恋爱(动/名,乙)	liàn'ài	love; fall in love with sb.	n. v.
14. 作家(名,乙)	zuòjiā	composer; one who writes, especially as an occupation	n.
15. 作品(名,乙)	zuòpǐn	works; composition	n.
16. 并(副,乙)	bìng	put before privative to strengthen negative sense	adv.
17. 特定(形,丁)	tèdìng	specific; specified; particular	adj.
18. 奖励(动,丙)	jiǎnglì	encourage and reward	vt.

句 子

1. 这是具有特殊历史意义的一件大事。
2. 作家和科学家一样,往往会受到人们的尊敬。
3. 第一个做某项生意的人往往会取得巨大成功。
4. 由"初"和别的汉字一起组成的词也很多。
5. 这个意思在汉语里并没有特定的词来表达。
6. 作品受欢迎,这是对作家的最好奖励。
7. 最先学的一门外语就是你的"第一外语"。
8. 这是一个动人的、发生在特定历史时期的恋爱故事。

练 习

第一题:听完第一遍后,确定本文的主要意思是什么。

1. 初恋发生在什么时候最好。
2. 应该奖励上课来得早的同学。
3. 汉语是怎样表达"第一"的。
4. "第一"对个人和社会都很重要。

第二题：听第二遍，边听边把文章中介绍到的词汇找出来。
1. 首选城市　首车　首届毕业生　首届运动会　首席科学家　首席小提琴手
2. 初学　初恋　初次见面　初赛　初雪　初春　初秋
3. 冠军　启蒙老师　处女作
4. 第一夫人　第一个到教室的人　第一外语　第一职业

第三题：根据提示重复录音中的句子。
1. 第一次……的情况……忘不了。
2. 第一个……人会取得……成功。
3. 你想不想……呢？
4. "第一、第一次"……是由"首、初"……表达的。
5. 除了……以外，……还有别的方法。
6. 请……同学来回答……问题。

第四题：听录音，记住录音中的问题，然后和你的同桌做问答练习。
1.
2.
3.
4.
5.
6.

第五题：请听用较快速度朗读的课文录音。

 语言练习

词语

1. 电脑（名，丙）　　　diànnǎo　　　computer n.
2. 销售（动，丁）　　　xiāoshòu　　　sell; market v.

3.	业务(名,乙)	yèwù	professional work; business *n.*
4.	上班(乙)	shàng bān	go to work; on duty *vi.*
5.	售票员(名,超)	shòupiàoyuán	ticket seller; conductor *n.*
6.	自从(介,乙)	zìcóng	since; from then until now *prep.*
7.	之中(乙)	zhīzhōng	among; in (which) *prep.*
8.	陶醉(动,超)	táozuì	be intoxicated with; revel in; inebriate
9.	不得了(形,乙)	bùdéliǎo	exceeding; wondrous *adj.*
10.	替(介,乙)	tì	on behalf of; for *prep.*
11.	羡慕(动/形,乙)	xiànmù	envy; admire; be envious of; jealous *v. adj.*
12.	对象(名,乙)	duìxiàng	object; the purpose, aim, or goal of a specific action or effort *n.*
13.	时代(名,乙)	shídài	age, era, times *n.*
14.	瞒(动,丙)	mán	conceal secret from; hide the truth from *v.*
15.	期间(名,乙)	qījiān	time; period; during the course of *n. prep.*
16.	挂号(乙)	guà hào	registered, for example registered letter *adj.*
17.	竟然(副,丙)	jìngrán	to one's surprise; unexpectedly *adv.*
18.	结婚(乙)	jié hūn	marry; give one's hand to a man; get married *v.*
19.	祝贺(动,乙)	zhùhè	express good wishes; congratulate *v.* greeting *n.*
20.	新郎(名,丁)	xīnláng	bridegroom; newly-married man *n.*

第一单元

21. 邮递员（名,超）　　　yóudìyuán　　　post man; mailman　n.
22. 礼貌（名,乙）　　　　lǐmào　　　　　courtesy; etiquette; manness　n.

练习

第一题：听录音,选择正确答案。

1. A 电脑对现代人来说很重要。
   B 不认识字就很难学会电脑。
   C 过去不认识字的人非常多。
   D 电脑能帮助人们学习知识。
2. A 电脑的价格越来越便宜了。
   B 公司的电脑比以前卖得好了。
   C 王东不太熟悉电脑销售业务。
   D 王东的工作能力提高了很多。
3. A 他的地位为什么那么高？
   B 地位高的人能做些什么？
   C 有些地位高的人不受尊敬。
   D 地位越高,就越受人尊敬。
4. A 作家为什么能写那么好。
   B 作家后来的作品写得好。
   C 作家的女儿也能写得很好。
   D 很多作家第一次写的作品最好。
5. A 什么是成功？　　　　　B 钱多就是成功吗？
   C 谁觉得自己幸福？　　　D 什么生活有意思？
6. A 者。　　　　　　　　　B 人。
   C 员。　　　　　　　　　D 家。
7. A 男的比女的能力强。　　B 女的比男的能力强。
   C 男女已经完全一样了。　D 男女是不是一样要看情况。
8. A 马文新替公司做了很多事。　B 马文新要买房子,需要钱。
   C 说话人想让马文新学开车。　D 说话人觉得马文新非常穷。
9. A 龙燕。　　　　　　　　B 孙辉。
   C 李锐。　　　　　　　　D 王小兰。

10. A 觉得自己太老了。 B 羡慕男的有工作。
    C 对目前的状况不满意。 D 认为再找工作很容易。
11. A 有人说他是学生。 B 他不想去公司工作。
    C 他不愿在家当作家。 D 公司的人说话不礼貌。
12. A 一直都很成功。 B 很受警察尊敬。
    C 警察正在抓他。 D 得到了20万元。

第二题：两个人在讲自己的初恋，听后说出你觉得谁的故事更让你感动。

课文二

一天一封

练习

第一题：听完第一遍后，确定本文的主要意思是什么。
1. 王东在电脑公司的工作。
2. 王东在深圳期间的生活。
3. 别人为什么那么羡慕小云。
4. 王东和女朋友小云的故事。
5. 李梅和王东、小云的关系。

第二题：听第二遍，然后回答问题。
1. A 今年27岁了。 B 工作是卖电脑。
   C 一直住在深圳。 D 朋友们不喜欢他。
2. A 对王东的工作不满意。 B 是公交公司的售票员。
   C 很多人羡慕她的工作。 D 跟王东一起去了深圳。
3. A 李梅把小云介绍给了王东。
   B 能去深圳工作，王东很高兴。
   C 跟小云在一起，王东很幸福。

   D 王东每天给小云写一封 email。
4. A email 比写信更好。   B 不应该离开女朋友。
  C 女人都不能相信。   D 邮递员的工作很好。

第三题：跟读下列句子。
 1.
 2.
 3.
 4.
 5.
 6.
 7.
 8.

第四题：请听用较快速度朗读的课文录音。

课文三

第一次拿工资

练习

第一题：听第一遍，回答问题。
 1. A 每月 10 号学校发工资。
  B 他 10 天的工资是 89 块。
  C 他每月只用上 10 天班。
  D 他在学校里负责发工资。
 2. A 给自己买礼物。   B 请朋友去吃饭。
  C 请大家喝啤酒。   D 去五星饭店玩。
 3. A 不喜欢吃花生。   B 没有生他的气。
  C 很少，只有五六个。 D 也都在学校里工作。

4. A 比较多。 B 还可以。
   C 太少了。 D 他没说。

第二题：听第二遍，指出下列句中划线部分的意思。
1. 等拿到工资以后，<u>我一下子傻眼了</u>：89块！
2. 然后，买了几瓶啤酒，一些小吃，<u>意思意思就算了</u>。

 专项练习

第一题：边看提纲边听录音"困难表达法"，理解3中所列表达
方法的含义。

> **录音提纲**
> 1. 本单元出现的与困难有关的表达法。
> 2. 谁都会遇到困难。
> 3. 介绍另外几个与困难有关的表达方法：
>   A 左右为难。
>   B 大海捞针。
>   C 要星星不给月亮。

第二题：你将听到几件事情，听后说出这是不是你希望的事。

	希望的	不希望的
题号		

 词语小结

名词

科学家，作家，售票员，邮递员，新郎，对象，公交车，作品，电脑，地位，

生意,恋爱,业务,时代,期间,礼貌。

动词
具有,尊敬,表达,组成,奖励,销售,陶醉,瞒,羡慕,成功,恋爱。

形容词
羡慕,成功,大型,特定,不得了。

其他
副词:并,竟然。
介词:由,自从,替。
代词:某。

词组
之中,结婚,上班,挂号(信)。

表达法
忘不了。 太少见了。 那又怎么样。 不瞒你说。 瞒得了。 别提了。 发生在什么时候。 时代不同了,男女都一样。 生活(陶醉)在幸福之中。 一见钟情。 第一眼就爱上了她。 建立了恋爱关系。 哪儿那么容易? 难以想像。 傻眼。 比登天还难。 没有比它更难的了。 更不用说了。 大吃一顿。 意思意思就算了。 你别搞错。 左右为难。 大海捞针。 要星星不给月亮。 怎么个登法。

第二单元　酸甜苦辣

题解：酸、甜、苦、辣是四种味道，"酸甜苦辣"指生活当中幸福、痛苦、成功、失败等各种经历。

课文一

吃　西　瓜

词　语

1.	幽默（名/形，丁）	yōumò	humorous; witty *adj.* humo(u)r; joke; facetiae *n.*
2.	聪明（形，乙）	cōngmíng	bright; intelligent; wise *adj.*
3.	凡是（副，丙）	fánshì	so long as *adv.*
4.	值得（动，乙）	zhídé	deserve; worth while *v.*
5.	蜡烛（名，丙）	làzhú	candle *n.*
6.	扔（动，乙）	rēng	abandon; throw away; cast aside *v.*
7.	灭（动，乙）	miè	extinguish; put out *vt.*
8.	失败（动，乙）	shībài	fail; be frustrated *vi.*
9.	痛苦（形，乙）	tòngkǔ	painful; suffering; anguished; bitter *adj.*
10.	其实（副，丙）	qíshí	actually; in fact; as a matter of fact *adv.*

11.	安慰(动,乙)	ānwèi	comfort; console; soothe *v*.
12.	在于(动,丙)	zàiyú	rest with; consist (in) *v*.
13.	舌头(名,乙)	shétou	tongue *n*.
14.	肚子(名,乙)	dùzi	stomach; paunch; belly *n*.
15.	尝(动,乙)	cháng	taste; savor *vt*.
16.	白(副,乙)	bái	in vain; for no reason *adv*.
17.	当中(名,丙)	dāngzhōng	thereinto; center; middle *n*.
18.	烦恼(名/形,丁)	fánnǎo	worried; annoyed; irritated; agitated *adj*. trouble; worry; annoyance *n*.
19.	常言道(超)	chángyándào	common saying
20.	糊涂(形,乙)	hútu	muddled; confused; puzzled

句子

1. 这本杂志里最值得看的就是里边的小幽默。
2. 我真的搞不懂,你为什么有那么多烦恼。
3. 凡是在大学期间谈恋爱的,学习成绩都好不了。
4. 问题在于,我也特别糊涂,又怎么能让你明白呢?
5. 其实,她需要的只是男朋友的几句安慰的话。
6. 不了解情况,就不会感到失败和痛苦。
7. 生活当中,有成功也会有失败,有幸福也会有烦恼。
8. 常言道,"眼不见,心不烦"嘛!

课文背景

　　黄远杰和孙玫在一个办公室工作。这天,吃完午饭,黄远杰来到孙玫的桌前。

练 习

第一题：听完第一遍后，确定本文的主要意思是什么。
    1. 两个说话人谁更聪明。
    2. 不要因为失败而痛苦。
    3. 怎样才能买到好西瓜。
    4. 坏瓜影响身体，不能吃。
    5. 吃西瓜当中的生活道理。

第二题：听第二遍，选择正确答案。
    1. A 想告诉她一个幽默故事。 B 要帮助她把西瓜拿回家。
       C 想让她一起去吃西瓜。   D 请她讲一讲故事的意思。
    2. A 老王觉得好坏都能吃。   B 老王认为买得太多了。
       C 三个瓜可能都是坏的。   D 卖西瓜的人没有蜡烛。
    3. A 觉得自己聪明。   B 不喜欢吃西瓜。
       C 很多人安慰她。   D 常常感到失败和痛苦。
    4. A 西瓜在生活中的地位。   B 孙玫为什么比他聪明。
       C 看不见，就不会烦恼。   D 坏瓜对身体有什么影响。
    5. A 不喜欢跟孙玫讲话。   B 理解能力不如孙玫。
       C 买的瓜经常是坏的。   D 不喜欢看幽默故事。

第三题：跟读下列句子。
    1.
    2.
    3.
    4.
    5.
    6.
    7.

第四题：谈谈你对孙玫下列观点的看法。
    1. 凡是说我聪明的人都是好人，都值得帮助。

2. 他看不见,不了解情况,因此就不会感到失败和痛苦。
3. 生活当中的很多事情,如果你看不见,就真的不会有烦恼。

第五题:请听用较快速度朗读的课文录音。

 语言练习

词 语

1.	讲座(名,乙)	jiǎngzuò	a course of lectures
2.	犹豫(形,丙)	yóuyù	hesitate; irresolute v.
3.	想像(动,乙)	xiǎngxiàng	imagine; conceive of; visualize v.
4.	师范(名,丙)	shīfàn	teacher-training; normal school n.
5.	左右(助,乙)	zuǒyòu	about; around
6.	其余(代,乙)	qíyú	the others; the rest
7.	收获(名/动,乙)	shōuhuò	results; gains n. get; gain; achieve v.
8.	演讲(动,丁)	yǎnjiǎng	give a lecture; make a speech v.
9.	博士(名,丙)	bóshì	doctor
10.	口音(名,超)	kǒuyīn	accent
11.	好在(副,丁)	hǎozài	luckily; happily; just as well adv.
12.	概念(名,乙)	gàiniàn	idea; notion; concept n.
13.	观点(名,乙)	guāndiǎn	viewpoint; standpoint
14.	当(动,乙)	dàng	regard; treat v.
15.	惭愧(形,丙)	cánkuì	ashamed; abashed adj.
16.	倒是(副,乙)	dàoshì	indicating concession adv.
17.	直接(形,乙)	zhíjiē	direct; immediate; straight adj.
18.	开口(丙)	kāi kǒu	open one's mouth; begin to speak; start to talk vi.

新中级汉语听力

19. 功夫(名,乙)	gōngfu	effort; time n.
20. 来得及(乙)	láidéjí	there's still time; be able to do in time
21. 好好儿(形,乙)	hǎohāor	all out; to try one's best
22. 张(动,丙)	zhāng	open v.
23. 交往(动,丁)	jiāowǎng	intercourse; assort; affiliate with v.
24. 肯定(动/形,乙)	kěndìng	affirm; approve; assert v. certainly; undoubtedly; definitely; surely adv.
25. 关键(名,乙)	guānjiàn	key; sticking point n.
26. 决心(名/动,乙)	juéxīn	determination; resolution n. have one's mind made up; be determined vi.
27. 鼓励(动/名,乙)	gǔlì	encourage; agitate; animate; arouse; inspire v. encouragement n.

练 习

第一题：听录音,选择正确答案。
1. A 上博士非常困难。　　　　B 上博士要多看论文。
   C 博士论文要写几百页。　　D 几百页的书让人害怕。
2. A 医生对病人。　　　　　　B 老师对学生。
   C 作家对读者。　　　　　　D 妈妈对孩子。
3. A 父母。　　　　　　　　　B 老师。
   C 孩子。　　　　　　　　　D 朋友。
4. A 有烦恼是正常现象。　　　B 完全可以没有烦恼。
   C 生活中的烦恼太多。　　　D 想得太多就会有烦恼。
5. A 小王该不该去北大。　　　B 小王为什么要去北大。
   C 值得不值得让小王去。　　D 小王为什么还没决定。
6. A 心情上的变化。　　　　　B 怎样安慰朋友。
   C 什么时候最痛苦。　　　　D 失败了也没关系。

7. A 喜欢。　　　　　　　　　B 相信。
   C 讨厌。　　　　　　　　　D 不关心。
8. A 钱比别人多。　　　　　　B 花的时间多。
   C 别人不聪明。　　　　　　D 她的机会好。
9. A 用的杯子非常小。　　　　B 王老师不太喜欢。
   C 喝这种茶需要时间。　　　D 男的以前没有喝过。
10. A 演讲人。　　　　　　　　B 讲座内容。
    C 讲座地点。　　　　　　　D 开始时间。
11. A 口语水平不很高。　　　　B 看书时还有困难。
    C 学汉语时间太短。　　　　D 不会跟女孩交往。
12. A 梦见自己变成了女的。　　B 大夫不了解他的烦恼。
    C 小岛上人太少,没意思。　D 漂亮姑娘不愿跟他在一起。

第二题：一个球迷在谈世界杯足球赛的酸甜苦辣,认真听,然后说出他讲得有没有道理。

课文二

张不开嘴

课文背景

李燕在一所大学教历史。这天,她正在办公室看书,听见有人叫她。

练习

第一题：听完第一遍后,确定本文题目"张不开嘴"指的是什么。
1. 口语太差,不能开口。
2. 做错了事,感到惭愧。

3. 病得厉害，嘴很难受。
4. 风太大了，张不开嘴。

第二题：听录音，选择正确答案。
1. A 担心去的人太多。　　B 觉得时间太紧张。
   C 害怕自己听不懂。　　D 风大，天气不好。
2. A 师范大学。　　　　　B 农业大学。
   C 外语学院。　　　　　D 经济学院。
3. A 有人给他翻译。　　　B 原来是美国人。
   C 英语发音很好。　　　D 讲了自己的观点。
4. A 李燕收获很大。　　　B 李燕谁都不认识。
   C 讲的问题很复杂。　　D 听的人不是很多。
5. A 听力太差。　　　　　B 学不好口语。
   C 阅读速度不快。　　　D 研究做得太少。
6. A 改变性格。　　　　　B 多和人交往。
   C 下大的决心。　　　　D 平时多阅读。

第三题：跟读下列句子。
1.
2.
3.
4.
5.
6.
7.
8.

第四题：听录音，记住录音中的问题。然后和你的同桌做问答练习。
1.
2.
3.

4.
5.
6.

第五题：请听用较快速度朗读的课文录音。

课文三

留　言

练习

听一到两遍，选择正确答案。

1. A 可视电话的价格。　　　B 录音电话很受欢迎。
   C 借笔记不是好习惯。　　D 怎样给老师打电话。
2. A 观点很有意思。　　　　B 演讲人很幽默。
   C 她觉得收获不大。　　　D 听的人比想像的多。
3. A 送书。　　　　　　　　B 吃饭。
   C 写文章。　　　　　　　D 过生日。
4. A 告诉李宁他去医院了。　B 告诉李宁他买手机了。
   C 想跟李宁一起去上课。　D 问问李宁有没有笔记。

专项练习

第一题：对照通知听录音，理解划线词语的意思。

通 知

原定于本月 14 日（星期三）下午 2 点 30 分举行的"中国当代师范教育"讲座，因故改在 15 日（星期四）晚上 7 点 30 分，讲座地点照旧。请同学们互相转告。

教育系办公室
4 月 12 日

第二题：听词组或短句，判断里边有没有读轻声的字。

题号	有轻声	无轻声

 词语小结

名词

　　博士，舌头，肚子，蜡烛，师范，讲座，观点，口音，当中，功夫，关键，概念，收获。

动词

值得,决心,失败,安慰,鼓励,演讲,在于,想像,交往,尝,张,扔,灭,当。

形容词

幽默,糊涂,犹豫,烦恼,痛苦,惭愧,肯定,好好儿,直接。

其他

副词:凡是,其实,白,好在,倒是。
助词:左右。
代词:其余。

词组

常言道,来得及,开口。

表达法

小幽默。 问题在于。 关键在于。 搞不懂。 提意见。 还真没有白说。 说起来真惭愧。 张不开嘴。 口音很重。 不爱跟人交往。 想像不到。 没有想像的那么多。 比想像的还要漂亮。 就当是练习练习听力。 在美国拿的博士。 做过不少研究。 发(的)材料。 下功夫。 没有学不会的。 打开一个西瓜。 点上蜡烛。 开生日晚会。 过生日。能尝出来。 眼不见心不烦。 早知道。 算什么呀。

第三单元　应接不暇

题解：暇，空闲。"应接不暇"原来的意思是一路上风景优美，看不过来。现在常常指事情太多，忙不过来。

课文一

我都不知道东西南北了！

词语

1. 幻想（动/名，丙）　　huànxiǎng　　illusion; fantasy *n*. imagine; dream *v*.
2. 大名鼎鼎（超）　　dà míng dǐng dǐng　　well-known; celebrated; famous *adj*.
3. 编辑（动/名，丙）　　biānji　　edit; compile *vi*. editor; compiler *n*.
4. 出差（丁）　　chū chāi　　be on a business trip *vi*.
5. 讽刺（动，丙）　　fěngcì　　mock; make fun of; tease
6. 订货（名，丁）　　dìnghuò　　order goods
7. 顺便（副，乙）　　shùnbiàn　　in passing; at one's convenience *adv*.
8. 约（动，乙）　　yuē　　make an appointment; arrange *v*.
9. 稿子（名，丁）　　gǎozi　　manuscripts submitted for puplication *n*.

10.	暑假(名,乙)	shǔjià	summer vacation n.
11.	赶(动,乙)	gǎn	hurry through v.
12.	为止(动,丙)	wéizhǐ	up to; till
13.	刚刚(副,乙)	gānggāng	just now; a moment ago adv.
14.	脑子(名,乙)	nǎozi	brains; mind n.
15.	精力(名,乙)	jīnglì	strength; vigo(u)r n.
16.	保重(动,丁)	bǎozhòng	take care of oneself v.
17.	一阵(名,丙)	yízhèn	a period of time; spell n.
18.	退休(动,丙)	tuìxiū	retire; hang up one's spikes v.
19.	正当(丙)	zhèngdāng	in process of prep.
20.	中年(名,丙)	zhōngnián	middle age; the autumn of one's life n.
21.	至少(副,乙)	zhìshǎo	at least; at the fewest adv.
22.	出版(动,乙)	chūbǎn	publish; print v.
23.	要不然(连,丙)	yàobùrán	or else; otherwise conj.
24.	心理(名,丙)	xīnlǐ	psychology; mentality n.
25.	丛(名,丙)	cóng	collection; a series of books n.
26.	主编(动/名,丁)	zhǔbiān	editor in chief; chief editor n. supervise the publication; edit v.
27.	学术(名,乙)	xuéshù	learning; science; academy n.

句子

1. 以前是爱哭爱笑爱幻想的小姑娘,现在是大名鼎鼎的曹编辑。
2. 他讽刺我脑子不够用,把我气坏了。
3. 这套心理学丛书很受学生的欢迎。
4. 张教授学术水平很高,要不然,怎么能当主编呢?
5. 曹编辑正当中年,看稿子总有使不完的精力。
6. 我刚刚参加完全国图书订货会,顺便来看看你。

7. 最近这一阵比较忙,不过下个学期我就要退休了。
8. 到这个暑假为止,至少有三千人听过我们的心理学讲座。

课文背景

曹丽敏在一家出版社工作。这几天,她在北京出差,就给自己的大学老师张小峰教授打了个电话。

练习

第一题:听第一遍,然后回答问题:曹丽敏为什么给张老师打电话?
1. 替出版社邀请老师当主编。
2. 想请老师参加一个讨论会。
3. 好久不见了,想跟老师聊天。
4. 想告诉老师图书订货会的消息。

第二题:再听一遍录音,然后回答问题。
1. A 现在是编辑。 B 很少来北京。
   C 不喜欢幻想。 D 最近不太忙。
2. A 替出版社向作者约稿。 B 参加全国图书订货会。
   C 看望多年不见的老师。 D 参加一个心理学讨论会。
3. A 正在准备论文。 B 最近要上很多课。
   C 精力没有以前好了。 D 正在给出版社写书。
4. A 张老师课上得不好,应早点退休。
   B 张老师身体不好,不能继续工作。
   C 退休以后张老师就有时间写书了。
   D 她只是随便说说,没有特别的原因。
5. A 调查中学生心理状况。 B 请张老师去当领导。
   C 出版一套心理学丛书。 D 举办大型图书订货会。

第三题：跟读下列句子。
1.
2.
3.
4.
5.
6.
7.

第四题：听录音，记住问题，然后和你的同桌做问答练习。
1.
2.
3.
4.
5.
6.

第五题：请听用较快速度朗读的课文录音。

 语言练习

词 语

1.	看望（动，丁）	kànwàng	pay a visit; call on; look in v.
2.	病床（名，丙）	bìngchuáng	sickbed n.
3.	做梦（乙）	zuò mèng	have a dream; dream v.
4.	商人（名，丁）	shāngrén	tradesman; businessman; merchant n.
5.	随时（副，乙）	suíshí	at all times; any time adv.
6.	目标（名，乙）	mùbiāo	target; goal; aim n.

7.	拼命(乙)	pīn mìng	exerting the utmost strenghth; with all one's might
8.	住院(乙)	zhù yuàn	be hospitalized; be in hospital *v.*
9.	加班(丁)	jiā bān	work overtime; work an extra shift *v.*
10.	宽大(形,丁)	kuāndà	roomy; spacious; wide; loose *adj.*
11.	豪华(形,丁)	háohuá	luxurious *adj.*
12.	算是(动,丙)	suànshì	become at last *v.*
13.	猜(动,乙)	cāi	guess; surmise; conjecture *v.*
14.	伤心(乙)	shāng xīn	be sorrowful; be sad; be grieved *v.*
15.	有的是(动,乙)	yǒudeshì	there'no lack of; have plenty of *v.*
16.	代价(名,丙)	dàijià	cost; price; expense *n.*
17.	挣(动,丙)	zhèng	earn(money) *v.*
18.	几乎(副,乙)	jīhū	almost; nearly; practically *adv.*
19.	放弃(动,乙)	fàngqì	abandon; give up *vt.*
20.	哲理(名,超)	zhélǐ	philosopher's stone *n.*
21.	哲学(名,乙)	zhéxué	philosophy *n.*
22.	产生(动,乙)	chǎnshēng	engender; produce; give birth to *v.*
23.	面对(动,丙)	miànduì	confront; encounter; face *v.*
24.	疾病(名,丙)	jíbìng	disease; illness *n.*
25.	生命(名,乙)	shēngmìng	life; being *n.*
26.	深刻(形,乙)	shēnkè	profound; deep-going *adj.*
27.	出院(乙)	chū yuàn	(of an inpatient) leave hospital
28.	进修(动,乙)	jìnxiū	engage in advanced studies *v.*

练 习

第一题：听录音，选择正确答案。

1. A 激动。 B 惭愧。
   C 烦恼。 D 伤心。
2. A 进修花钱太多。 B 进修需要太多时间。
   C 现在工作时间太长。 D 决定去哪儿进修很难。
3. A 两个。 B 三个。
   C 四个。 D 五个。
4. A 非常难过。 B 想早点退休。
   C 不关心别人。 D 不愿当领导。
5. A 老师在医院工作。 B 老师不认识她了。
   C 她刚从医院回来。 D 她有了很大改变。
6. A 这一阵工作非常忙。 B 正在主编一套丛书。
   C 周末爱好喝功夫茶。 D 最近身体出问题了。
7. A 到退休年龄了。 B 身体一直很差。
   C 不愿意工作了。 D 两个人都不知道。
8. A 他不去挣钱了。 B 他要多多休息。
   C 他挣的钱够多了。 D 他还要拼命挣钱。
9. A 自然科学。 B 哲学。
   C 心理学。 D 社会学。
10. A 是哲学家。 B 还比较年轻。
    C 不能喝啤酒。 D 爱考虑问题。
11. A 男人没钱也想结婚。 B 婚后男人不愿花钱。
    C 女人结婚非常随便。 D 女人结婚只是因为钱。
12. A 很深刻。 B 很幽默。
    C 很聪明。 D 很可笑。

第二题：三个人在谈自己忙碌的生活，听后说出你认为谁最需要休息。

课文二

谢梦有

练 习

第一题：连续听两遍录音，选择正确答案。

1. A 刚刚认识。　　　　　B 是好朋友。
   C 生意上有联系。　　　D 是哲学系的同学。
2. A 改名字。　　　　　　B 拼命工作。
   C 从不回家。　　　　　D 每天加班。
3. A 有自己的公司。　　　B 家里地方很大。
   C 有很多钱。　　　　　D 今年55岁。
4. A 身体健康比什么都重要。
   B 要想挣钱，就要放弃一些爱好。
   C 最重要的是让自己的钱越来越多。
   D 羡慕你的人越多，你就越成功。
5. A 很伤心。　　　　　　B 很生气。
   C 很高兴。　　　　　　D 课文没说。
6. 可以让一个人　A 更幸福。
   　　　　　　　B 有机会看书。
   　　　　　　　C 更理解生命。
   　　　　　　　D 做生意更成功。

第二题：听句子，比较听到的和看到的句子有何不同。

1. 取得成功的关键是有明确的目标。
2. 我一个人，没有必要住这么宽大的房子。
3. 我只是一个商人，没读过几年书。
4. 我正在听的这首歌叫"一千个伤心的理由"。
5. 越是困难，越是不能放弃对理想的追求。
6. 面对疾病和死亡，我有的是勇气。

7. 多加了10天班,这就是我的代价。

第三题:谈谈你对下列现象或观点的看法。
1.
2.
3.
4.
5.
6.
7.

第四题:请听用较快速度朗读的课文录音。

课文三

快乐的原因

练 习

连续听两遍录音,选择正确答案。
1. A 休息。 B 读书。
   C 弹琴唱歌。 D 锻炼身体。
2. A 钱很少。 B 是个男的。
   C 年纪很大。 D 不喜欢孔子。
3. A 两个。 B 三个。
   C 四个。 D 五个。
4. A 读书人。 B 歌唱家。
   C 音乐家。 D 作家。
5. A 自我安慰的方法。 B 让他快乐的事情。
   C 读书人的正常状况。 D 人生最后的归宿。
6. A 会弹琴唱歌。 B 活到九十多岁。
   C 有一颗快乐的心。 D 到泰山附近旅行。

专项练习

第一题：先看一遍下列表示忙碌和着急的句子，然后听录音"忙碌"，看看它们在录音中是怎样用的。

1. 恐怕不少人都会用一个字来回答：忙！
2. 唉，最近忙得团团转，连饭都顾不上吃。
3. 最近忙得没时间看电视，连谈恋爱的时间也没有了。
4. 感谢各位在百忙之中参加我们今天的会议。
5. 忙碌的人大都非常着急，干什么事都像是吃快餐，所以汉语里说"急忙"。
6. 急性子的人总是风风火火的，他们除了急，还是急。

第二题：根据录音，标出看到的句子的重音。

1. 我想进修哲学。
2. 这篇文章讽刺的是不会和人交往的博士。
3. 这是我这个暑假的目标。
4. 这本书刚刚出版。
5. 老是这么伤心就不对了。
6. 赵阳5年前就退休了。
7. 成功的商人却不是很多。
8. 他就是大名鼎鼎的曹教授呀！
9. 出版社比研究所钱多。
10. 精力也比不上从前了。

 词语小结

名词

编辑，主编，商人，哲学，哲理，学术，稿子，目标，代价，暑假，生命，一阵，中年，脑子，心理，精力，疾病，病床，丛。

动词

出版,编辑,进修,看望,退休,保重,猜,幻想,面对,算是,有的是,放弃,约,挣,赶,为止,讽刺,产生,订货。

形容词

宽大,深刻,豪华。

其他

副词:顺便,随时,刚刚,几乎,至少。
连词:要不然。

词组

大名鼎鼎,正当,拼命,加班,伤心,住院,出院,出差。

表达法

您就别讽刺我了。 您就别客气了。 你还算不错的呢。 快乐就在你的心里。 你问我,我问谁呀? 我心里最清楚。 我恐怕不合适吧。 我哪里是什么哲学家呀? 我的努力并没有白费。 自我安慰。 没有他不感兴趣的。 住上了宽大豪华的房子。 人生最后的归宿。 赶写论文。 忙得我都不知道东西南北了。 这一阵忙坏了,忙得团团转。 在百忙之中。 风风火火。 除了急还是急。 脑子不够用。 一转眼。 心理学丛书。 几乎都认不出来了。 最要命的是。 男尊女卑。 比不上。 既然如此。

第四单元 春暖花开

课文一

好主意!

词 语

1.	舞蹈(名,丙)	wǔdǎo	dance n.
2.	训练(动,乙)	xùnliàn	train; drill v.
3.	遗憾(形,丙)	yíhàn	regretful; sorry; woeful adj.
4.	超过(动,乙)	chāoguò	exceed; preponderate over vt.
5.	情绪(名,乙)	qíngxù	mood; emotion; spirits n.
6.	美眉(名,超)	měiméi	beauty; beautiful lady n.
7.	无精打采(超)	wú jīng dǎ cǎi	dispirited; lazy adj.
8.	提前(动,乙)	tíqián	advance; shift to an earlier time v.
9.	怪(动,丙)	guài	blame; complain v.
10.	简直(副,丙)	jiǎnzhí	simply; absolutely; virtually adv.
11.	嘴巴(名,丁)	zuǐbā	mouth n.
12.	预报(动/名,丙)	yùbào	forecast of weather; prediction n. v.
13.	同期(名,丁)	tóngqī	the corresponding period n.
14.	将(副,乙)	jiāng	shall; would adv.
15.	底(名,丙)	dǐ	end of a period time n.

第四单元

16. 光(副,乙)	guāng	alone; merely; only	*adv.*
17. 顾(动,乙)	gù	take into account; have regard for; give consideration to	*v.*
18. 反常(形,丁)	fǎncháng	unusual; abnormal	*adj.*
19. 佩服(动,丙)	pèifú	admire; have admiration for	*v.*
20. 春季(名,丙)	chūnjì	spring; spring time	*n.*
21. 频繁(形,丁)	pínfán	frequent	*adj.*
22. 收听(动,超)	shōutīng	listen in; tune in	*v.*
23. 及时(形,乙)	jíshí	timely; in time	*adj.*
24. 增(动,丁)	zēng	add; increase	*v.*
25. 减(动,乙)	jiǎn	subtract; lessen	*v.*
26. 平均(动/形,乙)	píngjūn	average; even	*adj. v.*
27. 辞(动,丁)	cí	discharge; dismiss; fire; sack; give sb. the gate	*v.*

句子

1. 光顾说话了,忘了你还有课呢,赶紧去吧。
2. 春天气温变化频繁,容易出现反常天气。
3. 天气预报说这两天的平均气温将比去年同期低10度左右。
4. 他总拿我当外人,搞得我很没有情绪。
5. 他每天坚持收听新闻广播,我真佩服他。
6. 春季气温变化频繁,一定要注意及时增减衣服。
7. 很遗憾,你找的这个人老板已经把他辞了。
8. 我们的训练时间一般都超过两小时,但有时也会提前结束。

课文背景

田明亮刚下课,在回宿舍的路上遇到了舞蹈队的队友季珊。

练 习

第一题：听第一遍后，确定两人谈论的主要问题是什么。
1. 舞蹈训练。
2. 学校医院。
3. 买录音机。
4. 最近的天气。

第二题：听第二遍，回答问题。
1. A 上次训练时没有去。　　　　B 不愿跟男的一起训练。
   C 练舞蹈时很没有情绪。　　　D 身体不好,常常感冒。
2. A 天气太热了。　　　　　　　B 老师不高兴。
   C 没去的人太多。　　　　　　D 大家还有事情。
3. A 二月份。　　　　　　　　　B 三月份。
   C 五月份。　　　　　　　　　D 不清楚。
4. A 夏天天气太热。　　　　　　B 天气预报不准确。
   C 这几天温度太高。　　　　　D 他自己也会感冒。
5. A 医院里人太多。　　　　　　B 去医院路太远。
   C 医院条件不好。　　　　　　D 大夫总把他当小孩。
6. A 看病的水平很高。　　　　　B 每天能看很多病人。
   C 身体好,从不感冒。　　　　D 同样的话能说很多遍。
7. A 非常好。　　　　　　　　　B 很一般。
   C 非常差。　　　　　　　　　D 她没说。

第三题：跟读下列句子。
1.
2.
3.
4.
5.
6.
7.

8.

第四题：听后记住问题，并和同桌做问答练习。

1.
2.
3.
4.
5.

第五题：请听用较快速度朗读的课文录音。

 语言练习

词 语

1.	申请（动，丙）	shēnqǐng	apply for; make official request v.
2.	推荐（动，丙）	tuījiàn	recommend; nominate v.
3.	接待（动，乙）	jiēdài	entertain; admit; receive vt.
4.	绝对（形，乙）	juéduì	absolute; perfect; utter adj.
5.	促使（动，丙）	cùshǐ	impel; urge v.
6.	少数民族（丁）	shǎoshù mínzú	national minority n.
7.	秀丽（形，丁）	xiùlì	beautiful; handsome; elegant; pretty adj.
8.	安顿（动，超）	āndùn	settle down v.
9.	导游（动/名，丁）	dǎoyóu	conduct a sightseeing tour v. tour guide n.
10.	陪同（动/名，丙）	péitóng	accompany
11.	一言为定（超）	yì yán	that's settled then; once sth.

33

		wéi dìng	is said, it must be kept
12.	借口（动/名,丙）	jièkǒu	use as an excuse *v.* pretext; excuse; pretense *n.*
13.	推辞（动,丙）	tuīcí	decline *v.*
14.	动不动（超）	dòngbúdòng	be apt to; frequently; always; easily *adv.*
15.	适应（动,乙）	shìyìng	adapt; accommodate *v.*
16.	寒冷（形,乙）	hánlěng	cold *adj.*
17.	干燥（形,乙）	gānzào	arid; dry *adj.*
18.	风沙（名,丁）	fēngshā	sand blown by the wind *n.*
19.	嗓子（名,乙）	sǎngzi	throat *n.*
20.	号称（动,丁）	hàochēng	be known as *v.*
21.	潮湿（形,丙）	cháoshī	damp; clammy; moist *adj.*
22.	惨（形,丙）	cǎn	awful; dreadful; terrible; horrible *adj.*
23.	素质（名,丁）	sùzhì	character; quality *n.*
24.	姿势（名,丙）	zīshì	posture; pose; gesture *n.*
25.	贸易（名,乙）	màoyì	trade; commerce *n.*
26.	说不定（副,丙）	shuōbúdìng	maybe *adv.*

练习

第一题：听录音，选择正确答案。

1. A 你的身体素质真差。　　　B 锻炼身体特别重要。
   C 去那儿工作对你不好。　　D 寒冷的地方很难适应。
2. A 不想运动。　　　　　　　B 十分小心。
   C 非常紧张。　　　　　　　D 心情不好。
3. A 特别相信。　　　　　　　B 不完全相信。
   C 一点都不信。　　　　　　D 他没说清楚。
4. A 批评。　　　　　　　　　B 关心。

　　　　C 喜欢。　　　　　　　　　　D 理解。

5. A 电影票。　　　　　　　　　B 磁带。
　　C 衣服。　　　　　　　　　　D 图书。

6. A 两个。　　　　　　　　　　B 三个。
　　C 四个。　　　　　　　　　　D 五个。

7. A 你们简直太没用了！　　　　B 真是太遗憾了。
　　C 什么？你们竟然输了？　　　D 没关系，下次赢回来！

8. 为什么　A 5号是队长。
　　　　　B 5号得分最多。
　　　　　C 姿势好坏不重要。
　　　　　D 5号的姿势那么难看。

9. A 长得很漂亮。　　　　　　　B 特别能说。
　　C 光说不做。　　　　　　　　D 女的不羡慕。

10. A 旅行。　　　　　　　　　　B 当导游。
　　 C 买东西。　　　　　　　　　D 找朋友。

11. A 很高兴。　　　　　　　　　B 没什么。
　　 C 有点生气。　　　　　　　　D 非常紧张。

12. A 男的现在是博士。　　　　　B 张教授没写推荐信。
　　 C 张教授说他太忙了。　　　　D 女的认为男的很笨。

第二题：三个人在谈自己喜欢的天气，听后说出你支持他们中的哪一个。

课文二

云南绝对值得一去！

课文背景

　　韩国学生李美惠下个学期准备去云南大学学习，她的同学，美国人戴大伟知道了，就跟她聊了起来。

练 习

第一题：连续听两遍录音，选择正确答案。

1. A 很遗憾。 B 很值得。
   C 很高兴。 D 很生气。
2. A 云南有好朋友接待他。 B 李美惠要陪同他一起去。
   C 去云南旅行既方便又便宜。 D 他对云南的少数民族感兴趣。
3. A 北京寒冷干燥。 B 北京风沙很大。
   C 昆明四季如春。 D 昆明十分潮湿。
4. A 非常好。 B 还可以。
   C 不太好。 D 特别惨。
5. A 好静不好动。 B 动不动就生病。
   C 身体素质很好。 D 不愿跟人一起锻炼。
6. A 对少数民族的生活感兴趣。 B 云南的气候对她更合适。
   C 男朋友被派到了云南工作。 D 跟北京的同学关系没搞好。

第二题：跟读下列句子。

1.
2.
3.
4.
5.
6.
7.

第三题：听一段话，把原因和结果找出来。

1. 风沙很大
   嗓子每天都不舒服
   现在非常干燥
   刚来时十分寒冷
   很难适应北京的气候

2. 你不爱锻炼
   我的身体没事
   北京的气候还可以
   别的同学也没问题
   你的身体素质不行
3. 好静不好动
   锻炼后身体不舒服
   怕跟别人一起锻炼
   男朋友说我的姿势难看

第四题：请听用较快速度朗读的课文录音。

课文三

全球变暖

练习

连续听两遍，判断正误。
1. 一般人都觉得冬天非常寒冷。
2. 中国连续 46 年出现了暖冬天气。
3. 过去 100 年间，全球气温升高了 7℃。
4. 下一个 100 年，全球气温就不会上升了。
5. 全球变暖的主要原因是人类自身的活动。
6. 全球变暖会使自然灾害不像以前那么频繁。
7. 人类生活的各个方面都会受到全球变暖的影响。
8. 中国的小麦、水稻和玉米三大农作物将会减产。

专项练习

第一题：听录音"风雨"，学习下列表达方法的意义。
1. 风里来雨里去。
2. 风刮不着，雨淋不着。
3. 风风雨雨过去了几十年。
4. 我要和你一起经历人生的风风雨雨。
5. 什么风把你吹来了？
6. 我的伞下不再有你。

第二题：听句子的前半部分，从 A 和 B 中选择一个，组成一句完整的话。
1. A 司机没有说　　　　　　B 购物时间可以长一些。
2. A 暑假之前一定要把稿子写出来
   B 别的朋友的建议也起了作用。
3. A 赵军的姿势比不上王文　　B 但是没有孙宏的漂亮。
4. A 没有推荐田明亮　　　　B 赵老师没有。
5. A 和气候干燥也有关系　　B 嘴巴大和风沙大没有关系。
6. A 我的女朋友不是这样　　B 最羡慕的是成功的商人。
7. A 南方的人很喜欢　　　　B 寒冷和干燥都没关系。
8. A 主要是"敌人"太厉害　　B 别人怪我们没关系。
9. A 女生们情绪也不高　　　B 谁都不愿意说话。
10. A 怎么不换一个呢？　　　B 不过，收拾得很干净。

 词语小结

名词
　　美眉，嗓子，嘴巴，姿势，情绪，素质，同期，底，春季，风沙，贸易。

第四单元

动词

预报，收听，陪同，导游，安顿，接待，顾，怪，辞，推辞，借口，号称，推荐，佩服，提前，申请，训练，平均，超过，适应，增，减，促使。

形容词

寒冷，干燥，潮湿，秀丽，反常，惨，频繁，遗憾，及时，绝对。

其他

副词：简直，将，光，说不定。

词组

无精打采，动不动，少数民族，一言为定。

表达法

搞得大家都很没情绪。 伤透了心。 没有你说的那么惨吧。 有苦有乐。 高兴地跳起来。 嘴巴越来越甜了。 把死的说成活的。 找借口不来。 一个劲儿地推辞。 金嗓子。 拿你当小孩儿。 把我给辞了。 你这个人真是的。 以一分之差输掉了比赛。 还是专业运动员呢。 绝对值得一去。 好静不好动。 再好不过了。 衣食住行。 全球变暖。 世界性问题。 你说这天气是怎么了？ 北风呼呼地刮着。 风里来雨里去。 风刮不着，雨淋不着。 人生的风风雨雨。 什么风把你吹来了？

第五单元 何去何从

题解：何，什么；从，采取某种态度。"何去何从"指采取什么态度，决定做或者不做一件事。

课文一

茶　馆

词语

1.	无聊（形，丁）	wúliáo	bored *adj.*
2.	整天（名，丁）	zhěngtiān	the whole day; all day; all day long
3.	遛弯儿（超）	liù wānr	take a walk; go for a stroll *v.*
4.	当时（名，乙）	dāngshí	then; at that time; for the moment
5.	蹦（动，丁）	bèng	bounce; hop; leap *v.*
6.	抡（动，丁）	lún	brandish; swing *v.*
7.	其中（名，乙）	qízhōng	among; in (which)
8.	一下子（副，乙）	yíxiàzi	at a draught; at one blow; right off *adv.*
9.	感染（动，丁）	gǎnrǎn	be influenced by; be tinged with *v.*
10.	情不自禁（超）	qíng bú zì jīn	let oneself go; cannot help doing (sth)

11.	重(副,乙)	chóng	over again *adv.*
12.	精神(形,丙)	jīngshén	lively; be in high spirits *adj.*
13.	形容(动,乙)	xíngróng	describe; express; modify *v.*
14.	帅(形,丁)	shuài	smart; natty; handsome *adj.*
15.	开心(形,丁)	kāixīn	happy; rejoiceful *adj.*
16.	晕晕乎乎(超)	yūn yūn hū hū	muddleheaded; dizzy *adj.*
17.	操心(丙)	cāo xīn	worry about; take pains *v.*
18.	睁(动,乙)	zhēng	open the eyes *v.*
19.	空虚(形,丁)	kōngxū	hollow; empty *adj.*
20.	路口(名,丙)	lùkǒu	crossing; intersection; mouth *n.*
21.	状况(名,乙)	zhuàngkuàng	condition; state; status
22.	持续(动,丁)	chíxù	sustain; continue *v.*
23.	偶然(形,丙)	ǒurán	accidental; fortuitous *adj.*
24.	接触(动,乙)	jiēchù	contact; come close to; get in touch with *v.*
25.	茶馆(名,丙)	cháguǎn	teahouse; tea shop *n.*
26.	普及(动、形,丙)	pǔjí	popularize; disseminate *vt.* diffusive; widespread *adj.*
27.	饮(动,丁)	yǐn	drink *vt.*

句子

1. 一整天一整天地没事可干(无事可做),真无聊。
2. 两个人一边抢着书包一边跑,特别高兴。
3. 人最痛苦的并不是在十字路口去选择,你还有的选。
4. 他的情绪一下子感染了大家,大家重又开心起来。
5. 要操心的事太多了,其中最重要的就是怎样多挣钱。
6. 在我看来,茶馆还有普及饮茶艺术的作用。
7. 一个偶然的机会,我接触到了少数民族的文化。

8. 精神空虚,所以每天喝酒,喝得晕晕乎乎的。

课文背景

一个老板,生意越做越大,开了好多餐厅,到后来却发现自己没有事情可做了。下面是他的回忆。

练 习

第一题:听第一遍后,回答:他是怎么解决自己的问题的?
 1. 跟朋友一起喝酒。
 2. 到餐厅里去帮忙。
 3. 自己开一个茶艺馆。
 4. 到茶馆学习饮茶艺术。

第二题:听第二遍,回答问题。
 1. 因为他　A 要锻炼身体。
　　　　　　B 想观看风景。
　　　　　　C 觉得很无聊。
　　　　　　D 想顺便去餐厅。
 2. A 不喜欢上课。　　　B 都长得很胖。
　　C 跑得不很快。　　　D 那天很高兴。
 3. 因为　A 小学生很帅。
　　　　　B 小学生很快乐。
　　　　　C 他觉得自己太瘦。
　　　　　D 他想再上一次学。
 4. A 无事可做。　　　　B 朋友不多。
　　C 不会喝酒。　　　　D 钱不够花。
 5. A 妻子喜欢喝茶。　　B 开茶馆挣钱多。
　　C 给自己找个地方。　D 没有特别的原因。

第三题：跟读句子。
1.
2.
3.
4.
5.
6.
7.
8.
9.

第四题：记住录音中的问题，然后和同桌作问答练习。
1.
2.
3.
4.
5.
6.

 语言练习

词 语

1.	咨询（动，丁）	zīxún	seek advice from; consult *v.*
2.	尽管（副，乙）	jǐnguǎn	feel free to; not hesitate to
3.	老（副，乙）	lǎo	always; frequently *adv.*
4.	要不（连，丙）	yàobu	or *conj.*
5.	拒绝（动，乙）	jùjué	refuse; reject; decline *vt.*
6.	模糊（形，丙）	móhū	vague; dim *adj.*
7.	鬼（名，乙）	guǐ	devil; apparition; ghost *n.*

43

8.	似的(助,丙)	shìdè	same as
9.	脑袋(名,乙)	nǎodài	head *n.*
10.	哭笑不得(超)	kū xiào bù dé	find sth. both funny and annoying; be at a loss whether to cry or laugh
11.	摄影(名,丙)	shèyǐng	taking a photograph; photography *n.*
12.	毫无(乙)	háo wú	completely not; absolutely not; not at all
13.	疑问(名,乙)	yíwèn	doubt; query; question *n.*
14.	实话(名,丙)	shíhuà	truth *n.*
15.	淘汰(动,丁)	táotài	eliminate through selection *v.*
16.	倾向(动/名,丙)	qīngxiàng	trend; incline; prefer *v.* tendency; polarity *n.*
17.	究竟(副,乙)	jiūjìng	exactly; after all; finally *adv.*
18.	存款(名,丁)	cúnkuǎn	deposit; fund *n.*
19.	神奇(形,丁)	shénqí	magic; miraculous; mystic; supernatural *adj.*
20.	高级(形,丙)	gāojí	high-ranking; senior; high-placed *adj.*
21.	纪念(动/名,乙)	jìniàn	souvenir *n.* commemorate; remember; be in honour of *v.*
22.	数码(名,超)	shùmǎ	digital *n.*
23.	成熟(形,乙)	chéngshú	ripe; mature; opportune *adj.*
24.	进入(动,乙)	jìnrù	enter; come into *vt.*
25.	图片(名,丁)	túpiàn	picture; photograph *n.*
26.	胶卷(名,丙)	jiāojuǎn	roll film *n.*
27.	稍微(副,乙)	shāowēi	a little; a bit; a trifle *adv.*
28.	宣传(动/名,乙)	xuānchuán	propagate; desseminate; give publicity *v.* flack; publicity *n.*
29.	参谋(动/名,丙)	cānmóu	advisor *n.* give (offer) advice *v.*

第五单元

练 习

第一题：听录音,选择正确答案。

1. A 他不想买电视。　　　　　B 地球非常神奇。
   C 无聊的时候才看电视。　　D 电视节目大都没意思。
2. A 他情绪不对。　　　　　　B 别人不喜欢他。
   C 他不愿去医院。　　　　　D 上班去得太晚。
3. A 非常好。　　　　　　　　B 比较好。
   C 还可以。　　　　　　　　D 不太好。
4. A 宣传工作很有意思。　　　B 他们认识了多久。
   C 她做什么事最开心。　　　D 她对杨自烈的了解。
5. A 比较热情。　　　　　　　B 不太热情。
   C 不太愿意。　　　　　　　D 很不愿意。
6. A 数码照片的质量如何。　　B 胶卷会不会被淘汰。
   C 专业人员用什么相机。　　D 数码相机的普及程度。
7. A 安慰男的。　　　　　　　B 讽刺男的。
   C 奖励男的。　　　　　　　D 教育男的。
8. A 年龄。　　　　　　　　　B 学习。
   C 衣服。　　　　　　　　　D 精力。
9. A 特别聪明。　　　　　　　B 头发掉光了。
   C 脑子很好用。　　　　　　D 不到四十岁。
10. A 很神奇。　　　　　　　　B 很无聊。
    C 没意思。　　　　　　　　D 不清楚。
11. A 名字。　　　　　　　　　B 位置。
    C 价格。　　　　　　　　　D 环境。
12. A 银行职工。　　　　　　　B 晓东的同学。
    C 晓东的朋友。　　　　　　D 晓东的父母。

第二题：三个人在讲自己遇到的问题,听后说出你觉得谁的困
　　　　难最大。

45

课文二

数码相机

课文背景

蔡正平原来买的照相机已经用了很多年,最近常常出问题,他想换一个新的,就去问喜欢摄影的同事潘虹。

练习

第一题:听第一遍后,回答:这两个人在讨论什么问题?
1. 数码相机为什么好。
2. 什么样的相机最贵。
3. 男的应该买什么照相机。
4. 哪种价格的照相机最好。
5. 照相机的技术变化很快。

第二题:听第二遍后,回答问题。
1. A 向她请教。　　　　　　B 借她的相机。
   C 跟她聊天儿。　　　　　D 跟她讨论工作。
2. A 还算不错。　　　　　　B 工作不正常。
   C 样子不好看。　　　　　D 送出去修了。
3. A 要不要买新相机。　　　B 买多少钱的相机。
   C 用照相机干什么。　　　D 到哪个商店去买。
4. A 自己不会用。　　　　　B 技术不成熟。
   C 价格太贵,买不起。　　D 照出的照片质量不好。
5. A 把旧相机修一修。　　　B 马上去买最贵的。
   C 先去商店看一看。　　　D 以后再考虑买不买。
6. A 男的存款很多。　　　　B 男的照相技术很好。
   C 女的办过摄影展览。　　D 他们两人非常熟悉。

第三题：跟读下列句子。
1.
2.
3.
4.
5.
6.
7.
8.
9.

第四题：请听用较快速度朗读的课文录音。

课文三

猪狗不如

练习

第一题：听一到两遍，回答问题。

1. A 结婚。 B 找工作。
   C 考大学。 D 买房子。
2. A 参不参加工作。 B 考不考研究生。
   C 要不要出国留学。 D 搞不搞自己的专业。
3. A 让她自己决定。 B 劝她快点挣钱。
   C 要她继续学习。 D 对她不太关心。
4. A 学习很苦。 B 吃得很差。
   C 睡觉很多。 D 情绪很低。
5. A 没工作的人生活很差。 B 考研的人非常辛苦。
   C 没钱的人地位很低。 D 不努力的人不能成功。

第二题：根据课文,理解划线部分的意思。
1. 何去何从成了最伤脑筋的问题。
2. 他们觉得这是我个人的事情,我说了算。
3. 他们要低三下四地求人写推荐信。
4. 除了学习什么都顾不上,一副灰头土脸的样子。
5. 我们只能把脑袋埋在书堆里,更加认真地学习。
6. 只有付出努力才会收获成功。

专项练习

第一题：听录音"选择与决心",学习下列表达法的意义。
1. 走来走去,东张西望。
2. 左右为难,举棋不定,犹豫不决。
3. 鱼我所欲也,熊掌亦我所欲也。
4. 脚踩两只船。
5. 车到山前必有路嘛,何必急着做出决定呢？
6. 你究竟想要什么？
7. 你到底同意不同意？
8. 我把牙一咬,心一横,不干了！
9. 买就买,管它呢！
10. 管不了那么多了,先坐上飞机再说。
11. 一旦决定了,你的心情一下子就变得轻松了。

第二题：听四段录音,写出节目和主持人的名字。
1.
2.
3.
4.

第五单元

 词语小结

名词
鬼,脑袋,胶卷,摄影,图片,数码,路口,茶馆,存款,整天,当时,其中,状况,疑问,实话。

动词
参谋,咨询,宣传,操心,纪念,蹦,抢,睁,饮,形容,感染,持续,拒绝,接触,普及,进入,淘汰,倾向。

形容词
帅,成熟,精神,无聊,空虚,开心,神奇,偶然,普及,高级,模糊。

其他
副词:一下子,稍微,尽管,究竟,老。
助词:似的。
连词:要不。

词组
情不自禁,晕晕乎乎,遛弯儿,哭笑不得,毫无。

表达法
一整天一整天地没事可干。 无路可走。 空虚得要死。 有的选。 搞宣传。 算不上什么专家。 这有什么好奇怪的? 跟中学生似的。 看起来跟什么(鬼)似的。 (不到10分钟)头就大了。 伤脑筋。 聪明的脑袋不长毛。 把脑袋埋在书堆里。 拿我开心。 让人哭笑不得。 说实话。 我说了算。 低三下四。 灰头土脸。 猪狗不如。 累得一句话都说不出来了。 只有付出努力才会收获成功。 毫无疑问。 走来走去。 东张西望。 举棋不定。 犹豫不决。 脚踩两只船。 鱼我所欲也,熊掌亦我所欲也。 车到山前必有路。 把牙一咬。 把心一横。 买就买。 管不了那么多了。 管它呢。

第六单元 余音绕梁

题解：歌声停止后，声音好像还在绕着屋梁行走，形容歌声或者音乐优美，让人难忘。

课文一

思 想 手

词 语

1. 连续剧(名,丁)	liánxùjù	serial play; sitcom *n.*
2. 项目(名,乙)	xiàngmù	item *n.*
3. 设计(动,丙)	shèjì	design; project; scheme *v.*
4. 大厦(名,丁)	dàshà	mansion; large building *n.*
5. 主角(名,超)	zhǔjué	leading role; title-role; protagonist; leading character *n.*
6. 同行(名,丁)	tóngháng	the same trade; of the same occupation; people of the some trade *n.*
7. 亲切(形,乙)	qīnqiè	intimate; close *adj.*
8. 潇洒(形,超)	xiāosǎ	natural and unrestrained
9. 无比(丙)	wúbǐ	incomparable; unparalleled; matchless *adj.*

10. 思考(动,丙)	sīkǎo	think; think carefully; deeply through; ponder over *v.*
11. 不可思议(超)	bù kě sīyì	inconceivable; unimaginable
12. 大脑(名,丙)	dànǎo	cerebra; cerebrum *n.*
13. 犯(动,乙)	fàn	invade; assail *vt.*
14. 冲突(动/名,丙)	chōngtū	conflict; impact *n. v.*
15. 分工(丙)	fēngōng	divide the work; division of labour
16. 明确(形,乙)	míngquè	definite; clear-cut *adj.*
17. 专(副,丙)	zhuān	only *adv.*
18. 娱乐(名,丙)	yúlè	fun; joy; entertainment; amusement *n.*
19. 人家(代,丙)	rénjiā	other people; he *pron.*
20. 情节(名,丁)	qíngjié	plot *n.*
21. 曲折(形,丙)	qǔzhé	flexural; devious; complicated *adj.*
22. 个性(名,丙)	gèxìng	personality; individuality *n.*
23. 规矩(名/形,丙)	guījù	rule; established practice *n.* well-behaved; well-disciplined *adj.*
24. 流行(形/名,丙)	liúxíng	fashion; popularity *n.* prevalent; popular; in vogue; fashionable *adj.*
25. 歌曲(名,丙)	gēqǔ	song *n.*
26. 跑调(超)	pǎo diào	sing the wrong tune
27. 奇妙(形,丁)	qímiào	intriguing; marvelous; wonderful *adj.*
28. 追求(动/名,丙)	zhuīqiú	seek; pursue; court; dangle after *v.* aspire after; chase *n.*

句子

1. 她唱流行歌曲常常跑调,让人哭笑不得。
2. 你专管设计情节,别的事不用操心。
3. 这部连续剧的主角跟我是同行,看起来很亲切。
4. 跟外星人谈恋爱,感觉一定很奇妙。
5. 外星人很有个性,但是不懂地球上的规矩。
6. 手竟然也能思考,这也太不可思议了!
7. 你搞你的设计,我唱我的歌曲,咱们井水不犯河水。
8. 平均每天工作时间超过12小时,想潇洒也潇洒不起来。
9. 如果不搞笑,怎么能达到娱乐大家的目的?

课文背景

方明在一家建筑设计公司工作,这天下班后,他碰到了朋友刘小瑛,两个人边走边聊。

练习

第一题:听第一遍,回答:他们在谈论什么问题?
1. 一部电视连续剧。
2. 南山大厦的设计。
3. 外星人与外国人。
4. 手和大脑的关系。
5. 建筑师的日常生活。

第二题:听第二遍,回答问题。
1. A 经常去爬山。　　　　B 忙得不得了。
   C 天天看电视。　　　　D 正在写电视剧。
2. A 有一只思想手。　　　B 手脑分工明确。
   C 职业是建筑师。　　　D 跟别人有冲突。

第六单元

3. A 演员漂亮。 　　　　　　B 音乐好听。
   C 情节简单。 　　　　　　D 非常幽默。
4. A 想谈恋爱。 　　　　　　B 眼睛很大。
   C 爱踢足球。 　　　　　　D 个子较高。

第三题：跟读下列句子。

1.
2.
3.
4.
5.
6.
7.
8.
9.

第四题：听后记住问题，然后和同桌做问答练习。

1.
2.
3.
4.
5.
6.

第五题：请听用较快速度朗读的课文录音。

语言练习

词 语

1.	作为(动,乙)	zuòwéi	regard as; take for; look on as v.
2.	演唱(动,丁)	yǎnchàng	sing in a performance v.
3.	舞台(名,丙)	wǔtái	stage; arena n.
4.	眼光(名,丙)	yǎnguāng	sight; view; vision n.
5.	尽情(形,超)	jìnqíng	to one's heart's content; as much as one likes
6.	踏(动,丙)	tà	step on; tread v.
7.	听众(名,丁)	tīngzhòng	audience; listeners n.
8.	背后(名,乙)	bèihòu	behind sb's back
9.	显露(动,超)	xiǎnlù	become visible; appear
10.	歌词(名,超)	gēcí	words of a song n.
11.	空白(名,丁)	kòngbái	blank space n.
12.	逐渐(副,乙)	zhújiàn	gradually; by degrees; step by step adv.
13.	减弱(动,丁)	jiǎnruò	weaken; appease; abate; relax; subside; play down v.
14.	激情(名,丁)	jīqíng	passion; enthusiasm; fervour n.
15.	一炮走红(超)	yí pào zǒu hóng	amaze the world with a single brilliant feat; wake one's mark at the first shot
16.	荣誉(名,丁)	róngyù	honor; glory n.
17.	幸运(形,丁)	xìngyùn	lucky; fortunate adj.
18.	相对(形,丙)	xiāngduì	relative adj.
19.	清晰(形,丙)	qīngxī	distinct; clear adj.
20.	面前(名,乙)	miànqián	presence; before; in face (front) of

第六单元

21. 意味着（动，丙）　　yìwèizhe　　mean; signify; imply *v.*
22. 风格（名，丙）　　　fēnggé　　　style *n.*
23. 一旦（副，丁）　　　yídàn　　　 in case; once
24. 固定（形/动，丙）　　gùdìng　　　fixed; regular *adj.* fix; fasten *v.*
25. 突破（动，丙）　　　tūpò　　　　break through; surmount *v.*
26. 尝试（动/名，丁）　　chángshì　　have a shot; try; attempt
27. 类型（名，丙）　　　lèixíng　　　type; pattern *n.*

练习

第一题：听录音，选择正确答案。

1. A 演员做梦都梦见什么。　　B 什么演员能一炮走红。
   C 很多演员都比较幸运。　　D 一炮走红的演员不多。
2. A 已经过去很长时间了。　　B 她原来的印象很清晰。
   C 她不喜欢模糊的东西。　　D 时间对印象有很大影响。
3. A 舞台。　　B 演员。
   C 观众。　　D 眼光。
4. A 作家。　　B 激情。
   C 生活。　　D 作品。
5. A 自我陶醉非常危险。　　B 过去的荣誉很重要。
   C 一定要正确对待荣誉。　D 别人不关心你的过去。
6. A 风格不能太固定。　　　B 个性强的人风格好。
   C 所有的人都要做事情。　D 有不同的风格很正常。
7. A 什么才算是口语？　　　B 哪些歌曲听起来好？
   C 哪个作者表达能力强？　D 为什么有的歌词难理解？
8. A 喝酒喝多了。　　B 什么也没写。
   C 忘了考试时间。　D 对考试不满意。
9. A 特别好听。　　　B 人非常多。
   C 不可思议。　　　D 十分难听。
10. A 幸运。　　B 规矩。
    C 开心。　　D 羡慕。

11. A 情节是不是曲折。　　　　B 男主角够不够帅。
　　C 对话是不是幽默。　　　　D 人物是不是有个性。
12. A 很喜欢。　　　　　　　　B 不喜欢。
　　C 很不喜欢。　　　　　　　D 不很清楚。

第二题：下面是10种商品的广告词，听后说出你觉得哪一个最成功。

1. 白丽香皂。
2. 麦当劳。
3. 非常可乐。
4. 丰田汽车。
5. 联想电脑公司。
6. 安踏运动产品。
7. 汇源果汁。
8. 农夫山泉矿泉水。
9. 奥克斯空调。
10. 鄂尔多斯服装。

课文二

像鱼一样

课文背景

下面你听到的是电台记者对一位女歌手的采访录音中的一段，其中讲到的"黄河源头"是这位歌手演唱过的一首歌曲。

练习

第一题：连续听两遍课文，然后回答问题。

1. A 上大学之前。　　　　　　B 上大学之时。

　　　　C 大学毕业之后。　　　　　　D 她没有说清楚。
　2．A 每年都举办一次。　　　　　B 她取得了第一名。
　　　　C 参加的人不是很多。　　　　D 只有大学生才能参加。
　3．A 觉得很紧张很紧张。　　　　B 想起了小时候唱的歌。
　　　　C 非常害怕观众的眼光。　　　D 唱的歌只有她自己喜欢。
　4．A 上舞台之前。　　　　　　　B 音乐响起来时。
　　　　C 唱完了歌以后。　　　　　　D 从开始到最后。
　5．A 会让歌手变得成熟。　　　　B 能给歌手带来激情。
　　　　C 会让人脑子发白。　　　　　D 不完全是坏事情。
　6．A 她的荣誉不够多。　　　　　B 她的音乐不好听。
　　　　C 朋友们离她太远。　　　　　D 她的歌别人唱不了。
　7．A 多跟大家进行交流。　　　　B 让自己的风格更明确。
　　　　C 尝试不同类型的歌曲。　　　D 改变自己原来的风格。

第二题：跟读下列句子。

　1．
　2．
　3．
　4．
　5．
　6．
　7．
　8．
　9．
　10．

第三题：谈谈你对下列观点或现象的看法。

　1．所有的眼光都看着我，我在舞台上可以尽情地唱我最喜欢的歌。
　2．(演员也很紧张)，只是不敢显露出来。
　3．紧张有时会变成一种激情，我觉得这个紧张不都是坏事情。
　4．有风格是好事，不过，风格一旦固定，就很难突破。
　5．我想多尝试一下不同类型的歌曲。

课文三

明星整容

练习

听一到两遍,简单回答下列问题。
1. 有钱人和明星有什么相同的地方?
2. "一句话,他们的身体每天都很忙"指的是什么?
3. 韩剧的流行和明星整容有什么关系?
4. 明星整容对普通人有什么影响?
5. 支持明星整容的人有什么理由?
6. 反对明星整容的人有什么理由?

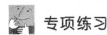 专项练习

第一题:听后理解报道的主要内容和划线词语的意思。

中国制造,世界看到

经过5年的发展,本届时装周<u>备受国际瞩目</u>。300多家媒体,500多名记者进行了采访,其中包括法新社、美联社、路透社、塔斯社、共同社等国际著名的五大通讯社在内的多家国外媒体,吸引了法国高级时装协会主席、意大利普拉多商会主席、日本时装协会主席、韩国时装协会会长等多国时装界<u>腕级人物</u>参加。<u>展会期间共推出了</u>30场服装品牌和设计师的时装发布,让世界充分认识到中国<u>原创</u>设计的实力和风采,也给了中国品牌和设计师向世界展示的机会,使时装周真正发挥了<u>推介平台</u>的作用。

第二题：听四段录音，回答下列问题（写出汉语拼音）。
1. 说话人得了什么病？
2. 热线的名字是什么？
3. 节目的名字是什么？
4. 这个栏目叫什么名字？

 词语小结

名词

主角，同行，听众，眼光，背后，面前，规矩，大脑，激情，个性，类型，风格，娱乐，连续剧，情节，歌曲，歌词，舞台，空白，荣誉，项目，大厦。

动词

思考，设计，犯，冲突，突破，尝试，追求，作为，演唱，踏，显露，减弱，意味着，固定。

形容词

亲切，潇洒，曲折，奇妙，流行，尽情，幸运，相对，清晰，明确。

其他

副词：专，逐渐，一旦。
代词：人家。

词组

无比，不可思议，跑调，分工，一炮走红。

表达法

感觉很奇妙。 这也太不可思议了。 简直是棒极了。 特别搞笑。 把我的肚子都笑疼了。 一次又一次的紧张。 站上去就站上去了。 没什么好紧张的。 没有人会永远记住你。 没有发生过冲突。 井水不犯河水。 脑子发白。 脑子里空白了。 爱美是人的天性。 把精力花在整容上。 丑小鸭变成了白天鹅。 完美无缺。 无可厚非。 无可挑剔。 正是因为知道才问你呢。 分工明确。 有点意思了。 不像个男人。 接了一个项目。 考上了大学。 正式走上舞台。 不懂地球上的规矩。 算不上什么新闻。 恨不得找个地缝钻进去。 这首歌给你带来了不少荣誉。 第一印象。 备受瞩目。 眼红。 大腕儿。 原创。

第七单元　闻鸡起舞

题解：闻，听；鸡，指早晨鸡叫；起，起床；舞，舞剑。早晨一听到鸡叫就起床舞剑，锻炼身体。

课文一

不踢了！

词语

1.	多少（副，超）	duōshǎo	somewhat *adv.*
2.	崇拜（动，丁）	chóngbài	adore; divine; worship *v.*
3.	偷偷儿（副，乙）	tōutōur	in secret *adv.*
4.	饮料（名，丙）	yǐnliào	drink; beverage *n.*
5.	害羞（形，丁）	hàixiū	bashful; shy *adj.*
6.	县城（名，丙）	xiànchéng	county town *n.*
7.	开放（形，乙）	kāifàng	open; on-limits *adj.*
8.	受伤（丁）	shòu shāng	sustain an injury; be injured; be wounded; be harmed
9.	恢复（动，乙）	huīfù	recover; regain *v.*
10.	高考（名，丁）	gāokǎo	the entrance examination for college and university *n.*
11.	满怀（动，丁）	mǎnhuái	have one's heart filled with *v.*
12.	加入（动，丙）	jiārù	affiliate; join; accede to *v.*

13. 教练(名,丙)	jiàoliàn	coach; instructor; trainer	n.
14. 次(形,丙)	cì	second-rate	adj.
15. 挑(动,乙)	tiāo	pick and choose	v.
16. 起初(名,丙)	qǐchū	originally; at first	
17. 观念(名,丙)	guānniàn	idea; concept; sense	n.
18. 差别(名,丙)	chābié	difference; disparity	n.
19. 进攻(动,乙)	jìngōng	attack; assume the offensive	v.
20. 强调(动,乙)	qiángdiào	stress; emphasize	v.
21. 防守(动,丙)	fángshǒu	guard; defend	v.
22. 至于(副/连,丙)	zhìyú	as for; go so far as to	
23. 业余(形,乙)	yèyú	sparetime; after-hours	adj.
24. 耽误(动,丙)	dānwù	delay; hold up; hang fire	v.
25. 如此(代,丙)	rúcǐ	such; like this	
26. 队员(名,丙)	duìyuán	team member	n.
27. 撞(动,乙)	zhuàng	bump against; run into; strike; collide	v.
28. 根本(副,乙)	gēnběn	at all; simply	adv.
29. 提醒(动,丙)	tíxǐng	remind; warn; call attention to	v.

句子

1. 我要提醒你们,比赛时不能怕撞,不能怕受伤。
2. 我和教练的足球观念不同:我重视进攻,他强调防守。
3. 我满怀希望,想加入职业足球队。
4. 其实呢,我主要是怕受伤,耽误学习。
5. 崇拜足球队员的女生非常多。
6. 她是从小县城来的,非常害羞,连大声说话都害怕。
7. 身体素质太差,一撞就倒,怎么可能赢?
8. 你说他水平太次,我觉得多少有些不公平。

第七单元

课文背景

大学生赵月来找自己的男朋友邢豪才,邢不在,赵月就和他的同屋马志坚聊了起来。

练习

第一题:听第一遍,回答:马志坚不踢足球的主要原因是什么?
1. 身体素质差。
2. 害怕再受伤。
3. 学习太紧张。
4. 教练不用他。
5. 更喜欢乒乓球。

第二题:听第二遍,回答问题。
1. A 足球队在训练。　　　　B 她男朋友在骑马。
   C 马志坚在踢足球。　　　D 女孩儿在买巧克力。
2. A 他得到的巧克力质量不好。
   B 他们那儿喜欢足球的人不多。
   C 那些女孩儿为什么会不好意思。
   D 崇拜明星的人不像大城市那么多。
3. A 腿受过很重的伤。　　　B 准备考试很紧张。
   C 是足球队的队长。　　　D 没有去过大城市。
4. A 水平非常差。　　　　　B 还不算很差。
   C 太重视进攻。　　　　　D 用人用得很好。
5. A 不花钱的。　　　　　　B 不费劲的。
   C 容易学会的。　　　　　D 身体接触少的。
6. A 完全相信赵月说的。　　B 比较相信赵月说的。
   C 知道赵月在开玩笑。　　D 觉得赵月非常无聊。

第三题：跟读下列句子。
1.
2.
3.
4.
5.
6.
7.
8.
9.

第四题：听后记住问题，然后和同桌做问答练习。
1.
2.
3.
4.
5.
6.

第五题：请听用较快速度朗读的课文录音。

 语言练习

词 语

1.	天地(名,丁)	tiāndì	scope of operation; field of activity *n.*
2.	杂志(名,丙)	zázhì	journal; magazine; periodical *n.*
3.	巧(形,乙)	qiǎo	just right; coincident; opportune *adj.*

4.	充沛(形,丁)	chōngpèi	vigorous *adj.*
5.	界(尾,丁)	jiè	field; circle *n.*
6.	活跃(形,乙)	huóyuè	brisk; active; animated *adj.*
7.	保持(动,乙)	bǎochí	keep; remain *v.*
8.	秘诀(名,超)	mìjué	secret (of success) *n.*
9.	老年(名,丙)	lǎoniǎn	the aged; gray-headed
10.	参考(动,丙)	cānkǎo	consult; refer to *v.*
11.	采访(动,丁)	cǎifǎng	cover; gather material report *v.*
12.	谈论(动,丙)	tánlùn	discuss; talk about *v.*
13.	破天荒(超)	pòtiānhuāng	occur for the first time
14.	把握(动/名,丙)	bǎwò	grasp; hold *v.* confidence; assurance; certainty *n.*
15.	与众不同(超)	yǔ zhòng bù tóng	be out of the ordinary; be different from others
16.	独特(形,丙)	dútè	unique; out of the common; unusual
17.	吸引(动,乙)	xīyǐn	attract; appeal *v.*
18.	饮食(名,丁)	yǐnshí	diet; food and drink *n.*
19.	作息(名,超)	zuòxī	work and rest *n.*
20.	长寿(形,丁)	chángshòu	long-lived; longevous; macrobian *adj.*
21.	公式(名,丙)	gōngshì	formula *n.*
22.	稳定(形,乙)	wěndìng	stable; firm; steady *adj.*
23.	合理(形,乙)	hélǐ	rational; reasonable; fair, equitable *adj.*
24.	觉(名,丙)	jiào	sleep *n.*
25.	偶尔(形,丙)	ǒu'ěr	occasionally; from time to time; once in a while
26.	表面(名,乙)	biǎomiàn	surface; outside; appearance *n.*

27. 寄托(动,丁)　　　jìtuō　　　　place hope on　v.
28. 冻(动,乙)　　　　dòng　　　　get frozen　v.

练 习

第一题：听录音,选择正确答案。

1. A 《娱乐天地》。　　　　　　B 《影视新闻》。
   C 《明星采访》。　　　　　　D 《精彩摄影》。
2. A 她的锻炼方法。　　　　　　B 什么方法简单。
   C 她的奶奶怎么样。　　　　　D 怎样活到90多岁。
3. A 队员的精神状态。　　　　　B 队员长得怎么样。
   C 最后的比赛结果。　　　　　D 谁的进攻能力更强。
4. A 青年人。　　　　　　　　　B 中年人。
   C 老年人。　　　　　　　　　D 听不出来。
5. A 晚上坐车。　　　　　　　　B 晚上开车。
   C 夜里聊天。　　　　　　　　D 夜里工作。
6. A 很幽默。　　　　　　　　　B 很无聊。
   C 很活跃。　　　　　　　　　D 很谦虚。
7. A 安慰。　　　　　　　　　　B 佩服。
   C 批评。　　　　　　　　　　D 讽刺。
8. A 怎样才算认识一个人。　　　B 见一面就会成为好朋友。
   C 成为朋友跟相处时间无关。　D 好朋友需要天天在一起。
9. A 很高兴。　　　　　　　　　B 很轻松。
   C 很犹豫。　　　　　　　　　D 很烦恼。
10. A 工作任务少。　　　　　　　B 身体素质好。
    C 做事做得快。　　　　　　　D 方法与众不同。
11. A 当教练需要什么秘诀。　　　B 胡军为什么能当教练。
    C 胡军的水平为什么不高。　　D 国家队队员崇拜什么人。
12. A 非常潇洒。　　　　　　　　B 比较成熟。
    C 好像老虎。　　　　　　　　D 很难理解。

第二题：两个女球迷在介绍自己最崇拜的球员、教练，听后说出你觉得谁的介绍更好。

课文二

健康秘诀

练 习

第一题：听完第一遍后，确定对话发生的地点和两个人之间的关系。

  谈话地点：A 李教授家。
      B 咖啡馆。
      C 孙彦家。
  两个人的关系：A 教授和学生。
       B 作者和编辑。
       C 记者和采访对象。

第二题：听完第二遍后，判断正误。

  关于孙彦： A 她跟李教授不很熟，但很佩服他。
       B 杂志社主编派她来采访李教授。
  关于李教授：C 现在还经常参加学术界的活动。
       D 很多年轻人觉得没有他精力充沛。
       E 经常跟记者谈论如何保持健康的问题。
       F 认为他的秘诀对别的老年人也有用。
       G 认为控制饮食、注意作息不是好办法。
       H 在饮食、作息和锻炼上没有什么规律。
       I 他的健康秘诀是精神有寄托并且心情平静。
       J 他觉得冬泳最适合大多数老年朋友。

第三题：听录音，然后判断你自己的情况和录音内容是不是一致。

1.
2.
3.
4.
5.
6.
7.
8.

第四题：谈谈你对下列观点的看法。
1. 健康长寿 ＝ 情绪稳定 ＋ 经常运动 ＋ 合理饮食。
2. 李教授的健康秘诀：精神有寄托并且心情平静。
3. 文章谈到的内容越独特，就越能吸引读者。
4. 每个人都有自己独特的身体条件和生活方式，一定要根据自己的情况选择方法。

第五题：请听用较快速度朗读的课文录音。

第七单元

课文三

瑜 伽

练习

根据录音内容,口头完成下列表格。

瑜 伽

适用对象	需要条件	注意事项
	1.	服装:
	2.	练习前:
		练习中:
		练习后:

专项练习

第一题:学习下列词汇和句子,注意它们在课文"球迷"中的使用情况。

跟运动有关的词汇:(上)下半场,加时赛,裁判的哨声,预选赛,出线,复赛,半决赛,决赛,组委会(委员),欧洲杯,世界杯,担任队长,球衣,球队,球星(员),主场,客场,胜率,比赛结果,加油,助威。

跟本文有关的词汇:笨蛋,足球流氓,酒鬼,酒后闹事,酒量,酒精含量。

句子:
1. 你这个笨蛋,白看了那么多比赛!
2. 快乐着别人的快乐,悲伤着别人的悲伤
3. 从东到西,从南到北,到处一片欢腾;不分男女老幼,人们尽情地又唱又跳,欢呼雀跃。
4. 如果一个球迷不会喝酒,会被人笑掉大牙。
5. 醉翁之意不在酒。

6. 他就会津津有味(饶有兴趣)地告诉你。
7. 主场作战的球队,胜率大大高于客场作战。
8. 在全场观众一浪高过一浪的助威声中,……
9. 在全场观众狂热的呐喊加油声中,……
10. 轻则在报纸上写信向球迷道歉,重则滚蛋走人。

第二题:根据录音回答问题(写出汉语拼音)。
1. 李文是什么地方的人?
2. 国家队队员到了什么地方?
3. 抽签仪式是在哪儿举行的?
4. 阿利耶夫是哪个国家的总统?

 词语小结

名词

教练,队员,秘诀,起初,老年,观念,公式,表面,差别,杂志,天地,饮食,饮料,党,界,县城,高考,作息。

动词

进攻,防守,吸引,撞,挑,崇拜,加入,耽误,恢复,保持,提醒,强调,参考,寄托,采访,谈论,把握,满怀。

形容词

害羞,活跃,开放,次,充沛,稳定,独特,合理,业余,如此,长寿,偶尔,巧。

其他

副词:偷偷儿,多少,至于,根本。

词组

受伤,破天荒,与众不同。

表达法

女孩子又不是老虎，还能把他给吃了？ 把希望全部寄托在孩子身上。 满怀希望。 精神有寄托。 一咬牙。 被人笑掉大牙。 津津有味。 饶有兴趣。 欢呼雀跃。 一浪高过一浪。 呐喊加油。 多少也算是个明星吧。 挑教练。 知道您的人没有不佩服的。 他不会用人。 人家害羞呗。 水平太次。 不知天高地厚。 健康秘诀。 头发花白。 身体素质差，一撞就倒。 花钱不说，还得耽误学习。 五花八门。 异常丰富。 这有什么敢不敢的？ 不至于吧？ 开夜车。 破天荒头一回。 表面现象。 醉翁之意不在酒。 原来如此。 透气性好的纯棉服装。 达到或突破自己的极限。

第八单元　神秘莫测

题解：神秘，让人很难理解；莫，不能；测，推测，想像。"神秘莫测"指非常神秘，让人难以理解，难以想像。

课文一

白羊白羊！

词语

1. 高明(形,丁)	gāomíng	clever; bright; brilliant; skillful *adj.*
2. 事业(名,乙)	shìyè	individual fulfilment; personal achievement *n.*
3. 一帆风顺(丁)	yì fān fēng shùn	plain sailing; all smooth sailling; sail with the wind
4. 异常(形,乙)	yìcháng	unusual; abnormal *adj.*
5. 艰难(形,丙)	jiānnán	hard; difficult *adj.*
6. 均(副,丙)	jūn	without exception; all *adv.*
7. 星座(超)	xīngzuò	constellation; astrology; horoscope *n.*
8. 苗条(形,超)	miáotiáo	slim; svelte *adj.*
9. 纳闷儿(丁)	nàmènr	feel puzzled
10. 配(动,丙)	pèi	match; mate; fit; go well with *v.*

第八单元

11. 确定(动/形,乙)	quèdìng	define; fix; confirm *v.* determinate; assured; decided *adj.*	
12. 属于(动,乙)	shǔyú	belong to *v.*	
13. 似懂非懂(超)	sì dǒng fēi dǒng	be muddy; cannot make clear	
14. 固执(形,丁)	gùzhí	obstinate; stubborn; self-opinioned; incorrigible *adj.*	
15. 温柔(形,丁)	wēnróu	tender; soft *adj.*	
16. 部门(名,乙)	bùmén	section; department; branch *n.*	
17. 理由(名,乙)	lǐyóu	augument; cause; grounds; reason; justification *n.*	
18. 天生(形,丁)	tiānshēng	inherent; born *adj.*	
19. 螃蟹(名,超)	pángxiè	crab *n.*	
20. 陆地(名,丙)	lùdì	land; dryland *n.*	
21. 教训(动/名,乙)	jiàoxùn	lesson; moral *n.* chide; teach sb. a lesson; teach sb. moral *v.*	
22. 乘(动,乙)	chéng	ride *v.*	
23. 地铁(名,丁)	dìtiě	underground railway; metro; subway; tube *n.*	
24. 彼此(代,丙)	bǐcǐ	each other; both parties; one another *pron.*	
25. 情书(名,超)	qíngshū	love letter *n.*	
26. 好强(形,超)	hàoqiáng	eager to do well in everything *adj.*	

句 子

1. 王志强在事业上虽然一帆风顺,可他的爱情之路却异常艰难。
2. 他的三次恋爱均以失败结束。
3. 他很纳闷儿,不明白这位苗条可爱的女孩子为什么会崇拜自己。
4. 王志强似懂非懂,他想不明白,星座怎么会如此神奇。

5. 方丽芸性格温柔,但却非常固执。
6. 咱们俩人的星座不配,还是分手吧。
7. 周围的人都觉得,他们俩是天生的一对。
8. 他们一起聊了一路,彼此的印象都很好。

课文背景

谈论人物时,我们常常说这个人"天生好强",那个人"天生温柔",这意味着性格是天生的。那么,还有什么是天生的呢?有人认为答案就在星座上。不信,请听医生王志强的故事。文章中,白羊座、水瓶座、双鱼座、巨蟹座是四个星座的名字。

练习

第一题:连续听两遍录音,选择正确答案。

1. A 年纪不大。 B 技术很好。
   C 事业顺利。 D 爱开玩笑。
2. A 是王志强的同事。 B 不喜欢王志强。
   C 整天拿手术刀。 D 喜欢在家里养鱼。
3. A 水瓶座的。 B 不太固执的。
   C 工作不忙的。 D 关心星座的。
4. A 不喜欢他的工作。 B 讨厌他不会游泳。
   C 觉得他存款太少。 D 认为两人星座不配。
5. A 两人都是"白羊"。 B 认识时间太短了。
   C 对他的印象不好。 D 觉得他的情书很差。
6. A 姑娘们的眼光太高。 B 姑娘们太相信星座。
   C 他这个人脑子太笨。 D 他对女孩关心不够。

第二题:跟读并理解下列短语。

1.
2.

3.
4.
5.
6.
7.
8.
9.
10.
11.
12.
13.

第三题：记住录音中的问题，并和你的同桌做问答练习。
1.
2.
3.
4.
5.
6.

第四题：请听用较快速度朗读的课文录音。

 语言练习

词 语

1. 内向（形，超）　　　nèixiàng　　　introversion *n.*
2. 外向（形，超）　　　wàixiàng　　　extroversion *n.*
3. 慷慨（形，丁）　　　kāngkǎi　　　generous; liberal *adj.*
4. 自信（动/名，丙）　　zìxìn　　　have self-confidence; be sure of oneself *v.* confident; self-

assured *adj.*

5. 过分(副,丙)　　　guòfèn　　　a bit thick; excessively; unduely *adv.*

6. 谦虚(形,丙)　　　qiānxū　　　modest; condescending; humble; self-depreciatory *adj.*

7. 从事(动,乙)　　　cóngshì　　　engage; go in for *v.*

8. 浪漫(形,丁)　　　làngmàn　　　romantic *adj.*

9. 良好(形,乙)　　　liánghǎo　　　favorable; good; nice *adj.*

10. 养成(动,丙)　　　yǎngchéng　　　create; cause; foster; develop *v.*

11. 完善(形/动,丙)　　　wánshàn　　　perfect; consummate *adj.* consummate; accomplish *v.*

12. 自我(代,乙)　　　zìwǒ　　　self; oneself *pron.*

13. 前提(名,丁)　　　qiántí　　　premise; prerequisite *n.*

14. 弱点(名,丁)　　　ruòdiǎn　　　weak point; one's blind side *n.*

15. 测试(动/名,丙)　　　cèshì　　　test *n. v.*

16. 打扫(动,丙)　　　dǎsǎo　　　sweep; clean *v.*

17. 偏偏(副,丙)　　　piānpiān　　　just; unluckily *adv.*

18. 消极(形,丙)　　　xiāojí　　　passive; inactive *adj.*

19. 隐藏(动,丁)　　　yǐncáng　　　remain under cover; hide; conceal *v.*

20. 扣(动,乙)　　　kòu　　　deduct *v.*

21. 勉强(形/动,丙)　　　miǎnqiǎng　　　reluctant; unwilling *adj.* force sb. to do sth. *v.*

22. 疲倦(形,丙)　　　píjuàn　　　fatigue; weary *adj.*

23. 吵架(丙)　　　chǎojià　　　have words with sb. *v.*

24. 承认(动,乙)　　　chéngrèn　　　admit; acknowlege; concede; confess *v.*

25. 改正(动,乙)　　　gǎizhèng　　　put right; correct *v.*

26. 牢骚(名,丙)　　　láosāo　　　complaint; discontent; grievance *n.*

第 八 单 元

27. 厨师（名，丁）　　chúshī　　　　cook; chef　n.
28. 默默（副，丁）　　mòmò　　　　quietly　adv.
29. 乱七八糟（丁）　　luàn qī　　　　all to a hideous mess; at sixes
　　　　　　　　　　bā zāo　　　　and sevens; welter
30. 捏（动，超）　　　niē　　　　　　mold; knead with the fingers　v.

练 习

第一题：听录音，选择正确答案。

1. A 测试结果十分有用。　　　　B 测试发现了不少问题。
   C 有关部门的工作不完善。　　D 需要对设计进行修改。
2. A 自信非常重要。　　　　　　B 怎样跟人交往。
   C 内向的人怎么样。　　　　　D 了解别人需要时间。
3. A 情绪很高。　　　　　　　　B 乱七八糟。
   C 不好意思。　　　　　　　　D 十分困难。
4. A 妻子现在还很笨。　　　　　B 妻子现在聪明了。
   C 他们不应该吵架。　　　　　D 结婚后吵架更多。
5. A 春天秋天天气很好。　　　　B 为什么人们会疲倦。
   C 我们什么时候想睡觉。　　　D 春困秋乏是什么意思。
6. A 一种。　　　　　　　　　　B 两种。
   C 三种。　　　　　　　　　　D 四种。
7. A 绝对会。　　　　　　　　　B 可能会。
   C 不大会。　　　　　　　　　D 不清楚。
8. A 汉语学得很好。　　　　　　B 学汉语时间较长。
   C 好像比较谦虚。　　　　　　D 大家都说他骄傲。
9. A 赵云牢骚不多。　　　　　　B 赵云不是坏人。
   C 有牢骚就该发。　　　　　　D 发牢骚很麻烦。
10. A 看下雨。　　　　　　　　　B 发牢骚。
    C 准备爬山。　　　　　　　　D 跟女的吵架。
11. A 非常亲切。　　　　　　　　B 十分幽默。
    C 特别着急。　　　　　　　　D 比较生气。

12. A 昨晚的连续剧怎么样。　　　　B 追求女孩子的好办法。
    C 螃蟹怎么做才好吃。　　　　　D 怎样写情书最浪漫。

第二题：下面是三个男人的自我介绍，听后回答问题。
你喜欢哪个男的(女生回答)？你自己和哪个男的更像(男生回答)？

课文二

你怎么办？

练习

1. A 耐心地听，不管会不会迟到。
   B 生气地告诉他，你必须马上去上班！
   C 告诉他你愿意听，但上班迟到要扣钱。
   D 告诉他你午饭时间再给他打电话。
2. A 你很想出去吃饭，但还是勉强走进了厨房。
   B 大发脾气，命令他/她自己做饭。
   C 觉得他/她不关心你，气得什么也没吃。
   D 对他/她说，我实在疲倦，到外面吃吧。
3. A 借给他/她，但心里很不高兴。
   B 告诉他/她，你不想借给他/她。
   C 骗他/她说电脑出问题了，正在修。
   D 告诉他/她你先用几天，然后借给他。
4. A 心里很不高兴，但什么也不说。
   B 跟老板吵一架，然后生气地离开。
   C 告诉老板，你没有错，是别人的问题。
   D 向老板承认自己做得不够好，以后改正。
5. A 向同桌的人发牢骚。
   B 大骂餐厅的厨师水平差。
   C 默默地吃下去，但走之前把桌子弄得乱七八糟。

    D 平静地告诉服务员,然后吃下去。

6. A 很生气,希望别人会向这个人提意见。
    B 大声告诉他/她,抽烟让人讨厌,并且叫来服务员。
    C 捏住自己的鼻子,表示不满。
    D 客气地问他是不是知道电影院不准吸烟。

7. A 买一件你并不想要的东西。
    B 很生气地说这些商品的质量不好。
    C 告诉他,你是在帮朋友买东西,不能买朋友不喜欢的。
    D 向他表示感谢,然后离开商店。

8. A 不听他/她的,偏偏吃得更多一些。
    B 跟他/她吵一架,让他/她不要管你的事。
    C 告诉他/她如果少买些好吃的你就不会胖了。
    D 同意他/她的看法,希望他/她帮助你减肥。

表:答案和性格的关系

消极型	好战型	隐藏型	可爱型
你对事情的态度比较消极,对有争论的事情常常放弃发表意见,更愿意让别人去做决定。在不了解你的时候,大家会同情你,但以后就会对你不满。	你属于好战的人,动不动就暴跳如雷,甚至打人骂人。表面看来你很厉害,但其实得不到别人的尊重,讨厌你的人比喜欢你的人更多。	你比较善于隐藏自己的态度,能更好地处理人与人之间的关系。但是有时候还不够坦率,别人不容易完全了解你。	你非常可爱,完全懂得如何安排自己的生活。你尊重别人,对人坦率,从不装模作样。大家也因此尊重你,愿意和你交朋友。
现在你明白了自己的弱点,那就想办法做一些改变吧!			

课文三

八字和生肖

练习

连续听两遍课文,回答问题:

1. 为什么说中国现代社会的每一个方面都能同时看到中国文化和西方文化的影响?
2. 根据课文,古代男女双方结婚,需要几个条件?
3. "八字"是什么意思?它有什么作用?
4. 生肖一共采用了几种不同的动物?你能说出其中的几种?
5. 根据课文内容填表:

相配的属相(适合结婚)	不相配的属相(不宜结婚)
A 属马的与属_____的	A 属鸡的和属_____的
B 属鼠的与属_____的	B 属羊的和属_____的
C 属虎的与属_____的	C 属羊的和属_____的
D 属兔的与属_____的	D 属龙的和属_____的
E 属龙的与属_____的	E 属虎的和属_____的
F 属蛇的与属_____的	

6. 中国人对"八字相合"、"属相相合"是什么态度?你自己呢?

 专项练习

第一题:学习下列两组词语,然后听文章"风水啊风水"。

1. 风水,风水宝地,风水轮流转,风水因素,风水说,风水理论,风水课程,风水和星相,风水顾问,风水大师,风水迷。
2. 中国象棋,气功,针灸,四合院,寺庙。

第二题：下面这篇文章是"最受人力资源部经理青睐的20家中国公司"，选择你感兴趣的城市，写出属于这个城市的公司。

上海	广州、深圳	天津、青岛	香港、西安

 词语小结

名词

　　厨师，螃蟹，地铁，陆地，星座，部门，情书，脾气，教训，内向，外向，前提，弱点，牢骚，事业。

动词

　　承认，确定，从事，养成，自信，改正，测试，配，扣，乘，捏。

形容词

　　苗条，温柔，浪漫，慷慨，谦虚，好强，固执，天生，勉强，艰难，高明，完善，疲倦。

其他

　　副词：均，过分，默默，偏偏。
　　代词：彼此。

词组

纳闷儿，吵架，似懂非懂，乱七八糟，一帆风顺。

表达法

每次均以失败结束。 异常艰难。 难为情。 门当户对。 天生的一对。 这下有希望了。 第二次恋爱也吹了。 大发脾气。 发牢骚。 养成良好的性格。 完善自我。 自我控制（自控）能力。 这个人的八字很好。 要看他们俩的八字是否相配。 羊入虎口。 龙虎争斗。 一山不容二虎。 宁可信其有，不可信其无。 如鱼得水。 风水宝地。 风水轮流转。 开设风水课程。 最受青睐的公司。 说来好笑。 找不到下脚的地方。 春困秋乏。 别提多有意思了。

第九单元　梅妻鹤子

题解：梅妻，把梅花当作妻子；鹤子，把鹤当作儿子。宋朝林逋喜欢养鹤、种植梅花，他自己一直没有结婚，别人称他"梅妻鹤子"。

课文一

矛　盾

词语

1.	赞成（动，乙）	zànchéng	approve; agree with v.
2.	难道（副，乙）	nándào	really adv.
3.	报道（名，乙）	bàodào	news report; story n.
4.	古典（形，丙）	gǔdiǎn	classic; classical adj.
5.	收养（动，超）	shōuyǎng	adopt v.
6.	遗弃（动，丁）	yíqì	abandon; forsake; cast off v.
7.	将近（动，丁）	jiāngjìn	nearly; close to; almost
8.	爱心（名，超）	àixīn	kindheartedness, love 1n.
9.	气味（名，丙）	qìwèi	smell; odor; flavor n.
10.	噪音（名，丁）	zàoyīn	noise; sound n.
11.	不满（动/形，丙）	bùmǎn	be critical of v. discontent; dissatisfactory adj.
12.	一年到头（超）	yì nián dào tóu	all the year round

13.	野生（形，丁）	yěshēng	wild; ferine *adj.*
14.	羚牛（名，超）	língniú	urus *n.*
15.	冲（动，乙）	chōng	clash; rush; charge *v.*
16.	狠（形，丙）	hěn	try one's utmost; cruel; ferocious *v.*
17.	顶（动，乙）	dǐng	gore *v.*
18.	喊叫（动，丙）	hǎnjiào	shout; yell; cry out *v.*
19.	林业（名，丁）	línyè	forestry *n.*
20.	采取（动，乙）	cǎiqǔ	adopt; employ; take *v.*
21.	措施（名，乙）	cuòshī	measure *n.*
22.	救（动，乙）	jiù	rescue; bring off; save *v.*
23.	呼吸（动/名，乙）	hūxī	breathe; respire *v.* breath; respiration *n.*
24.	怪不得（丙）	guài bù dé	no wonder; it explains why ...
25.	人类（名，乙）	rénlèi	mankind; humanity *n.*
26.	本来（形，乙）	běnlái	original *adj.*
27.	自私（形，丙）	zìsī	selfish; self-centered; egotistic *adj.*

句 子

1. 难道你不赞成动物保护吗？
2. 没有人比我更喜欢小猫小狗了。
3. 到现在为止已经收养了将近300条被人遗弃的狗。
4. 一年到头听到的都是烦人的噪音。
5. 一头野生羚牛冲进一户农民家中，用头狠狠地向两个农民顶去。
6. 怪不得气味这么难闻呢！
7. 萧军特别有爱心，不像王涛那样自私。

第九单元

课文背景

林文冲和钱晓英是大学同学,这一天,两个人谈起了动物保护。

练 习

第一题:听完第一遍后,确定课文题目"矛盾"指的是什么。
 1. 芦老师和她邻居之间的矛盾。
 2. 陕西农民和林业部门之间的矛盾。
 3. 爱护动物和爱护人之间的矛盾。
 4. 钱晓英和林文冲在动物保护方面的矛盾。

第二题:听第二遍,选择正确答案。
 1. A 有时赞成,有时不赞成。　　B 没有条件,不能赞成。
    C 在任何情况下都赞成。　　　D 在一定的条件下才赞成。
 2. A 是大学的动物学教授。　　　B 养的都是很贵的动物。
    C 她家一共有200多只猫。　　 D 把钱都花在了猫狗身上。
 3. A 她家的猫狗太多。　　　　　B 她常常麻烦邻居。
    C 她常跟邻居吵架。　　　　　D 她不爱跟邻居交往。
 4. A 羚牛把农民顶死了。　　　　B 村民们互相不关心。
    C 农民不知道保护动物。　　　D 林业部门工作没做好。
 5. A 常常冲到农民家中。　　　　B 很重,有好几百公斤。
    C 是国家一级保护动物。　　　D 生活在高山上,吃青草。
 6. A 人类本来就很自私。　　　　B 应该无条件保护动物。
    C 弃猫弃狗不值得收养。　　　D 救人可以,但不该打死羚牛。

第三题:跟读下列句子。
 1.
 2.
 3.

4.
5.
6.
7.

第四题：谈谈你对下列观点或现象的看法。

1. 自费收养弃猫弃狗的人很有爱心。
2. 这些猫狗的气味和噪音让她的邻居非常不满，很多人家的窗户一年到头都关得紧紧的。
3. 爱护动物没错儿，但更应该爱护人。
4. 必须经过林业部门批准，才能对国家一级保护动物采取措施。
5. 人本来就很自私嘛！

第五题：请听用较快速度朗读的课文录音。

 语言练习

词 语

1. 虫子(名,乙)　　　chóngzi　　　insect; worm　n.
2. 身材(名,丙)　　　shēncái　　　stature; figure　n.
3. 可见(连,丙)　　　kějiàn　　　it is obvious that
4. 成语(名,丙)　　　chéngyǔ　　　idiom; set phrase　n.
5. 差距(名,丙)　　　chājù　　　gap; disparity　n.
6. 显示(动,丙)　　　xiǎnshì　　　show; display; demonstrate　v.
7. 选美(超)　　　xuǎn měi　　　beauty selection
8. 当选(动,丁)　　　dāngxuǎn　　　be elected; come in　v.
9. 松树(名,丙)　　　sōngshù　　　pine tree　n.
10. 象征(动/名,丙)　　　xiàngzhēng　　　symbolize; signify　v.
　　　　　　　　　　　　　　　　symbol　n.

第九单元

11. 神话(名,丙)	shénhuà	mythology; fairy tale *n.*
12. 传说(动/名,丙)	chuánshuō	lore; legend *n.*
13. 神仙(名,丁)	shénxiān	supernatural being *n.*
14. 中(动,丙)	zhōng	have a liking for; pick for; settle on *v.*
15. 证明(动/名,乙)	zhèngmíng	prove; demonstrate *v.* certificate; identification; testimonial *n.*
16. 喜爱(动,丙)	xǐ'ài	like; love; be fond of *v.*
17. 梅花(名,丙)	méihuā	plum blossom; mei flower *n.*
18. 来访(动,丁)	láifǎng	come to visit; come to call *v.*
19. 仆人(名,丁)	púrén	servant *n.*
20. 反正(副,乙)	fǎnzhèng	anyhow; anyway *adv.*
21. 迷路(超)	mí lù	lose one's way; do not know where one is
22. 叠(动,丙)	dié	fold *v.*
23. 发火(丁)	fā huǒ	get angry
24. 忍(动,乙)	rěn	endure; tolerate; refrain; hold back *v.*
25. 争气(丁)	zhēng qì	try to make a good showing
26. 鸽子(名,丙)	gēzi	pigeon; dove *n.*
27. 笑容(名,丙)	xiàoróng	smiling expression *n.*
28. 不像话(丙)	bú xiàng huà	unreasonable; ridiculous

练 习

第一题：听录音,选择正确答案。

1. A 小动物叠起来最容易。 B 叠纸不需要很长时间。
   C 平常的纸也可以叠东西。 D 小梅最喜欢的是叠东西。
2. A 路不好找。 B 客人太多。
   C 噪音太大。 D 山水太多。
3. A 水平最低。 B 进步很快。
   C 越变越差。 D 没有爱心。
4. A 选美比赛还没有结束。 B 姑娘们的身材都很好。
   C 姑娘们长得也非常好看。 D 笑容最可爱的姑娘当选了。
5. A 没有偷。 B 不清楚。
   C 偷了别的银行。 D 偷了张经理的银行。
6. A 主编。 B 总统。
   C 记者。 D 读者。
7. A 两个。 B 三个。
   C 四个。 D 五个。
8. A 让顾客明天来买。 B 让顾客到外边去等。
   C 给顾客买一张报纸。 D 向售货员说对不起。
9. A 下棋水平高。 B 唱歌唱得好。
   C 都住在山上。 D 有不一样的时间。
10. A 女的房间这几天味道不好。 B 男的帮她把那个包扔掉了。
    C 朋友两天后就把包拿走了。 D 朋友出差时送了她一个包。
11. A 一本古典小说。 B 老年人读什么书。
    C 战争和人生的关系。 D 怎样好好利用机会。

第二题：听三个人讲他们最喜爱的成语,从中选出你最喜爱的一个。

第九单元

课文二

鹤

练习

第一题：听完第一遍后，确定本文的主要意思。
 1. 鹤的生活习惯怎么样。
 2. 说话人最喜欢哪些动物。
 3. 古人是如何对待鹤的。
 4. 神仙为什么很多都骑鹤。
 5. 说话人为什么喜欢鹤。

第二题：听第二遍，判断正误。
 关于鹤：　A 是生活在水边的动物，身材很苗条。
 　　　　　B 常常和松树一起出现在中国画当中。
 　　　　　C 传说中的神仙很多都喜欢骑鹤。
 　　　　　D 林逋所养的鹤常常迷路，找不到家。
 　　　　　E 杭州西湖边上是鹤最喜欢的地方。
 关于说话人：F 很多女孩都希望自己的身材像鹤一样。
 　　　　　G 认为鹤是一种聪明的动物。
 　　　　　H 觉得林逋的生活习惯不好。
 　　　　　I 是一个方向感极差的人。
 　　　　　J 觉得女朋友对她不够关心。
 　　　　　K 出差时女朋友送过他纸鹤。
 　　　　　L 现在出门时口袋里总装着纸鹤。

第三题：听录音，记住录音中问的问题。然后和你的同桌做问答练习。
 1.
 2.

3.
4.
5.
6.

第四题：请听用较快速度朗读的课文录音。

课文三

岁寒三友

练习

第一题：根据文章内容填表。

	松 树	竹 子	梅 花
特点	耐寒而且_____常青，象征着坚强不屈，象征着长寿。	1. 外形_____，品格高尚，象征高雅。 2. 代表虚心、不_____。	姿态秀丽，清香_____。
故事	一对长寿的夫妇死后变成了两只_____。	1. 苏东坡宁可_____，也不愿意居无竹。 2. 文与可画竹子能作到胸有成竹，特别_____。	郑谷把"前村深雪里，昨夜树枝开"改成了"前村深雪里，昨夜_____开"，大家都说改得好。

第二题：根据提示词语简单讲述课文大意。

　　松树(坚强不屈、松鹤延年)；
　　竹子(外形、品格、东坡肉、胸有成竹)；
　　梅花(冬梅、梅开五福、四君子、一字师)。

专项练习

第一题：听文章"树"，理解下列跟树有关的表达法。
1. 独木不成林。
2. 荒山变绿山，不愁吃和穿。
3. 栽树栽树，不愁不富。
4. 三分种，七分管。
5. 十年树木。
6. 前人栽树，后人乘凉。
7. 树大招风。
8. 林子大了，什么鸟都有。
9. 只见树木，不见森林。
10. 根深才能叶茂。
11. 树高千丈，叶落归根。

第二题：听后写出文章中所缺的数字。
　　中国藏羚羊主要分布于青海、西藏等地海拔_____米的高山上。这些地区气温较低，许多地方年被雪覆盖期超过_____。近几年来，盗猎藏羚羊的活动猖獗，主要是由于藏羚羊绒能带来高额利润。在中国境外，1公斤藏羚羊生绒价格可达_____美元，而一条用300—400克藏羚羊绒织成的围巾价格可高达_____美元。由于盗猎活动的严重干扰，藏羚羊原有的活动规律被打乱，数量急剧减少，已经很长时间没有人再见到过数量超过_____头的野生藏羚羊群。藏羚羊这个古老的物种的生存面临着巨大的危险。

 词语小结

名词
　　人类，仆人，羚牛，虫子，鸽子，梅花，松树，神仙，神话，身材，爱心，笑容，气味，噪音，林业，成语，差距，报道，措施。

动词

赞成,喜爱,不满,收养,遗弃,将近,冲,救,叠,顶,忍,中,喊叫,呼吸,显示,当选,象征,传说,来访,采取,证明。

形容词

自私,狠,古典,野生,本来。

其他

副词:难道,反正
连词:可见

词组

一年到头,怪不得,选美,迷路,发火,争气,不像话。

表达法

初生牛犊不怕虎。 天不怕,地不怕。 山清水秀。 四季常青。 知足常乐。 鹤立鸡群。 松鹤延年。 松竹梅岁寒三友。 梅兰竹菊四君子。 胸有成竹。 说来也怪。 独木不成林。 荒山变绿山,不愁吃和穿。 栽树栽树,不愁不富。 三分种,七分管。 十年树木。 前人栽树,后人乘凉。 树大招风。 林子大了,什么鸟都有。 只见树木,不见森林。 根深才能叶茂。 树高千丈,叶落归根。 一个比一个苗条。 比我有爱心多了。 方向感极差。 无条件赞成。 美的你。 还有这事呀。 一级保护动物。 停止了呼吸。 这样一来。 人生是一场战争。

第十单元 独在异乡

题解：独，单独，一个人；异乡，跟家乡不一样的地方，外地或外乡。"独在异乡"是说一个人在外地生活。

课文一

交　友

词　语

1. 牵(动,乙)	qiān	worry; involve; affect	v.
2. 打工(超)	dǎ gōng	work to earn a living; do manual work for living	v.
3. 远离(动,超)	yuǎnlí	be far from; be away from	v.
4. 亲人(名,丙)	qīnrén	beloved; intimate; parent	n.
5. 悲喜(名,超)	bēixǐ	of sorrow and joy	adj.
6. 人生(名,丁)	rénshēng	human life; life	n.
7. 从未(副,丁)	cóngwèi	never	adv.
8. 从中(副,丁)	cóngzhōng	therefrom	adv.
9. 透(动/形,乙)	tòu	pass through v. thorough	adj.
10. 来往(动/名,丙)	láiwǎng	come and go v. thoroughfare	n.
11. 车辆(名,丙)	chēliàng	vehicle; cart; carriage; wagon	n.

12. 发呆(超)	fā dāi	stare blankly *v.*
13. 随着(介,丁)	suízhe	along with *prep.*
14. 旋律(名,丁)	xuánlǜ	melody; rhythm *n.*
15. 哼(动,乙)	hēng	hum; croon; chant in a low voice *v.*
16. 军人(名,丙)	jūnrén	soldier *n.*
17. 格言(名,超)	géyán	motto and maxim; adage; apothegm *n.*
18. 真心(名,丁)	zhēnxīn	true regard; sincerity *n.*
19. 可惜(形,丙)	kěxī	regrettable; woeful *adj.*
20. 知心(超)	zhī xīn	intimate; bosom friend *n.*
21. 假(名,丙)	jiǎ	holiday *n.*
22. 孤独(形,丁)	gūdú	isolated; lonely *adj.*
23. 诗人(名,丙)	shīrén	poet *n.*
24. 户外(形,超)	hùwài	outdoors; open *adj.*
25. 技巧(名,丙)	jìqiǎo	skill *n.*
26. 体贴(形,丁)	tǐtiē	considerate; thoughtful *adj.*
27. 能干(形,乙)	nénggàn	able-minded; capable *adj.*

句子

1. 节假日感到孤独的时候,我就去爬山。
2. 这首歌曲旋律优美,可惜歌词写得不好。
3. 看着窗外马路上来来往往的车辆发呆。
4. "悲喜人生"这个片子讲的当然是人生中的酸甜苦辣。
5. 在远离亲人的地方,更需要真心朋友。
6. 爱情不全是花前月下,甜言蜜语。
7. 我的交友格言是,用我的真心换你的真心。
8. 技巧性强的运动,不太容易对付。
9. 又能干又会体贴人,这样的姑娘多么难找呀!

第十单元

课文背景

下面第一段录音是一个女孩写给中央人民广播电台"情牵女人心"节目的一封信,第二段录音是一个人的谈话。

练 习

第一题:连续听两遍以后,回答问题。
1. A 是大连人。　　　　　B 在外地工作。
   C 喜欢看电视。　　　　D 不爱听收音机。
2. A 广播方面的知识。　　B 怎样跟人交朋友。
   C 人生非常有意思。　　D 有关爱情的知识。
3. A 喜欢想像。　　　　　B 很爱唱歌。
   C 容易掉眼泪。　　　　D 常跟人吵架。
4. A 会写故事的。　　　　B 比较外向的。
   C 唱歌好听的。　　　　D 喜欢读书的。
5. A 平时说话很多。　　　B 有时比较幽默。
   C 没有知心朋友。　　　D 喜欢外出旅行。
6. A 非常爱幻想。　　　　B 学习成绩第一。
   C 喜欢户外运动。　　　D 女朋友很温柔。

第二题:跟读下列句子。
1.
2.
3.
4.
5.
6.
7.
8.
9.

第三题：下面是10个句子，你认为它们分别属于A B C哪种类型。

类型	A 完全正确	B 有一定的道理	C 完全错误
句子序号			

第四题：请听用较快速度朗读的课文录音。

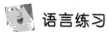
语言练习

词 语

1. 荣幸（形，丙）	róngxìng	honoured; lucky *adj.*
2. 化妆（动，丁）	huàzhuāng	paint; make up; put on make-up *v.*
3. 推销（动，丁）	tuīxiāo	promote sales; hawk; market; peddle *v.*
4. 服装（名，丁）	fúzhuāng	dress; clothing *n.*
5. 宜人（形，超）	yírén	pleasant; delightful *adj.*
6. 竞争（动/名，丙）	jìngzhēng	compete *v.* competition *n.*
7. 对付（动，乙）	duìfu	deal with; cope with *v.*
8. 毅力（名，丙）	yìlì	fortitude; stamina; willpower; will *n.*
9. 挫折（名，丙）	cuòzhé	frustration; setback *n.*
10. 灰心（丙）	huī xīn	lose heart; be disappointed; be utterly disheartend
11. 适得其反（超）	shī dé qí fǎn	just the opposite to what one wishes
12. 疯狂（形，丙）	fēngkuáng	despcrate; frenzied; unbridled *adj.*
13. 购（动，丙）	gòu	purchase; buy *v.*

14. 减肥(超)	jiǎn féi	fine down; pedal away the pounds; lose weight
15. 具体(形,乙)	jùtǐ	concrete; specific *adj.*
16. 失误(动,丁)	shīwù	make mistakes; go awry *v.*
17. 起码(形,丁)	qǐmǎ	minimum; rudimentary; elementary
18. 卡通(名,超)	kǎtōng	cartoon *n.*
19. 转换(动,丁)	zhuǎnhuàn	change; transform *v.*
20. 迫不及待(超)	pò bù jí dài	too impatient to wait
21. 管用(形,超)	guǎnyòng	efficacious; be of use; effective *adj.*
22. 绯闻(名,超)	fěiwén	pink news *n.*
23. 财(名,丁)	cái	wealth; money *n.*
24. 运气(名,丙)	yùnqi	fortune; luck *n.*
25. 疲惫(形,丁)	píbèi	tired out; exhausted *adj.*
26. 趴(动,丙)	pā	lie prone; crouch down *v.*
27. 依旧(形,丙)	yījiù	as of old
28. 灿烂(形,丙)	cànlàn	glorious; resplendent; splendid; bright *adj.*

练习

第一题：听录音,选择正确答案。

1. A 很孤独。 B 很遗憾。
   C 很开心。 D 很复杂。
2. A 让自己变瘦。 B 买化妆品。
   C 谈论绯闻。 D 购买服装。
3. A 趴在床上不是好习惯。 B 激烈的竞争让人很累。
   C 下班回家之后该做什么。 D 现代人在家呆的时间很短。

4. A 肯定会。 B 可能会。
   C 不太会。 D 很难说。
5. A 他是一个卡通迷。 B 朋友们对他的看法。
   C 他有多少卡通 DVD。 D 他什么时候买卡通片。
6. A 找一个好工作。 B 工作中避免失误。
   C 失误后好好处理。 D 学习别人的好方法。
7. A 读错字音了。 B 遇到挫折了。
   C 感到灰心了。 D 爬不起来了。
8. A 一部电影。 B 天气状况。
   C 户外活动。 D 小马的个性。
9. A 服装店。 B 美发店。
   C 百货商店。 D 考试中心。
10. A 医生水平太差。 B 女的不了解情况。
    C 孟江南性格有问题。 D 孟江南放弃了比赛。
11. A 小军真的像猴子。 B 小军喜欢闹着玩。
    C 心理测试不能当真。 D 不要害怕竞争失败。
12. A 很无聊。 B 不成立。
    C 有道理。 D 很幽默。

第二题：下面是一名军人和一个诗人的自我介绍，听后说出你更愿意和谁交友。

课文二

坏心情，我不带你回家

课文背景

《独在异乡的日子》是电视台的一个节目，这天，节目记者采访了在青岛打工的徐小梅。下面是采访的一部分。

第十单元

练习

第一题：听第一遍，判断本文的主要内容是什么。
1. 在外地工作想不想家。
2. 遇到挫折时怎么处理。
3. 服装市场竞争很激烈。
4. 心情不好也不能疯狂购物。
5. 上网容易使人感到疲惫。

第二题：听第一遍，回答问题。
1. A 父母住在西安。　　　　B 以前做过推销员。
   C 五年前来到青岛。　　　D 从事服装设计工作。
2. A 风景秀丽。　　　　　　B 气候宜人。
   C 压力很大。　　　　　　D 挣钱很多。
3. A 女的很轻松，没有压力。
   B 很奇怪女的为什么没有压力。
   C 经理对压力不应该感到奇怪。
   D 市场竞争激烈，有压力很正常。
4. A 大吃甜食。　　　　　　B 做事有毅力。
   C 不害怕竞争。　　　　　D 面对困难不灰心。
5. A 通过走路转换心情。　　B 不把坏心情带回家。
   C 告诉老板不要发脾气。　D 给朋友打电话骂他一顿。
6. A 浪漫的爱情故事。　　　B 幽默的卡通片。
   C 转换心情的方法。　　　D 便宜的购物地点。
7. A 了解国内外新闻。　　　B 给知心朋友写信。
   C 为考试做些准备。　　　D 让自己能睡个好觉。

第三题：跟读下列句子。
1.
2.
3.

4.
5.
6.
7.
8.
9.
10.

第四题：谈谈你对下列观点或现象的看法。

1. 说的也是,现在服装市场竞争这么激烈,你又是部门经理,没有压力那才怪呢!
2. 遇到挫折、情绪不稳定时,女孩子们一般喜欢第一疯狂购物,第二大吃甜食。
3. 从公司到宿舍,起码得走35分钟。我就这么默默地走着,脑子里想一些开心的事,比如浪漫的爱情故事,幽默的卡通片等,用这种方法来转换自己不高兴的心情。
4. 平时上网,我一般只看新闻。心情不好时上网,什么都看,像什么明星绯闻啦,搞笑短信啦,星座财运啦,心理测试啦,全看。等觉得自己全身疲惫,要累趴下时,然后再回家,美美地睡上一觉。这样,第二天起床时,我就会觉得太阳依旧新鲜灿烂。

第五题：请听用较快速度朗读的课文录音。

课文三

饺子、胡子及其他

课文背景

你将听到的是英国驻上海总领事馆总领事苏保罗2002年底在新浪网上跟网友聊天的部分内容,另一个谈话人是主持人。

第十单元

练习

第一题：根据苏保罗的介绍，判断正误。
1. 两年前他在泰国从事外交活动。
2. 他的太太和两个女儿目前都在英国。
3. 2002年上海总领事馆签发了25000个学生签证。
4. 他希望到英国留学的中国人最终能回到中国。
5. 他决定邀请欧文和贝克汉姆到中国来访问。
6. 他最喜欢吃的是汉堡、四川菜和巧克力。
7. 他是很好的美食家，包饺子也包得很好。
8. 主持人觉得他的胡子很有个性，很独特。
9. 他说自己做过生意，不是一个传统的英国人。
10. 他决定下次来聊天的时候把自己的胡子剃掉。

第二题：再听一遍对话，说说你下列观点的看法。
1. 在烹饪方面有天赋的人才能做美食家。
2. 他的胡子很有个性，一看就不是一个商人。
3. 一有空闲时间，我们就会选择一家非常好的中国餐厅去吃饭，或者是买DVD回家看。

 专项练习

第一题：学习下列1-2两组词语，然后听文章"月是故乡明"；3是文章中讲到的一首诗。
1. 外地人，人生地不熟，抄小路，了如指掌，一草一木，一言难尽，外面的世界很精彩。
2. 月是故乡明，家乡风味，家乡话，思乡之情，游子，衣锦还乡，荣归故里，叶落归根，乡愁。

3. 余光中的诗《乡愁》

　　　　　小时候，
　　　　　乡愁是一枚小小的邮票，
　　　　　我在这头，
　　　　　母亲在那头。
　　　　　长大后，
　　　　　乡愁是一张窄窄的船票，
　　　　　我在这头，
　　　　　新娘在那头。
　　　　　后来啊，
　　　　　乡愁是一方矮矮的坟墓，
　　　　　我在外头，
　　　　　母亲在里头。
　　　　　而现在，
　　　　　乡愁是一弯浅浅的海峡，
　　　　　我在这头，
　　　　　大陆在那头。

第二题：听后填出所缺的数字。

　　根据"2002年全国电视观众抽样调查"提供的数据，截止到2002年9月，我国4岁以上电视观众的总数为＿＿＿＿＿＿亿人，观众最喜爱的节目是天气预报。＿＿＿＿＿＿的电视观众表示"经常"和"几乎每天"看电视，显示出电视媒体在人们心目中的特殊位置。而"经常"和"几乎每天"接触其他传媒的情况依次为：报纸为＿＿＿＿＿＿，杂志为18.7%，广播为13%，互联网为＿＿＿＿＿＿。

　　类似的调查是从1987年开始的，每5年进行一次。比较四次调查可以看出，1987年以来的15年间，"经常"和"几乎每天"翻阅报刊的比率下降了＿＿＿＿＿＿，收听广播的比率下降了＿＿＿＿＿＿，而青睐电视的观众一直保持在94%以上。

第十单元

 词语小结

名词
诗人,军人,亲人,人生,服装,卡通,车辆,毅力,挫折,绯闻,旋律,格言,真心,假(日),技巧。

动词
化妆,推销,购,竞争,对付,转换,趴,失误,牵,远离,透,来往,哼。

形容词
体贴,孤独,能干,疲惫,疯狂,荣幸,可惜,宜人,灿烂,具体,起码,管用,依旧,户外,悲喜。

其他
副词:从未,从中。
介词:随着。

词组
灰心,适得其反,迫不及待,减肥,打工,发呆,知心。

表达法
从中看到了一个个悲喜人生。 花前月下。 甜言蜜语。 谈得来的朋友。 户外活动,我也能对付几下。 累趴下了。 美美地睡上一觉。 我这个人比较实际。 签发签证。 经济担保和经济资助。 没有压力那才怪呢! 她总是迫不及待地给我打电话,把我臭骂一顿。 疯狂购物。 大吃甜食。 秘诀可说不上。 学习永远是第一位的。 从事外交活动。 太阳下山明朝依旧爬上来。 皮肤测试。 把胡子剃掉。 网上聊天。 闹着玩的,不用当真。 人生地不熟。 抄小路。 了如指掌。 一草一木。 一言难尽。 外面的世界很精彩。 月是故乡明。 家乡风味。 家乡话。 思乡之情。 游子。 衣锦还乡。 荣归故里。 叶落归根。 每逢佳节倍思亲。 乡愁。

课 外 作 业

第一单元　升堂入室

第一题：从所给的词中选出你听到的。请注意：句子里边可能有你不懂的词汇，不要担心，只要从下面这些词中找到你听到的句子中出现的词就可以了。

(1-5)　　尊敬　表达　奖励　销售　陶醉　羡慕　成功

(6-11)　作品　对象　生意　业务　时代　期间　恋爱　地位　电脑　作家

(12-15)　自从　竟然　替　并　某　之中　结婚

第二题：下面是10个句子，分成5组。每组的两个句子中有一个相同的词组，听完后用汉语拼音写出这个词组。

甲组中相同的词组是_____：
乙组中相同的词组是_____：
丙组中相同的词组是_____：
丁组中相同的词组是_____：
戊组中相同的词组是_____：

第三题：你将听到一个句子的前半部分，从A和B之中选择一个，组成一个完整的句子。

1. (A 大家都喜欢钱。　　B 那又怎么样？)
2. (A 别提了　　　　　　B 别闹了)
3. (A 庆祝一番　　　　　B 大吃一顿)
4. (A 一见钟情　　　　　B 左右为难)
5. (A 比登天还难　　　　B 太让人吃惊了)

6. (A 送很多信　　　　　B 卖很多油)
7. (A 告诉他们　　　　　B 替他们工作)
8. (A 像他一样　　　　　B 跟他结婚)
9. (A 高兴得不得了　　　B 喝很多酒)
10. (A 你太没有钱了　　　B 这太让人吃惊了)
11. (A 提意见　　　　　　B 交作品)

第四题：听短文,回答问题。

1.
2.
3.
4.
5.
6.
7.
8.
9.
10.

第二单元　酸甜苦辣

第一题：从所给的词中选出你听到的。
　　（1-5）　失败　犹豫　痛苦　糊涂　安慰　惭愧　寒冷　功夫
　　　　　　常言道　直接
　　（6-10）好好儿　其实　关键　尝　幽默　肯定　口音　倒是　凡是
　　　　　　收获　在于

第二题：下面是10个句子，分为5组。每组的两个句子中有一
　　　　 个相同的词组，听完后用汉语拼音写出这个词组。
　　甲组中相同的词组是＿＿＿＿＿＿＿＿＿＿＿＿＿＿＿：
　　乙组中相同的词组是＿＿＿＿＿＿＿＿＿＿＿＿＿＿＿：
　　丙组中相同的词组是＿＿＿＿＿＿＿＿＿＿＿＿＿＿＿：
　　丁组中相同的词组是＿＿＿＿＿＿＿＿＿＿＿＿＿＿＿：
　　戊组中相同的词组是＿＿＿＿＿＿＿＿＿＿＿＿＿＿＿：

第三题：你将听到一个句子的一部分，从A和B之中选择一个，
　　　　 组成完整的句子。
　　1．（A　小奖励吧　　　　　　B　小幽默吧）
　　2．（A　没有学不会的东西　　B　没有去不了的地方）
　　3．（A　搞不懂　　　　　　　B　不得了）
　　4．（A　生活在幸福之中　　　B　不爱跟人交往）
　　5．（A　关键在于　　　　　　B　问题在于）
　　6．（A　眼不见心不烦嘛　　　B　现在关键是要好好儿学习）
　　7．（A　想像不到　　　　　　B　想像到了）
　　8．（A　早知道　　　　　　　B　不知道）
　　9．（A　还真没有白说　　　　B　说起来真惭愧）
　　10．（A　都知道这一点　　　　B　都想安慰他）

第四题：听对话，选择正确答案。
1. A 自己说得不好。　　　　B 李明没有钱。
   C 李明现在太忙。　　　　D 李明不借给他钱。
2. A 谁爱说话。　　　　　　B 谁有口音。
   C 谁最紧张。　　　　　　D 该听谁的。
3. A 买台电脑。　　　　　　B 去做研究。
   C 去听讲座。　　　　　　D 找人帮忙。
4. A 父女。　　　　　　　　B 夫妻。
   C 兄妹。　　　　　　　　D 朋友。
5. A 不能掉进水里。　　　　B 摘月亮太困难。
   C 女朋友都很麻烦。　　　D 女人的问题太多。

第五题：听短文，回答问题。
1.
2.
3.
4.
5.
6.
7.
8.
9.

第三单元　应接不暇

第一题：从所给的词中选出你听到的。

(1-4) 代价　拼命　顺便　挣钱　保重　疾病　进修　目标　幻想　讽刺

(5-8) 编辑　退休　看望　崇拜　精力　学术　主编　豪华　有的是

第二题：下面是10个句子，分为5组。每组的两个句子中有一个相同的词组，听完后用汉语拼音写出这个词组。

甲组中相同的词组是_____：

乙组中相同的词组是_____：

丙组中相同的词组是_____：

丁组中相同的词组是_____：

戊组中相同的词组是_____：

第三题：你将听到一个句子的一部分，从A和B之中选择一个，组成完整的句子。

1. (A 在百忙之中　　　　　B 在痛苦的时候)
2. (A 没有他不感兴趣的　　B 没有他不羡慕的)
3. (A 男尊女卑　　　　　　B 男左女右)
4. (A 风风火火的　　　　　B 高高兴兴的)。
5. (A 住上了宽大豪华的房子　B 找到了人生最后的归宿)
6. (A 一转眼　　　　　　　B 一不小心)
7. (A 几乎认不出来了　　　B 忙得不知道东南西北了)
8. (A 他生病住院了　　　　B 他刚刚下课)
9. (A 你也可以顺便去　　　B 你可能找不到他)
10. (A 我有时有时间　　　　B 我的时间很多)
11. (A 自我安慰　　　　　　B 左右为难)

第四题：听对话,选择正确答案。

1. A 女的感到很吃惊。　　　　B 姜伟家非常有钱。
   C 男的比姜伟更有钱。　　　D 姜伟的爸爸很有名。
2. A 工作丢了。　　　　　　　B 成了老板。
   C 非常伤心。　　　　　　　D 忙得不得了。
3. A 方俊交女朋友的经验。　　B 别人为什么小看方俊。
   C 方俊跟女朋友分手了。　　D 方俊交过多少女朋友。
4. A 还有很多目标。　　　　　B 什么目标也没有。
   C 还不能说有目标。　　　　D 还是原来的目标。
5. A 有些伤心。　　　　　　　B 十分陶醉。
   C 比较犹豫。　　　　　　　D 非常成功。

第五题：听短文,回答问题。

1.
2.
3.
4.
5.
6.
7.
8.
9.

第四单元 春暖花开

第一题：从所给的词中选出你听到的。
　　(1-5) 推辞 陪同 提前 预报 推荐 顾 借口 号称 潮湿
　　　　　收听
　　(6-10) 情绪 频繁 遗憾 贸易 同期 绝对 嗓子 申请 惨

第二题：下面是10个句子，分为5组。每组的两个句子中有一
　　　　个相同的词组，听完后用汉语拼音写出这个词组。
　　甲组中相同的词组是_____：
　　乙组中相同的词组是_____：
　　丙组中相同的词组是_____：
　　丁组中相同的词组是_____：
　　戊组中相同的词组是_____：

第三题：你将听到一个句子的一部分，从A和B之中选择一个，
　　　　组成完整的句子。
　　1. (A 高兴得跳起来　　　　B 陶醉在幸福之中)
　　2. (A 那算什么呀　　　　　B 那再好不过了)
　　3. (A 你这个人真是的　　　B 你还算不错的呢)
　　4. (A 我没想到你会来　　　B 你提前到了)
　　5. (A 人生最后的归宿　　　B 人生的风风雨雨)
　　6. (A 伤透了心　　　　　　B 自我安慰)
　　7. (A 把我给辞了　　　　　B 还真没有白说)
　　8. (A 一个劲儿地推辞　　　B 除了急还是急)
　　9. (A 能大吃一顿　　　　　B 能把死的说成活的)
　　10. (A 搞得大家都很没情绪　B 不爱跟人交往)
　　11. (A 喜欢潮湿的天气　　　B 那儿风沙很大)

第四题：听对话，选择正确答案。
1. A 当老板了。　　　　　B 生病住院了。
   C 去做生意了。　　　　D 没有工作了。
2. A 吃甜的东西。　　　　B 帮女的做事。
   C 看女的照片。　　　　D 听博士演讲。
3. A 不喜欢她的名字。　　B 刚刚从外地回来。
   C 住在很远的地方。　　D 跟男的关系不好
4. A 太少了。　　　　　　B 太贵了。
   C 很好看。　　　　　　D 很需要。
5. A 逛街。　　　　　　　B 上课。
   C 过马路。　　　　　　D 找人聊天。
6. A 天气不要太热。　　　B 热天时不要考试。
   C 她的成绩能进步。　　D 男的对她更好一些。

第五题：听短文，判断正误。
短文一
1. 朋友们不理解他为什么辞了工作。
2. 在办公室工作，事情不多，钱也很少。
3. 他不喜欢每天做同样的事情。
4. 他很有信心，不害怕失败和痛苦。

短文二
5. 女朋友喜欢安静的活动。
6. 他不喜欢到外面活动。
7. 女朋友总是找借口不和他打球。
8. 他们差不多每星期看一场电影。
9. 他觉得绿茶虽然苦，但很好喝。

短文三
10. 北京没有她想像得那么寒冷。
11. 她还没有完全适应北京的干燥和风沙。
12. 她现在对天气的感觉有点奇怪。

第五单元　何去何从

第一题：从所给的词中选出你听到的。
　　(1-5)　操心　形容　咨询　感染　持续　淘汰　纪念　整天
　　(6-10)　帅　普及　偶然　成熟　摄影　模糊　精神　茶馆　倾向

第二题：下面是10个句子，分为5组。每组的两个句子中有一
　　　　 个相同的词组，听完后用汉语拼音写出这个词组。
　　甲组中相同的词组是_____：
　　乙组中相同的词组是_____：
　　丙组中相同的词组是_____：
　　丁组中相同的词组是_____：
　　戊组中相同的词组是_____：

第三题：你将听到一个句子的一部分，从A和B之中选择一个，
　　　　 组成完整的句子。

1. (A 犹豫不决　　　　　　B 走来走去)
2. (A 让人哭笑不得　　　　B 拿我开心)
3. (A 猪狗不如　　　　　　B 灰头土脸)
4. (A 算不上什么专家　　　B 意思意思就算了)
5. (A 就吃不下饭　　　　　B 头就大了)
6. (A 情不自禁地　　　　　B 举棋不定地)
7. (A 不用说了　　　　　　B 我说了算)
8. (A 低三下四地　　　　　B 左右为难地)
9. (A 汗水就是收获　　　　B 只有付出努力才会收获成功)
10. (A 把心一横　　　　　　B 心里一动)
11. (A 毫无道理　　　　　　B 毫无疑问)
12. (A 也都高兴起来　　　　B 却觉得有点无聊)
13. (A 咨询一下　　　　　　B 借点钱)

第四题：听对话，选择正确答案。

1. A 咱们班的人都不聪明。　　B 遛弯儿是最好的活动。
   C 努力和成功关系不大。　　D 好好儿休息也很重要。

2. A 女的不爱喝茶。　　B 女的觉得空虚。
   C 男的羡慕女的。　　D 男的工作很忙。

3. A 开心。　　B 鼓励。
   C 安慰。　　D 批评。

4. A 找什么工作。　　B 以后怎么办。
   C 要不要花存款。　　D 开车去什么地方。

5. A 就买这种。　　B 买便宜的。
   C 明天再说。　　D 去买吃的。

6. A 男的说话有什么特点。　　B 应该怎样选择图片。
   C 搞好宣传的关键是什么。　　D 语言在宣传中作用最大。

第五题：听短文，判断正误。

短文一

1. 她喜欢照相，但水平不是很高。
2. 她家地方大，放照片和用过的胶卷没问题。
3. 她买数码相机时下了很大的决心，因为比较贵。
4. 她很满意数码照片节省了她大量空间。

短文二

5. 他年纪大了，所以头发越来越少。
6. 朋友告诉他增发的方法，但他不用。
7. 他长得不太好，头发又少，所以找不到女友。
8. 他觉得自己并不聪明。

短文三

9. 小王和女朋友都不知道去公园应该怎么走。
10. 朋友的意思是：女朋友的话尽管不对，也要听。

第六单元　余音绕梁

第一题：从所给的词中选出你听到的。
　　(1-5)　规矩　设计　大厦　面前　舞台　激情　娱乐　一旦　清晰
　　(6-11)　尽情　类型　眼光　固定　相对　追求　逐渐　意味着
　　　　　　突破

第二题：下面是10个句子，分为5组。每组的两个句子中有一个相同的词组，听完后用汉语拼音写出这个词组。
　　甲组中相同的词组是＿＿＿＿＿＿＿＿＿＿＿＿＿＿＿：
　　乙组中相同的词组是＿＿＿＿＿＿＿＿＿＿＿＿＿＿＿：
　　丙组中相同的词组是＿＿＿＿＿＿＿＿＿＿＿＿＿＿＿：
　　丁组中相同的词组是＿＿＿＿＿＿＿＿＿＿＿＿＿＿＿：
　　戊组中相同的词组是＿＿＿＿＿＿＿＿＿＿＿＿＿＿＿：

第三题：你将听到一个句子的一部分，从A和B之中选择一个，组成完整的句子。
　　1.（A　不可思议　　　　　　B　无法形容）
　　2.（A　烦恼　　　　　　　　B　眼红）
　　3.（A　没什么好羡慕的　　　B　没什么好紧张的）
　　4.（A　第一印象　　　　　　B　第一反应）
　　5.（A　分工明确　　　　　　B　无可挑剔）
　　6.（A　算不上什么新闻　　　B　算不了什么）
　　7.（A　恨不得一口吃成个大胖子　B　恨不得找个地缝钻进去）
　　8.（A　我非常紧张　　　　　B　我感到很幸运）
　　9.（A　我们有很多　　　　　B　刚刚卖完）
　　10.（A　逐渐变得有名了　　　B　一炮走红了）
　　11.（A　你可以尽情地大声唱　B　什么都很清晰）
　　12.（A　什么都不记得了　　　B　学习新东西很容易）

第四题：听对话，选择正确答案。
1. A 等待幸运。　　　　　　B 去银行存款。
   C 去医院看病。　　　　　D 找人一起干。
2. A 刚刚认识。　　　　　　B 比较熟悉。
   C 不喜欢对方。　　　　　D 在一起工作。
3. A 现在很陶醉。　　　　　B 正在谈恋爱。
   C 情绪非常好。　　　　　D 每天都做梦。
4. A 短信。　　　　　　　　B CDMA。
   C 车市。　　　　　　　　D 世界杯。
5. A 挣钱。　　　　　　　　B 做饭。
   C 丈夫。　　　　　　　　D 爱情。

第五题：听文章，选择正确答案。
1. A 老虎把姑娘抱了起来。　　B 老虎把脚伸到姑娘肩上。
   C 观众觉得表演非常成功。　D 小伙子认为姑娘不漂亮。
2. A 说姑娘的坏话。　　　　　B 把姑娘抱起来。
   C 让老虎抱自己。　　　　　D 跟老虎一起表演。
3. A 感觉很奇妙。　　　　　　B 认为不幽默。
   C 不是很喜欢。　　　　　　D 觉得太长了。
4. A 有激情的。　　　　　　　B 较伤心的。
   C 特别搞笑的。　　　　　　D 慢的和老的。
5. A 怎样才能活下去。　　　　B 演员和运动员的不同。
   C 什么样的追求有价值。　　D 有明确的目标最重要。
6. A 退休工人。　　　　　　　B 演讲会听众。
   C 公司业务员。　　　　　　D 服装设计师。

第七单元　闻鸡起舞

第一题：从所给的词中选出你听到的。
　　(1-5)　提醒　恢复　活跃　防守　耽误　谈论　观念　撞
　　(6-10)　界　充沛　稳定　寄托　独特　采访　害羞　杂志

第二题：下面是10个句子，分为5组。每组的两个句子中有一个相同的词组，听完后用汉语拼音写出这个词组。
　　甲组中相同的词组是_____：
　　乙组中相同的词组是_____：
　　丙组中相同的词组是_____：
　　丁组中相同的词组是_____：
　　戊组中相同的词组是_____：

第三题：你将听到一个句子的一部分，从A和B之中选择一个，组成完整的句子。

1.　(A　与众不同　　　　　B　让人崇拜)
2.　(A　偶尔　　　　　　　B　偶然)
3.　(A　津津有味　　　　　B　很有吸引力)
4.　(A　真的是满怀希望　　B　不怕被人笑掉大牙吗？)
5.　(A　不知天高地厚　　　B　精神有寄托)
6.　(A　让人哭笑不得　　　B　一浪高过一浪)
7.　(A　耽误学习　　　　　B　水平太次)
8.　(A　算不上什么新闻　　B　破天荒头一回)
9.　(A　醉翁之意不在酒　　B　井水不犯河水)
10.　(A　一定能取得胜利　　B　进攻和防守都很好)
11.　(A　身体恢复得很快　　B　成了一名职业球员)
12.　(A　表现一定要活跃一些　B　害羞一些没关系)
13.　(A　其实有很多不同　　B　我的精力更充沛)
14.　(A　所以受伤了　　　　B　别的人不知道)

第四题：听对话，选择正确答案。

1. A 一种运动。　　　　　　　B 身体素质。
   C 周末安排。　　　　　　　D 老年生活。
2. A 是运动员。　　　　　　　B 非常害羞。
   C 不喜欢女孩子。　　　　　D 跟男的是同屋。
3. A 加班。　　　　　　　　　B 跳舞。
   C 约会。　　　　　　　　　D 上网。
4. A 很有个性。　　　　　　　B 衣服很贵。
   C 眼睛漂亮。　　　　　　　D 是个怪人。
5. A 找到男朋友了。　　　　　B 正式走上舞台了。
   C 在演唱会上唱歌了。　　　D 见到喜欢的歌星了。
6. A 回答观众的问题。　　　　B 接受记者的采访。
   C 拍一部新的电影。　　　　D 给年轻演员上课。

第五题：听短文，回答问题。

1. A 曾在电视台工作过。　　　B 考试成绩一直很差。
   C 羡慕自己的师弟师妹。　　D 这个学期考试成绩不好。
2. A 他和同学们的关系。　　　B 上大学后他的变化。
   C 什么业余生活最好。　　　D 什么人能顺利毕业。
3. A 觉得可笑，所以笑了。　　B 认为无聊，所以没笑。
   C 感到自己哭笑不得。　　　D 没有听懂，所以没反应。
4. A 介绍一位得病的运动员。　B 不能什么事都要争第一。
   C 取得比赛胜利有很多条件。D 争第一的心理对运动员很重要。
5. A 中国队在世界上的位置。　B 中国队成绩不好的原因。
   C 球迷们最喜欢问的问题。　D 球员需要参加什么测试。
6. 填写下列表格：

球队	参加人数	通过人数
青岛队		
山东鲁能队		
广东雄鹰队		

第八单元　神秘莫测

第一题： 从所给的词中选出你听到的。
(1-5)　高明　好强　浪漫　苗条　温柔　完善　承认　艰难　厨师
(6-10)　养成　偏偏　过分　测试　脾气　自信　牢骚　勉强　疲倦

第二题： 下面是10个句子，分为5组。每组的两个句子中有一个相同的词组，听完后用汉语拼音写出这个词组。
　　甲组中相同的词组是＿＿＿＿＿＿＿＿＿＿＿：
　　乙组中相同的词组是＿＿＿＿＿＿＿＿＿＿＿：
　　丙组中相同的词组是＿＿＿＿＿＿＿＿＿＿＿：
　　丁组中相同的词组是＿＿＿＿＿＿＿＿＿＿＿：
　　戊组中相同的词组是＿＿＿＿＿＿＿＿＿＿＿：

第三题： 你将听到一个句子的一部分，从 A 和 B 之中选择一个，组成完整的句子。

1. （A 似懂非懂　　　　　B 完全明白）
2. （A 门当户对的　　　　B 乱七八糟的）
3. （A 天生的一对　　　　B 幸运的一对）
4. （A 自我安慰　　　　　B 自我控制能力）
5. （A 说来话长　　　　　B 说来好笑）
6. （A 难为情　　　　　　B 如鱼得水）
7. （A 养成良好的性格　　B 记住失败的教训）
8. （A 大发脾气　　　　　B 打扫房间）
9. （A 别提多浪漫了　　　B 别提多有意思了）
10. （A 大家都很崇拜她　　B 别人也喜欢跟她交往）
11. （A 可你偏偏不信　　　B 可你却很好强）
12. （A 她才勉强同意了　　B 彼此都很疲倦）
13. （A 有饭吃就不错了　　B 饮食也比较合理）
14. （A 把我气坏了　　　　B 老板真是太慷慨了）

第四题：听对话，选择正确答案。

1. A 身材很不错。 B 喜欢睡懒觉。
   C 作息有规律。 D 不重视锻炼。
2. A 交通。 B 天气。
   C 电影。 D 朋友。
3. A 没有睡好觉。 B 得了很怪的病。
   C 讨厌这个季节。 D 觉得非常疲倦。
4. A 能坐上就不错了。 B 真让人哭笑不得。
   C 你以后坐火车吧。 D 下次就不会这样了。
5. A 男的晚上回家很早。 B 男的看了很多鬼故事。
   C 男的批评女的不小心。 D 女的觉得很可能有鬼。
6. A 发现成功的秘诀了。 B 再也不愿想问题了。
   C 常常一个人安静地坐着。 D 觉得书上讲的都不可信。

第五题：听短文，回答问题。

短文一

1. 他做菜的技术很高明。
2. 饭店生意红火是因为常常有独特的菜。
3. 他脾气不好，常常冲老板发火。
4. 他现在工作的地方叫"天下第一蟹"。

短文二

5. 鲁军小时候常常吃不饱饭。
6. 鲁军内向、不够自信的原因是家里穷。
7. 鲁军在的那个县城每年都有学生考上大学。
8. 鲁军成功的主要原因是他天生聪明。
9. 鲁军现在工作和住房都不错，生活很幸福。

短文三

10. 两家公司都想把新楼盖到地铁边的那块空地上。
11. 他们看上同一块地方，原因都和风水先生有关。
12. 他们没想到找的是同一个风水先生。

第九单元　梅妻鹤子

第一题： 从所给的词中选出你听到的。
　　（1-5）　报道　差距　爱心　自私　噪音　古典　不满　气味　喜爱
　　（6-10）　神仙　收养　显示　象征　呼吸　成语　身材　野生　来访

第二题： 下面是10个句子，分为5组。每组的两个句子中有一
　　　　　个相同的词组，听完后用汉语拼音写出这个词组。
　　甲组中相同的词组是＿＿＿＿＿＿＿＿＿＿＿＿＿＿＿：
　　乙组中相同的词组是＿＿＿＿＿＿＿＿＿＿＿＿＿＿＿：
　　丙组中相同的词组是＿＿＿＿＿＿＿＿＿＿＿＿＿＿＿：
　　丁组中相同的词组是＿＿＿＿＿＿＿＿＿＿＿＿＿＿＿：
　　戊组中相同的词组是＿＿＿＿＿＿＿＿＿＿＿＿＿＿＿：
　　己组中相同的词组是＿＿＿＿＿＿＿＿＿＿＿＿＿＿＿：

第三题： 你将听到一个句子的一部分，从A和B之中选择一个，
　　　　　组成完整的句子。
　　1.（A　他的发音不好　　　　　B　又把我的自行车骑坏了）
　　2.（A　可见谁都想去　　　　　B　反正我一定要去）
　　3.（A　原来是跟爱人吵架了　　B　简直是太不像话了）
　　4.（A　因此，成语很不好学　　B　可见他学得并不好）
　　5.（A　不愁吃和穿　　　　　　B　被人遗弃了）
　　6.（A　胸有成竹　　　　　　　B　举棋不定）
　　7.（A　四季常青　　　　　　　B　山青水秀）
　　8.（A　松鹤延年　　　　　　　B　鹤立鸡群）
　　9.（A　初生牛犊不怕虎　　　　B　林子大了，什么鸟都有）
　　10.（A　我说得不好吗？　　　　B　你没听见吗？）
　　11.（A　方向感极差　　　　　　B　脾气不好）
　　12.（A　收养动物　　　　　　　B　采取措施）
　　13.（A　怎么才考了65分？　　　B　应该平静一点。）

14. (A 一点不顾别人　　　　　　B 大家都很喜爱他)

第四题：听对话，选择正确答案。
1. A 环境保护。　　　　　　　B 旅行生活。
   C 千岛湖风光。　　　　　　D 水的重要性。
2. 因为她　A 乐呵呵的。
           B 没有烦恼。
           C 生活简单。
           D 知道满足。
3. A 上海的象征。　　　　　　B 报纸上的宣传。
   C 磁悬浮列车的速度。　　　D 磁悬浮列车的票价。
4. A 灰鹤。　　　　　　　　　B 白头鹤。
   C 丹顶鹤。　　　　　　　　D 黑颈鹤。
5. A 选美比赛。　　　　　　　B 漂亮姑娘。
   C 什么比赛最好。　　　　　D 谁的意见重要。
6. A 男人喜欢漂亮女性。　　　B 女人不喜欢漂亮女性。
   C 女人不可能当选总统。　　D 21世纪男女绝对平等。

第五题：听短文，回答问题。
1. 下面是短文中提到的儿歌，听后说出哪些地方被改变了。
   一二三四五，上山打老虎。
   老虎没打到，打到小松鼠。
   松鼠有几个，让我数一数。
   数来又数去，一二三四五。
2. 钱先生为什么那么喜欢养金鱼？
3. 金先生发财的秘诀是什么？

第十单元 独在异乡

第一题：从所给的词中选出你听到的。
  (1-5) 军人 疯狂 毅力 服装 荣幸 挫折 化妆品 来往
  (6-10) 起码 推销 转换 人生 孤独 失误 真心   技巧

第二题：下面是10个句子，分为5组。每组的两个句子中有一个相同的词组，听完后用汉语拼音写出这个词组。
  甲组中相同的词组是＿＿＿＿＿＿＿＿＿＿＿＿＿＿＿＿：
  乙组中相同的词组是＿＿＿＿＿＿＿＿＿＿＿＿＿＿＿＿：
  丙组中相同的词组是＿＿＿＿＿＿＿＿＿＿＿＿＿＿＿＿：
  丁组中相同的词组是＿＿＿＿＿＿＿＿＿＿＿＿＿＿＿＿：
  戊组中相同的词组是＿＿＿＿＿＿＿＿＿＿＿＿＿＿＿＿：

第三题：你将听到一个句子的一部分，从A和B之中选择一个，组成完整的句子。

  1. （A 更不用说打架了   B 大家都说他很疯狂）
  2. （A 非常开心   B 越走越快）
  3. （A 但是常常迷路   B 学习却给耽误了）
  4. （A 了如指掌   B 特别管用）
  5. （A 知足常乐   B 适得其反）
  6. （A 特别荣幸   B 一言难尽）
  7. （A 吸引了不少远离家乡的人 B 可惜不能减肥）
  8. （A 不会很多   B 比较能干）
  9. （A 转换心情   B 疯狂购物）
  10.（A 累趴下了   B 忙得团团转）
  11.（A 外交活动   B 户外活动）
  12.（A 甜言蜜语   B 金嗓子）
  13.（A 简直是棒极了   B 没有压力那才怪呢）
  14.（A 我就想趴在床上休息一下 B 我常常望着窗外发呆）

第四题：听对话，选择正确答案。

1. A 男的很喜欢。 B 很多人想看。
   C 旋律很优美。 D 是一首歌曲。
2. A 精彩的人生。 B 人生的目标。
   C 外面的世界。 D 歌词的意思。
3. A 觉得很便宜。 B 感到非常好。
   C 认为不准确。 D 不是很理解。
4. A 情绪不正常。 B 总在想问题。
   C 减肥太疲倦了。 D 运动时间长了。
5. A 进攻方法不对。 B 取得了比赛胜利。
   C 关键时刻失误了。 D 以后不想比赛了。
6. A 对朋友要真心。 B 做事要能坚持。
   C 不能害怕失败。 D 对未来要有信心。

第五题：听短文，回答问题。

1. 说话人在网上都做些什么？
2. 听完这篇文章你有什么样的感觉？

单元练习参考答案

说明：参考答案不包括"跟读句子"、"讨论观点"、"记住录音中的句子"等题型的答案。这些或者可以在《文本》中找到原句，或者是很明显的开放型题目。

第一单元　升堂入室

课文一　第一次

第一题

3 汉语是怎样表达"第一"的。

第二题

1. 首车、首届运动会、首席科学家　　2. 初次、初恋、初雪
3. 启蒙老师、冠军、处女作

第三题

1. 第一次同男朋友或女朋友见面的情况当然更是忘不了。
2. 第一个做某项生意的人往往会取得巨大成功。
3. 你想不想知道汉语是怎么表达"第一"和"第一次"的呢？
4. "第一、第一次"主要是由"首、初"这两个汉字表达的。
5. 除了"首、初"两个字以外，表达"第一、第一次"还有别的方法。
6. 请今天第一个到教室的同学来回答听力课的第一个问题。

语言练习

第一题

1. A 电脑对现代人来说很重要　　2. B 公司的电脑比以前卖得好了

3. C 有些地位高的人不受尊敬　　4. D 很多作家的处女作写得最好

5. A 什么是成功　　　　　　　　6. A 者

7. D 男女是不是一样要看情况　　8. A 马文新替公司做了很多事

9. B 孙辉　　　　　　　　　　　10. C 对目前的状况不满意

11. D 公司的人说话不礼貌　　　　12. C 警察正在抓他

课文二　一天一封

第一题

　　4　王东和女朋友小云的故事。

第二题

1. B 工作是卖电脑
2. B 是公交公司的售票员
3. C 跟小云在一起,王东很幸福
4. 本题没有惟一正确的答案,只要能给自己的答案找到原因,就达到了练习目的。

课文三　第一次拿工资

第一题

1. A 每月10号学校发工资　　　2. B 请朋友去吃饭
3. B 没有生他的气　　　　　　4. C 太少了

第二题

1. 没有想到会出现某种情况,所以感到非常吃惊,不知道该怎么办。
2. 只要能表示自己的心意就可以了,不需要花很多钱。

专项练习

第二题

本题没有惟一正确的答案,下面是一个参考答案,你完全可以有不同的看法。

	希望的	不希望的
题号	2、3、4、6、7、9、10、12	1、5、8、11

第二单元 酸甜苦辣

课文一 吃西瓜

第一题

5 吃西瓜当中的生活道理。

第二题

1. D 请她讲一讲故事的意思
2. C 三个瓜可能都是坏的
3. A 觉得自己聪明
4. C 看不见，就不会烦恼
5. B 理解能力不如孙玫

语言练习

第一题

1. A 上博士非常困难
2. A 医生对病人
3. D 朋友
4. A 有烦恼是正常现象
5. D 小王为什么还没决定
6. A 心情上的变化
7. C 讨厌
8. B 花的时间多
9. B 王老师不太喜欢
10. D 开始时间
11. A 口语水平不很高
12. A 梦见自己变成了女的

课文二 张不开嘴

第一题

1 口语太差，不能开口。

第二题

1. D 风大，天气不好
2. B 农业大学
3. A 有人给他翻译
4. D 听的人不是很多
5. B 学不好口语
6. C 下大的决心

课文三　留言

1. B　录音电话很受欢迎
2. C　她觉得收获不大
3. B　吃饭
4. D　问问李宁有没有笔记

专项练习

第一题

原定于：原来决定在。

因故：因为什么原因。

照旧：没有改变。

转告：把事情、消息告诉别人。

第二题

	有轻声（括号内是读轻声的字）		无轻声
题号	2　这个人真糊涂！（"个"） 4　白去了一趟。（"了"） 6　已经来不及了。（"不"、"了"） 7　钱倒是不多。（"是"） 10　真是惭愧呀！（"呀"）	3　幽默的演讲。（"的"） 5　正在闹肚子。（"子"） 8　功夫特别深。（"夫"） 12　好好儿休息吧！（"吧"）	1　吹灭蜡烛。 9　一定要多开口。 11　我不能想像。

第三单元　应接不暇

课文一　我都不知道东西南北了！

第一题

1 替出版社邀请老师当主编。

第二题

1. A　现在是编辑
2. B　参加全国图书订货会
3. D　正在给出版社写书
4. C　退休以后张老师就有时间写书了

5．C 出版一套心理学丛书

语言练习

第一题

1．A 激动
2．B 进修需要太多时间
3．B 三个
4．A 非常难过
5．C 她刚从医院回来
6．D 最近身体出问题了
7．D 两个人都不知道
8．D 他还要拼命挣钱
9．A 自然科学
10．B 还比较年轻
11．D 女人结婚只是因为钱
12．本题是问读者的看法，没有惟一正确的答案。

课文二　谢梦有

第一题

1．A 刚刚认识　　　　　　2．C 从不回家
3．D 今年55岁　　　　　　4．A 身体健康比什么都重要
5．D 课文没说　　　　　　6．C 更理解生命

第二题

1．取得成功的关键是<u>有明确的目标</u>。（看到的是"拼命工作"）
2．我一个人，没有必要住这么<u>宽大的房子</u>。（看到的是"豪华的宾馆"）
3．我只是一个商人，没读过几年书。（看到的是"上过几年学"）
4．正在听的这首歌叫"<u>一千个伤心的理由</u>"。（看到的是"幻想中的恋爱"）
5．越是困难，越是不能放弃<u>对理想的追求</u>。（看到的是"实现目标的努力"）
6．面对疾病和死亡，我<u>有的是勇气</u>。（看到的"只有痛苦和烦恼"）
7．<u>多加了10天班</u>，这就是我的代价。（看到的是"少挣了2000块钱"）

课文三　快乐的原因

1. C 弹琴唱歌
2. D 不喜欢孔子
3. C 四个
4. A 读书人
5. D 人生最后的归宿
6. C 有一颗快乐的心

专项练习
第二题

参看《文本》中的句子,其中的黑体字是重音所在。

第四单元　春暖花开

课文一　好主意

第一题

2 学校医院。

第二题

1. A 上次训练时没有去
2. C 没去的人太多
3. B 三月份
4. A 夏天天气太热
5. D 大夫总把他当小孩
6. D 同样的话能说很多遍
7. C 非常差

语言练习
第一题

1. C 去那儿工作对你不好
2. D 心情不好
3. B 不完全相信
4. A 批评
5. B 磁带
6. B 三个
7. D 没关系,下次赢回来(本题可以有不同的答案)

8. D 5号的姿势那么难看
9. A 长得很漂亮
10. A 旅行
11. C 有点生气
12. A 男的现在是博士

课文二 云南绝对值得一去！

第一题

1. A 很遗憾　　　　　　　2. D 他对云南的少数民族感兴趣
3. D 昆明十分潮湿　　　　4. B 还可以
5. C 身体素质很好　　　　6. C 男朋友被派到了云南工作

第三题

1. 原因（一、刚来时十分寒冷；二、现在非常干燥；三、风沙很大）
　→结果（很难适应北京的气候）
　→结果（嗓子每天都不舒服）
　说明："很难适应北京的气候"是前一原因的结果，同时又是"嗓子每天不舒服"的原因。

2. 原因（一、我来北京半年多了，什么事也没有；二、咱们班别的同学也没问题）
　→结果（北京的气候还可以）
　→结果（你的身体素质不行）
　说明：跟上一题一样，"北京的气候还可以"既是结果，也是原因。另外，"你的身体素质不行"又是"这个学期动不动就生病"的原因。

3. 原因（一、男朋友说我锻炼的姿势难看；二、锻炼后身体不舒服）
　→结果（怕跟别人一起锻炼）

课文三 全球变暖

1 正　2 误　3 误　4 误　5 正　6 误　7 正　8 正

专项练习

第二题

1. B 购物时间可以长一些
2. B 别的朋友的建议也起了作用
3. B 但是没有孙宏的漂亮
4. A 没有推荐田明亮
5. A 和气候干燥也有关系
6. B 最羡慕的是成功的商人
7. B 寒冷和干燥都没关系
8. A 主要是"敌人"太厉害
9. B 谁都不愿意说话
10. A 怎么不换一个呢

第五单元　何去何从

课文一　茶馆

第一题

3 自己开一个茶艺馆

第二题

1. C 觉得很无聊
2. D 那天很高兴
3. B 小学生很快乐
4. A 无事可做
5. C 给自己找个地方

语言练习

第一题

1. D 电视节目大都没意思
2. A 他情绪不对
3. D 不太好
4. D 她对杨自烈的了解
5. A 比较热情
6. B 胶卷会不会被淘汰
7. A 安慰男的
8. C 衣服
9. D 不到四十岁
10. D 不清楚
11. D 环境
12. D 晓东的父母

课文二　数码相机

第一题

3　男的应该买什么照相机

第二题

1. A　向她请教
2. B　工作不正常
3. B　买多少钱的相机
4. B　技术不成熟
5. C　先去商店看一看
6. D　他们两人非常熟悉

课文三　猪狗不如

第一题

1. D　买房子
2. D　搞不搞自己的专业
3. A　让她自己决定
4. A　学习很苦
5. B　考研的人非常辛苦

第二题

1. 伤脑筋：形容事情难办，不容易想清楚。
2. 我说了算：由我来决定。
3. 低三下四：形容地位特别低。
4. 灰头土脸：(因为学习紧张)样子很脏很累。
5. 把脑袋埋在书堆里：形容学习非常认真。
6. 收获成功：取得成功。

专项练习

第二题

1. 节目：的士空间　　主持人：李洋
2. 节目：午夜里的收音机　　主持人：刘思嘉
3. 节目：经典非流行　　主持人：田龙
4. 节目：情牵女人心　　主持人：小雪

第六单元 余音绕梁

课文一 思想手

第一题

1 一部电视连续剧

第二题

1．B 忙得不得了 2．D 跟别人有冲突

3．D 非常幽默 4．A 想谈恋爱

语言练习

第一题

1．D 一炮走红的演员不多

2．D 时间对印象有很大影响

3．B 演员

4．B 激情

5．C 一定要正确对待荣誉

6．D 有不同的风格很正常

7．D 为什么有的歌词难理解

8．D 对考试不满意

9．A 特别好听

10．D 羡慕

11．A 情节是不是曲折

12．最可能的情况是张老师不喜欢这个班，但别的答案也可以。

课文二 像鱼一样

第一题

1．C 大学毕业以后 2．B 她取得了第一名

3．A 觉得很紧张很紧张 4．A 上舞台之前

5．D 不完全是坏事情 6．D 她的歌别人唱不了

7．C 尝试不同类型的歌曲

课文三 明星整容

1. 有钱人希望自己更有钱,明星希望自己更漂亮,总之,他们都希望在自己的领域内有更大的发展。
2. 指的是身体的每个部位都可能被整形。
3. 韩剧里有不少演员是整过容的,当人们知道这些情况以后,"明星整容"的问题就越来越成为大家讨论的话题。
4. 很多人效仿明星,去做整容手术,希望自己变得像明星那样漂亮。
5. 支持者的理由是:明星的工作就是娱乐大众,他们通过技术手段使自己变得更美丽,是一种敬业的体现。
6. 反对者的理由是:明星最应该做的是给大众带来更好的艺术作品,这才是真正的敬业。

专项练习

第一题

备受国际瞩目:受到全世界的关注。

腕级人物:有名气、影响大的人。

展会:展览会、展示会。

推介平台:推广介绍的舞台、机会。

第二题

1. fù bídòuyán(副鼻窦炎)
2. Sāngyú qíng(桑榆情)
3. Wényì dà diǎnbō(文艺大点播)
4. Zhìhuì diǎnjī(智慧点击)

第七单元 闻鸡起舞

课文一 不踢了

第一题

2 害怕再受伤

第二题
1. C 马志坚在踢足球　　　　　2. C 那些女孩儿为什么会不好意思
3. D 没有去过大城市　　　　　4. A 水平非常差
5. D 身体接触少的　　　　　　6. C 知道赵月在开玩笑

语言练习
第一题
1. A《娱乐天地》　　　　　　2. A 她的锻炼方法
3. A 队员的精神状态　　　　　4. C 老年人
5. D 夜里工作　　　　　　　　6. D 很谦虚
7. C 批评　　　　　　　　　　8. C 许多事情不容易说清楚
9. D 很烦恼　　　　　　　　　10. C 做事做得快
11. B 胡军为什么能当教练　　　12. D 很难理解

课文二　健康秘诀

第一题
谈话地点：A 李教授家
两个人的关系：C 记者和采访对象

第二题
A 正　　B 正　　C 正　　D 误　　E 误
F 误　　G 误　　H 正　　I 正　　J 误

课文三　瑜伽

适用对象	需要条件	注意事项
男女老少皆可，任何年龄和身体状况的人都可以练习瑜伽。	1. 相对安静的环境。 2. 一块两平方米左右的地方。	服装：纯棉，透气性要好。 练习前：不要吃太多食物，尤其是主食。 练习中：动作要缓慢；注意动作的平衡和协调；不能和别人攀比。 练习后：不要马上洗澡。

专项练习

第二题

1. Hēilóngjiāng shěng Mǔdānjiāng shì(黑龙江省牡丹江市)
2. Bālín shǒudū Màinàmài(巴林首都麦纳麦)
3. Běijīng Huábīn dàshà(北京华彬大厦)
4. ā'sàibàijiāng gònghéguó(阿塞拜疆共和国)

第八单元　神秘莫测

课文一　白羊白羊！

第一题

1. D　爱开玩笑　　　　　2. A　是王志强的同事
3. A　水瓶座的　　　　　4. D　认为两人星座不配
5. A　两人都是"白羊"　　6. B　姑娘们太相信星座

语言练习

第一题

1. C　有关部门的工作不完善　　2. C　内向的人怎么样
3. C　不好意思　　　　　　　　4. A　妻子现在还很笨
5. D　春困秋乏是什么意思　　　6. C　三种
7. C　不大会　　　　　　　　　8. D　大家都说他骄傲
9. C　有牢骚就该发　　　　　　10. B　发牢骚
11. D　比较生气　　　　　　　　12. A　昨晚的连续剧怎么样

第二题

开放型答案,你可以畅所欲言,发表自己的看法。

课文三　八字和生肖

1. 现代中国既继承传统文化又学习西方文化,所以在社会生活的每一个方面都能同时看到二者的影响。

2. 三个条件：门当户对、父母同意、八字相配。
3. "八字"是指一个人出生的时间；古人认为"八字"决定一个人的命运。
4. 生肖一共采用了12种不同的动物，它们分别是：鼠、牛、虎、兔、龙、蛇、马、羊、猴、鸡、狗、猪。
5. 据课文内容填表：

相配的属相（适合结婚）	不相配的属相（不宜结婚）
A 属马的与属（羊）的	A 属鸡的和属（猴）的
B 属鼠的与属（牛）的	B 属羊的和属（鼠）的
C 属虎的与属（猪）的	C 属羊的和属（虎）的
D 属兔的与属（狗）的	D 属龙的和属（虎）的
E 属龙的与属（鸡）的	E 属虎的和属（虎）的
F 属蛇的与属（猴）的	

6. 有人认为"八字相合"、"属相相合"的说法不科学，也有人认为很有道理，还有一些人则是"宁可信其有，不可信其无"。

专项练习

第二题

上海	广州、深圳	天津、青岛	香港、西安
大众、通用、贝尔、柯达、联合利华	宝洁、安利、广州本田、深圳华为	摩特罗拉、海尔、青岛啤酒	中国移动、西安杨森制药

（注意：有些公司从名字上看不出是哪个地方的）

第九单元 梅妻鹤子

课文一 矛盾

第一题

3 爱护动物和爱护人之间的矛盾。

第二题

1. C 在任何情况下都赞成   2. D 把钱都花在了猫狗身上

3．A 她家的猫狗太多   4．A 羚牛把农民顶死了

5．C 是国家一级保护动物   6．A 人类本来就很自私

语言练习

第一题

1．D 小梅最喜欢的是叠东西   2．A 路不好找

3．B 进步很快   4．D 笑容最可爱的姑娘当选了

5．D 偷了张经理的银行   6．D 读者

7．B 三个   8．不同的老板说的话也可能不一样。

9．D 有不一样的时间   10．A 女的房间这几天味道不好

11．A 一本古典小说

课文二   鹤

第一题

5 说话人为什么喜欢鹤。

第二题

A 正   B 正   C 正   D 误   E 误   F 正   G 正   H 误

I 正   J 误   K 正   L 正

课文三   岁寒三友

第一题

	松树	竹子	梅花
特点	耐寒而且四季常青，象征着坚强不屈，象征着长寿。	1. 外形秀丽，品格高尚，象征高雅。 2. 代表虚心、不骄傲。	姿态秀丽，清香迷人。
故事	一对长寿的夫妇死后变成了两只仙鹤。	1. 苏东坡宁可食无肉，也不愿意居无竹。 2. 文与可画竹子能做到胸有成竹，特别生动。	郑谷把"前村深雪里，昨夜数枝开"改成了"前村深雪里，昨夜一枝开。"大家都说改得好。

专项练习

第二题

3700—5500（米），6个月，1000—2000（美元），5000—30000（美元），2000（头）。

第十单元　独在异乡

课文一　交友

第一题

1. B 在外地工作　　　　2. D 有关爱情的知识
3. D 常跟人吵架　　　　4. D 喜欢读书的
5. B 有时比较幽默　　　6. C 喜欢户外运动

第三题

类型	A 完全正确	B 有一定的道理	C 完全错误
句子序号	9, 10	2, 3, 7, 6	1, 4, 5, 8

（说明：本题没有惟一正确的答案，你完全可以有自己不同的看法）

语言练习

第一题

1. D 很复杂
2. D 购买服装
3. B 激烈的竞争让人很累
4. C 不太会
5. A 他是一个卡通迷
6. C 失误后好好处理
7. A 读错字音了
8. A 一部电影
9. C 百货商店
10. D 孟江南放弃了比赛
11. C 心理测试不能当真
12. 本题没有惟一正确的答案。男的是在发牢骚，但他说得很幽默。

课文二　坏心情,我不带你回家

第一题

2　遇到挫折时怎么处理。

第二题

1. D 从事服装设计工作　　　2. D 挣钱很多
3. D 市场竞争激烈,有压力很正常　　4. A 大吃甜食
5. B 不把坏心情带回家　　6. C 转换心情的方法
7. D 让自己能睡个好觉

课文三　饺子、胡子及其他

第一题

1. 误　　2. 误　　3. 误　　4. 正　　5. 误
6. 误　　7. 误　　8. 误　　9. 正　　10. 误

专项练习

第二题

11.15(亿),95.8%,28.1%,2.8%,10%,44%。

课外作业参考答案

第一单元　升堂入室

第一题

1. 尊敬　　2. 表达　　3. 奖励　　4. 销售　　5. 陶醉
6. 生意　　7. 业务　　8. 期间　　9. 恋爱　　10. 作品
11. 时代、地位　　12. 结婚　　13. 竟然　　14. 自从　　15. 替

第二题

甲组：物质奖励　　wùzhì jiǎnglì

乙组：令人羡慕　　lìng rén xiànmù

丙组：青年时代　　qīngnián shídài

丁组：业务范围　　yèwù fànwéi

戊组：瞒得了　　mán de liǎo

第三题

1. B 那又怎么样？　　2. A 别提了
3. B 大吃一顿　　4. A 一见钟情
5. A 比登天还难　　6. A 送很多信
7. A 告诉他们　　8. A 像他一样
9. A 高兴得不得了　　10. B 这太让人吃惊了
11. A 提意见

第四题

1. 大概三四岁,因为他不明白老师的问题。(你可以有自己的看法)
2. 孩子在家里的地位是最高的,因为在中国一般家庭只有一个孩子。
3. 只有妈妈在旁边跳舞,他才会好好吃饭。
4. 四类人。
5. 不懂电脑,不会用电脑的人。

6. 羡慕在家里用电脑上班的人,因为他们不用每天挤公共汽车,而且很自由、很舒服。

7. 因为结婚的费用越来越高。

8. 结婚时都要请亲戚朋友去饭店大吃一顿,少的几十人,多的好几百人,所以饭费是一笔不小的数目。

9. 不请客,不好意思;请客,又没那么多钱。

第二单元　酸甜苦辣

第一题

1. 常言道、失败　　2. 痛苦、安慰　　3. 功夫　　4. 糊涂
5. 直接、犹豫　　6. 好好儿　　7. 关键、在于　　8. 口音、幽默、肯定
9. 尝　　10. 凡是

第二题

甲组：自我安慰　　zìwǒ ānwèi

乙组：一时糊涂　　yìshí hútu

丙组：犹豫不决　　yóuyù bù jué

丁组：只要功夫深　　zhǐyào gōngfu shēn

戊组：想像力　　xiǎngxiànglì

第三题

1. B 小幽默吧　　　　　　2. A 没有学不会的东西
3. A 搞不懂　　　　　　4. B 不爱跟人交往
5. A 关键在于　　　　　　6. B 现在关键是要好好儿学习
7. A 想像不到　　　　　　8. A 早知道
9. B 说起来真惭愧　　　　10. A 都知道这一点

第四题

1. D 李明不借给他钱　　　　2. B 谁有口音
3. D 找人帮忙　　　　　　4. D 朋友
5. C 女朋友都很麻烦

第五题

1. 一个特别幽默的服务员。
2. 他说:"要想身体瘦,天天吃扁豆"。
3. 幸福的意义并不在于你有很多钱,而在于你有一个好心情。
4. 害怕跟女孩交往,一见到女孩就脸红。
5. 和女孩子在一起,要先说话,多问问题。
6. 问了三个问题;他问得很可笑、很愚蠢。(你可以有自己不同的看法)
7. 题目是"成功和失败"。
8. 有两个原因:一是想学一些成功的经验;二是听说演讲人很幽默,觉得演讲肯定会很有意思。
9. 不受欢迎。只讲了20分钟就有一半人走了,剩下的人也都快睡着了。

第三单元　应接不暇

第一题

1. 讽刺、拼命、挣钱、保重
2. 代价、疾病
3. 进修
4. 幻想、目标
5. 学术、崇拜
6. 编辑、退休、看望
7. 主编
8. 豪华、有的是

第二题

甲组：精力过人　　jīnglì guò rén

乙组：语言进修生　yǔyán jìnxiūshēng

丙组：心理疾病　　xīnlǐ jíbìng

丁组：到目前为止　dào mùqián wéizhǐ

戊组：有远大的目标　yǒu yuǎndà de mùbiāo

第三题

1. A 在百忙之中
2. A 没有他不感兴趣的
3. A 男尊女卑
4. A 风风火火的
5. A 住上了宽大豪华的房子
6. A 一转眼
7. A 几乎认不出来了
8. A 他生病住院了
9. B 你可能找不到他
10. B 我的时间很多
11. A 自我安慰

第四题

1. C 男的比姜伟更有钱
2. D 忙得不得了
3. D 方俊交过多少女朋友
4. B 什么目标也没有
5. A 有些伤心

第五题

1. 每天都很快乐,好像什么烦恼都没有。
2. 不是,他也有伤心事,但他知道如何自我安慰。
3. 带着好心情工作,可以把工作做得更好;带着好心情生活,更能感觉到生活的美好。
4. 忙坏了。
5. 因为要做的事情很多,写论文、看稿子,一天忙到晚。
6. 得了一种奇怪的病,随时都有生命危险。
7. 跑东跑西,忙这忙那。
8. 猜价格,猜年龄。
9. 人的心理,尤其是女孩子的心理。
10. 你很难知道别人到底在想什么。

第四单元　春暖花开

第一题

1. 提前　2. 收听　3. 借口、推辞　4. 顾　5. 推荐
6. 嗓子　7. 贸易,频繁　8. 同期　9. 遗憾　10. 惨

第二题

甲组：民族舞蹈　mínzú wǔdǎo

乙组：再三推辞　zàisān tuīcí

丙组：素质教育　sùzhì jiàoyù

丁组：闹情绪　nào qíngxù

戊组：不辞而别　bù cí ér bié

第三题

1. A 高兴得跳起来
2. B 那再好不过了
3. A 你这个人真是的
4. A 我没想到你会来

5．B 人生的风风雨雨　　　　6．A 伤透了心
7．A 把我给辞了　　　　　　8．A 一个劲儿地推辞
9．B 能把死的说成活的　　　10．A 搞得大家都很没情绪
11．A 喜欢潮湿的天气

第四题

1．D 没有工作了　　　　　　2．C 看女的照片
3．B 刚刚从外地回来　　　　4．D 很需要
5．B 上课　　　　　　　　　6．C 她的成绩能进步

第五题

1．正　　2．误　　3．正　　4．正　　5．正　　6．误
7．正　　8．正　　9．正　　10．正　　11．正　　12．正

第五单元 何去何从

第一题

1．咨询　　2．纪念　　3．操心　　4．持续　　5．淘汰
6．茶馆、偶然　　7．帅、精神　　8．倾向　　9．模糊　　10．成熟

第二题

甲组：当面拒绝　　dāngmiàn jùjué
乙组：无法形容　　wú fǎ xíngróng
丙组：实话实说　　shíhuà shíshuō
丁组：精神空虚　　jīngshén kōngxū
戊组：宣传力度　　xuānchuán lìdù

第三题

1．A 犹豫不决　　　　　　　2．A 让人哭笑不得
3．B 灰头土脸　　　　　　　4．A 算不上什么专家
5．B 头就大了　　　　　　　6．A 情不自禁地
7．B 我说了算　　　　　　　8．A 低三下四地
9．B 只有付出努力才会收获成功　10．A 把心一横
11．B 毫无疑问　　　　　　　12．A 也都高兴起来

13．A 咨询一下

第四题

1．D 好好儿休息也很重要　　　2．A 女的不爱喝茶
3．D 批评　　　　　　　　　　4．B 以后怎么办
5．A 就买这种　　　　　　　　6．C 搞好宣传的关键是什么

第五题

1．正　　2．误　　3．正　　4．正　　5．误
6．误　　7．误　　8．正　　9．误　　10．正

第六单元　余音绕梁

第一题

1．设计　　2．大厦　　3．娱乐　　4．舞台　　5．激情
6．追求　　7．意味着　　8．眼光　　9．相对　　10．尽情
11．逐渐

第二题

甲组：舞台效果　　wǔtái xiàoguǒ
乙组：英俊潇洒　　yīngjùn xiāosǎ
丙组：犯不着　　　fànbùzháo
丁组：固定的模式　gùdìng de móshì
戊组：荣誉称号　　róngyù chēnghào

第三题

1．A 不可思议　　　　　　　　2．B 眼红
3．B 没什么好紧张的　　　　　4．A 第一印象
5．B 无可挑剔　　　　　　　　6．A 算不上什么新闻
7．B 恨不得找个地缝钻进去　　8．A 我非常紧张
9．B 刚刚卖完　　　　　　　　10．B 一炮走红了
11．A 你可以尽情地大声唱　　　12．A 什么都不记得了

第四题

1. A 等待幸运
2. B 比较熟悉
3. D 每天都做梦
4. D 世界杯
5. C 丈夫

第五题

1. D 小伙子认为姑娘不漂亮
2. B 把姑娘抱起来
3. C 不是很喜欢
4. D 慢的和老的
5. D 有明确的目标最重要
6. B 演讲会听众

第七单元　闻鸡起舞

第一题

1. 谈论　　2. 耽误　　3. 观念　　4. 撞　　5. 恢复
6. 害羞　　7. 界　　8. 稳定　　9. 杂志、采访　　10. 寄托

第二题

甲组：盲目崇拜　　mángmù chóngbài

乙组：饮食起居　　yǐnshí qǐjū

丙组：独特的魅力　　dútè de mèilì

丁组：表面文章　　biǎomiàn wénzhāng

戊组：合情合理　　héqíng hélǐ

第三题

1. A 与众不同
2. A 偶尔
3. A 津津有味
4. B 不怕被人笑掉大牙吗
5. A 不知天高地厚
6. B 一浪高过一浪
7. A 耽误学习
8. B 破天荒头一回
9. A 醉翁之意不在酒
10. A 一定能取得胜利
11. B 成了一名职业球员
12. A 表现一定要活跃一些
13. A 其实有很多不同
14. B 别的人不知道

第四题

1. A 一种运动
2. B 非常害羞

3. A 加班
4. A 很有个性
5. D 见到喜欢的歌星了
6. B 接受记者的采访

第五题

1. D 这个学期考试成绩不好
2. B 上大学后他的变化
3. 请根据自己的情况选择
4. D 争第一的心理对运动员很重要
5. B 中国队成绩不好的原因
6. 根据文章讲到的内容，填写下列表格：

球队	参加人数	通过人数
青岛队	26	16
山东鲁能队	31	12
广东雄鹰队	31	5

第八单元　神秘莫测

第一题

1. 温柔　2. 浪漫　3. 艰难　4. 完善　5. 厨师、高明
6. 疲倦　7. 过分、自信　8. 脾气、牢骚　9. 勉强　10. 偏偏

第二题

甲组：默默无闻　　　mòmò wú wén

乙组：致命弱点　　　zhìmìng ruòdiǎn

丙组：彼此熟悉　　　bǐcǐ shúxī

丁组：消极影响　　　xiāojí yǐngxiǎng

戊组：事业上的伙伴　shìyè shàng de huǒbàn

第三题

1. A 似懂非懂
2. B 乱七八糟的
3. A 天生的一对
4. B 自我控制能力
5. B 说来好笑
6. A 难为情
7. A 养成良好的性格
8. A 大发脾气
9. B 别提多有意思了
10. B 别人也喜欢跟她交往

11. A 可你偏偏不信　　　　　　12. A 她才勉强同意了
13. A 有饭吃就不错了　　　　　14. A 把我气坏了

第四题

1. B 喜欢睡懒觉　　　　　　　2. C 电影
3. D 觉得非常疲倦　　　　　　4. 哪种选择都可以。
5. D 女的觉得很可能有鬼　　　6. C 常常一个人安静地坐着

第五题

1. 正　　2. 正　　3. 误　　4. 误　　5. 正　　6. 正
7. 误　　8. 误　　9. 正　　10. 正　　11. 正　　12. 正

第九单元　梅妻鹤子

第一题

1. 古典　　2. 自私、不满　　3. 气味　　4. 差距　　5. 噪音
6. 成语　　7. 显示　　8. 身材　　9. 象征　　10. 来访

第二题

甲组：心狠手辣　　　xīn hěn shǒu là
乙组：中规中矩　　　zhòng guī zhòng jǔ
丙组：忍无可忍　　　rěn wú kě rěn
丁组：举双手赞成　　jǔ shuāngshǒu zànchéng
戊组：笑容满面　　　xiàoróng mǎnmiàn
己组：大喊大叫　　　dà hǎn dà jiào

第三题

1. B 又把我的自行车骑坏了　　2. B 反正我一定要去
3. A 原来是跟爱人吵架了　　　4. B 可见他学得并不好
5. A 不愁吃和穿　　　　　　　6. A 胸有成竹
7. B 山清水秀　　　　　　　　8. B 鹤立鸡群
9. A 初生牛犊不怕虎　　　　　10. B 你没听见吗
11. A 方向感极差　　　　　　　12. B 采取措施
13. A 怎么才考了65分　　　　　14. A 一点不顾别人

第四题

1. C 千岛湖风光
2. D 知道满足
3. D 磁悬浮列车的票价
4. A 灰鹤
5. A 选美比赛
6. D 21世纪男女绝对平等

第五题

1. 一二三四五,上山打老虎(采蘑菇)。
   老虎没打到(蘑菇没采到),打(碰)到小松鼠。
   松鼠有几个,让我数一数。
   数来又数去,一二三四五。
2. 因为金鱼虽然张着嘴巴,但不会向他要钱。
3. 养鸽子,然后卖掉。

第十单元　独在异乡

第一题

1. 服装、化妆品　2. 来往　3. 疯狂　4. 毅力、挫折　5. 荣幸
6. 推销、技巧　7. 真心、孤独　8. 人生　9. 失误　10. 起码

第二题

甲组：体贴入微　　tǐtiē rù wēi
乙组：疲惫不堪　　píbèi bù kān
丙组：减肥秘诀　　jiǎnféi mìjué
丁组：讲究技巧　　jiǎngjiū jìqiǎo
戊组：非凡的毅力　fēifán de yìlì

第三题

1. A 更不用说打架了
2. B 越走越快
3. B 学习却给耽误了
4. A 了如指掌
5. B 适得其反
6. B 一言难尽
7. A 吸引了不少远离家乡的人
8. A 不会很多
9. B 疯狂购物
10. A 累趴下了
11. B 户外活动
12. A 甜言蜜语
13. B 没有压力那才怪呢
14. A 我就想趴在床上休息一下

第四题

1. B 很多人想看
2. D 歌词的意思
3. C 认为不准确
4. B 总在想问题
5. C 关键时刻失误了
6. A 对朋友要真心

第五题

1. 在网上购物、聊天、工作等。
2. 祝贺你做完本书最后一题,你的汉语水平的进步就是本题的答案!

词 汇 总 表

（配日韩文翻译）

A

爱心	（名,超）	àixīn	9	思いやり、愛の心 애정
安顿	（动,超）	āndùn	4	落ち着く、安定する 안착하다
安慰	（动,乙）	ānwèi	2	慰める 위로하다

B

把握	（动/名,丙）	bǎwò	7	把握する、つかむ、とらえる 자신
白	（副,乙）	bái	2	むだに 헛되이
保持	（动,乙）	bǎochí	7	（原状を）保つ、持続させる、保持する 유지하다
保重	（动,丁）	bǎozhòng	3	自愛する、体を大切にする 건강에 주의하다
报道	（名,乙）	bàodào	9	報道、ニュース記事 보도
悲喜	（名,超）	bēixǐ	10	悲しみと喜こび 희비의

背后	(名,乙)	bèihòu	6	背後、陰、裏
				뒤
本来	(形,乙)	běnlái	9	本来の、もともとの
				본래
蹦	(动,丁)	bèng	5	跳ぶ、はねる
				껑충 뛰다
彼此	(代,丙)	bǐcǐ	8	相互、双方
				피차
编辑	(动/名,丙)	biānjí	3	編集者、編集スタッフ、編集する
				편집하다, 편집인
表达	(动,乙)	biǎodá	1	表現する
				표현하다
表面	(名,乙)	biǎomiàn	7	表面、外見、うわべ
				표면
并	(副,乙)	bìng	1	決して、べつに
				결코, 전혀
病床	(名,丙)	bìngchuáng	3	病床、病院のベッド
				병상
博士	(名,丙)	bóshì	2	博士
				박사
不得了	(形,乙)	bùdéliǎo	1	(程度を表す補語として)…でたまらない、非常に、甚だ
				매우 심하다
不可思议	(超)	bùkě sīyì	6	不思議である、理解しがたい
				불가사의하다
不满	(动/形,丙)	bùmǎn	9	不満である
				불만이다
不像话	(丙)	búxiànghuà	9	でたらめだ、なっていない
				말 같지도 않다

部门	(名,乙)	bùmén	8	部門 부문, 지점

C

猜	(动,乙)	cāi	3	当てる、推測する 추측하다
财	(名,丁)	cái	10	財貨、財物 재물
采访	(动,丁)	cǎifǎng	7	取材する、インタビューする 취재하다 인터뷰
采取	(动,乙)	cǎiqǔ	9	(手段や方策などを)とる、講じる 취하다
参考	(动,丙)	cānkǎo	7	参考にする 참고하다
参谋	(动/名,丙)	cānmóu	5	アドバイスする、助言する 조언하다
惭愧	(形,丙)	cánkuì	2	恥ずかしい 부끄럽다
惨	(形,丙)	cǎn	4	悲惨である、むごい 혹심하다
灿烂	(形,丙)	cànlàn	10	きらきらと光り輝いている 찬란하다
操心	(丙)	cāo xīn	5	心配する、気を配る 걱정하다
测试	(动/名,丙)	cèshì	8	テストする、検査する 테스트(해보다)
茶馆	(名,丙)	cháguǎn	5	茶館 찻집
差别	(名,丙)	chābié	7	違い、差違 차이

差距	(名,丙)	chājù	9	差、格差、ギャップ 차이
产生	(动,乙)	chǎnshēng	3	生み出す、出現する 낳다
长寿	(形,丁)	chángshòu	7	長寿である、長生きである 장수하다
尝	(动,乙)	cháng	2	味をみる、味を試す、食べてみる 맛보다
尝试	(动/名,丁)	chángshì	6	試みる、試み 시험(해 보다)
常言道	(超)	chángyándào	2	ことわざにもあるように 속담에 이르길
超过	(动,乙)	chāoguò	4	超過する、定まった限度を超える 초과하다
潮湿	(形,丙)	cháoshī	4	湿度が高い、じめじめしている 습하다
吵架	(丙)	chǎojià	8	口論する、言い争う 말다툼하다
车辆	(名,丙)	chēliàng	10	車両、車 차량
成功	(动/形,乙)	chénggōng	1	成功する 성공하다, 성공적이다
成熟	(形,乙)	chéngshú	5	完全な程度に達する、熟成する 성숙되다
成语	(名,丙)	chéngyǔ	9	成語、熟語、ことわざ 성어
承认	(动,乙)	chéngrèn	8	認める、承認する 인정하다

乘	(动,乙)	chéng	8	(乗り物に)乗る 타다
持续	(动,丁)	chíxù	5	持続する、継続する 지속되다
充沛	(形,丁)	chōngpèi	7	満ちあふれている、十分である 넘쳐 흐르다
冲	(动,乙)	chōng	9	(ある方向や目標に向かって)突進する 돌진하다
冲突	(动/名,丙)	chōngtū	6	衝突する、矛盾する、食い違う 충돌(하다)
重	(副,乙)	chóng	5	もう一度、再び 다시
虫子	(名,乙)	chóngzi	9	虫、昆虫 벌레
崇拜	(动,丁)	chóngbài	7	崇拝する 숭배하다
出版	(动,乙)	chūbǎn	3	出版する 출판하다
出差	(丁)	chūchāi	3	出張する 출장하다
出院	(乙)	chūyuàn	3	退院する 퇴원하다
厨师	(名,丁)	chúshī	8	調理師、コック、料理人 요리사
传说	(动/名,丙)	chuánshuō	9	伝説、言い伝え 전설
春季	(名,丙)	chūnjì	4	春季、春期、春 봄철

辞	(动,丁)	cí	4	解雇する、辞めさせる、辞職する
				해고하다
次	(形,丙)	cì	7	等級がやや低い、劣る
				형편없다
从事	(动,乙)	cóngshì	8	(ある仕事や事業に)従事する、携わる
				종사하다
从未	(副,丁)	cóngwèi	10	いまだに…したことがない
				아직까지…하지 않았다
从中	(副,丁)	cóngzhōng	10	その中から、中に立って
				가운데서
聪明	(形,乙)	cōngmíng	2	聡明である、賢い
				똑똑하다
丛	(名,丙)	cóng	3	群、集まったもの
				총, 무리
促使	(动,丙)	cùshǐ	4	(…するように)促す、仕向ける
				…하게 하다
存款	(名,丁)	cúnkuǎn	5	貯金、預金
				저금하다
挫折	(名,丙)	cuòzhé	10	挫折、失敗
				좌절
措施	(名,乙)	cuòshī	9	措置、対策
				조치

D

打工	(超)	dǎ gōng	10	(肉体労働の)仕事をする、アルバイト
				아르바이트하다
打扫	(动,丙)	dǎsǎo	8	掃く、掃除する
				청소하다

大名鼎鼎	（超）	dà míng dǐng dǐng	3	名声が世に高い 명성이 높다
大脑	（名,丙）	dànǎo	6	大脑 대뇌
大厦	（名,丁）	dàshà	6	ビルディング(多いビルの名に用いる) 빌딩
大型	（形,乙）	dàxíng	1	大規模の(な) 대형의
代价	（名,丙）	dàijià	3	代価、代償 대가
耽误	（动,丙）	dānwù	7	遅れる、手遅れになる 그르치다
当	（动,乙）	dāng	2	相応する 받아들이다
当时	（名,乙）	dāngshí	5	当時、あの時 당시
当选	（动,丁）	dāngxuǎn	9	選出される、当選する 당선되다
当中	（名,丙）	dāngzhōng	2	(…の)中、(…の)内 가운데
导游	（动/名,丁）	dǎoyóu	4	案内人、ガイド、案内する、ガイドする 여행가이드
倒是	（副,乙）	dàoshì	2	譲歩を表す 비록
底	（名,丙）	dǐ	4	(年や月の)末 말
地铁	（名,丁）	dìtiě	8	地下鉄 지하철

地位	(名,乙)	dìwèi	1	地位
				지위
电脑	(名,丙)	diànnǎo	1	コンピューター、電子計算機
				컴퓨터
叠	(动,丙)	dié	9	折る
				접다
顶	(动,乙)	dǐng	9	頭で突く
				머리로 받다
订货	(动,丁)	dìnghuò	3	出文品、(商品を)出文する
				주문
动不动	(超)	dòngbúdòng	4	…しがちである、何かと言うと、よく…する
				걸핏하면
冻	(动,乙)	dòng	7	凍る、氷結する
				얼다
独特	(形,丙)	dútè	7	独特である、特有である、ユニークである
				독특하다
肚子	(名,乙)	dùzi	2	腹部、おなか
				배
队员	(名,丙)	duìyuán	7	チームのメンバー
				부원
对付	(动,乙)	duìfu	10	対処する、対応する
				대처하다
对象	(名,乙)	duìxiàng	1	対象
				대상
多少	(副,超)	duōshǎo	7	多かれ少なかれ
				다소

F

| 发呆 | (超) | fā dāi | 10 | ぽかんとする、茫然とする |
| | | | | 멍하다 |

发火	(丁)	fā huǒ	9	かっとなる、怒りだす 화를 내다
凡是	(副,丙)	fánshì	2	すべて、およそ 무릇
烦恼	(名/形,丁)	fánnǎo	2	悩み、思い煩うさま、悩んでいる、気に病んでいる 번뇌(하다)
反常	(形,丁)	fǎncháng	4	異常である、おかしい、アブノーマルである 비정상적이다
反正	(副,乙)	fǎnzhèng	9	どうせ、いずれにせよ、どのみち 어쨌든
犯	(动,乙)	fàn	6	害する、損ねる 범하다
防守	(动,丙)	fángshǒu	7	守る、防衛する 수비하다
放弃	(动,乙)	fàngqì	3	放棄する、捨て去る 포기하다
绯闻	(名,超)	fěiwén	10	艶聞、うわさ 스캔들
分工	(丙)	fēngōng	6	分業する 분업하다
风格	(名,丙)	fēnggé	6	風格、精神、気品、芸術上のスタイル 품격
风沙	(名,丁)	fēngshā	4	風と砂ぼこり 황사
疯狂	(形,丙)	fēngkuáng	10	気が狂っている、狂気じみている 미치다

讽刺	(动,丙)	fěngcì	3	風刺する、皮肉を言う
				풍자하다
服装	(名,丁)	fúzhuāng	10	服装
				의류

G

改正	(动,乙)	gǎizhèng	8	改める、是正する、訂正する
				개정하다
概念	(名,乙)	gàiniàn	2	概念
				개념
干燥	(形,乙)	gānzào	4	乾燥している、乾いている
				건조하다
赶	(动,乙)	gǎn	3	急いで…する、はやく…する
				서두르다, 시간에 대다
感染	(动,丁)	gǎnrǎn	5	(言葉や行為によって良い)影響を与える、感化する
				감동시키다
刚刚	(副,乙)	gānggāng	3	やっと、ようやく、どうにか
				방금
高级	(形,丙)	gāojí	5	高い、上等である、高級である
				고급의
高考	(名,丁)	gāokǎo	7	大学・高等専門学校の入学統一試験
				대학입시
高明	(形,丁)	gāomíng	8	(技術や見解などが)優れている
				뛰어나다
稿子	(名,丁)	gǎozi	3	原稿、下書き
				원고
鸽子	(名,丙)	gēzi	9	ハト
				비둘기

歌词	(名,超)	gēcí	6	歌詞
				가사
歌曲	(名,丙)	gēqǔ	6	歌曲
				노래
格言	(名,超)	géyán	10	格言
				격언
个性	(名,丙)	gèxìng	6	個性
				개성
根本	(副,乙)	gēnběn	7	まるっきり、全然
				아예
公交车	(名,超)	gōngjiāo chē	1	路線バス
				버스
公式	(名,丙)	gōngshì	7	公式
				공식
功夫	(名,乙)	gōngfu	2	(費やされる)時間
				노력
购	(动,丙)	gòu	10	買う、買い入れる、購入する
				구매하다
孤独	(形,丁)	gūdú	10	孤独である、独りぼっちである
				고독하다
古典	(形,丙)	gǔdiǎn	9	古典、典故、故事
				고전
鼓励	(动/名,乙)	gǔlì	2	激励、励まし
				격려(하다)
固定	(形/动,丙)	gùdìng	6	固定する、定着させる
				고정되다
固执	(形,丁)	gùzhí	8	頑固である
				고집스럽다
顾	(动,乙)	gù	4	気を配る、注意する
				고려하다

挂号	(乙)	guàhào	1	書留にする、挂号信→書留郵便
				등기
怪	(动,丙)	guài	4	恨む、とがめる、非難する
				탓하다
怪不得	(丙)	guài bù dé	9	道理で、なるほど、…なのも無理ない
				어쩐지
关键	(名,乙)	guānjiàn	2	肝心な点、重要な部分、かなめ、キーポイント
				관건
观点	(名,乙)	guāndiǎn	2	観点、見解
				관점
观念	(名,丙)	guānniàn	7	意識、思想、観念
				관념
管用	(形,超)	guǎnyòng	10	効果がある
				효과가 있다
光	(副,乙)	guāng	4	ただ、…ばかり、だけ
				오직,다만
规矩	(名/形,丙)	guīju	6	規則、習慣、しきたり、決まり
				규칙
鬼	(名,乙)	guǐ	5	幽霊、亡霊
				귀신
过分	(副,丙)	guòfèn	8	…しすぎる
				지나치다

H

害羞	(形,丁)	hàixiū	7	恥ずかしがる
				부끄러워하다
寒冷	(形,乙)	hánlěng	4	寒い、寒冷である
				몹시 춥다

喊叫	(动,丙)	hǎnjiào	9	大声で呼ぶ 외치다
毫无	(乙)	háo wú	5	いささかも…がない、少しも…していない 조금도…이 없다
豪华	(形,丁)	háohuá	3	豪華である、ぜいたくである 호화스럽다
好好儿	(形,乙)	hǎohāor	2	十分に、しっかりと、ちゃんと 잘, 충분히
好强	(形,超)	hàoqiáng	8	負けず嫌いである、向上心が強い 지려고 하지 않다
好在	(副,丁)	hǎozài	2	幸い、都合のいいことに 다행히
号称	(动,丁)	hàochēng	4	…で知られている、…と称されている …라고 불리우다
合理	(形,乙)	hélǐ	7	合理的である、理にかなっている 합리적이다
狠	(形,丙)	hěn	9	残酷である、凶悪である 사납다
哼	(动,乙)	hēng	10	鼻歌を歌う 콧노래 부르다
呼吸	(动/名,乙)	hūxī	9	呼吸する、呼吸 호흡(하다)
糊涂	(形,乙)	hútu	2	訳の分からない、はっきりしない 헛갈리다
户外	(形,超)	hùwài	10	屋外 야외의

化妆	(动,丁)	huàzhuāng	10	化粧する、メーキャップする
				화장하다
幻想	(动/名,丙)	huànxiǎng	3	夢想する、空想する、夢見る
				환상(하다)
灰心	(丙)	huī xīn	10	がっかりする、落胆する、意気消沈する
				낙심하다
恢复	(动,乙)	huīfù	7	回復する、取り戻す
				회복하다
活跃	(形,乙)	huóyuè	7	活発である、活気がある、積極的である
				활동적이다

J

激情	(名,丁)	jīqíng	6	激しい感情、激情
				열정
及时	(形,乙)	jíshí	4	適時である、ちょうどよい時に
				제때에
疾病	(名,丙)	jíbìng	3	病気、疾病
				질병
几乎	(副,乙)	jīhū	3	ほとんど、ほぼ
				거의
纪念	(动/名,乙)	jìniàn	5	記念する、記念となるもの
				기념(하다)
技巧	(名,丙)	jìqiǎo	10	(芸術やスポーツなどの)技法、テクニック
				기교
寄托	(动,丁)	jìtuō	7	よりどころ、託す場所
				이상, 희망, 감정 따위를(어떤 사람이나 어떤 사물에) 담다
加班	(丁)	jiā bān	3	残業する、時間外勤務をする
				잔업

加入	(动,丙)	jiārù	7	(メンバーに)加わる、加入する 가입하다
假	(名,丙)	jià	10	休み、休暇 휴일
艰难	(形,丙)	jiānnán	8	困難である、苦難に満ちている 험난하다
减	(动,乙)	jiǎn	4	減る、減らす 줄이다
减肥	(超)	jiǎn féi	10	ダイエット、体重を減らす 다이어트하다
减弱	(动,丁)	jiǎnruò	6	弱まる、弱くなる 약해지다
简直	(副,丙)	jiǎnzhí	4	まったく、まるで、ほとんど 정말
将	(副,乙)	jiāng	4	…するだろう、間もなく…であろう 장차
将近	(动,丁)	jiāngjìn	9	(数が)…に近い、ほぼ…である 거의…에 가깝다
讲座	(名,乙)	jiǎngzuò	2	講座 강좌
奖励	(动,丙)	jiǎnglì	1	奨励する、褒賞する 칭찬하다
交往	(动,丁)	jiāowǎng	2	付き合う、交際する 교제하다
胶卷	(名,丙)	jiāojuǎn	5	(写真用)フィルム 필름
教练	(名,丙)	jiàoliàn	7	コーチ、トレーナー 감독
教训	(动/名,乙)	jiàoxùn	8	教訓 교훈

接触	(动, 乙)	jiēchù	5	触れる、触る 접촉하다
接待	(动, 乙)	jiēdài	4	接待する、客をもてなす 접대하다
结婚	(乙)	jiéhūn	1	結婚する 결혼하다
界	(尾, 丁)	jiè	7	分野、階層、社会層 …계
借口	(动/名, 丙)	jièkǒu	4	口実、言い逃れ、口実にする 평계(삼다)
尽管	(副, 乙)	jǐnguǎn	5	遠慮せずに、講わずに 얼마든지
尽情	(形, 超)	jìnqíng	6	心ゆくまで、存分に 마음껏
进攻	(动, 乙)	jìngōng	7	攻める、攻勢をかける 공격하다
进入	(动, 乙)	jìnrù	5	(ある範囲や段階に)入る 진입하다
进修	(动, 乙)	jìnxiū	3	研修する、講習を受ける 연수하다
精力	(名, 乙)	jīnglì	3	精力、気力 정력
精神	(形, 丙)	jīngshén	5	生き生きしている、元気である 생기발랄하다
竞争	(动/名, 丙)	jìngzhēng	10	競争する、競り合う 경쟁(하다)
竟然	(副, 丙)	jìngrán	1	意外にも、なんと 뜻밖에
究竟	(副, 乙)	jiūjìng	5	詰まるところ、結局、いったい 도대체

救	(动,乙)	jiù	9	救助する、助ける 구하다
拒绝	(动,乙)	jùjué	5	拒絶する、拒否する 거절하다
具体	(形,乙)	jùtǐ	10	具体的である 구체적이다
具有	(动,乙)	jùyǒu	1	備える、持つ 구비하다. 가지다
决心	(动/名,乙)	juéxīn	2	決心、決意 결심(하다)
绝对	(形,乙)	juéduì	4	絶対に、きっと、必ず 절대적이다
觉	(名,丙)	jiào	7	睡眠、眠ること 잠
军人	(名,丙)	jūnrén	10	軍人 군인
均	(副,丙)	jūn	8	全部、すべて 모두

K

卡通	(名,超)	kǎtōng	10	アニメーション 만화영화
开放	(形,乙)	kāifàng	7	開放的である、伝統や習慣などの制限を受けない 개방적이다
开口	(丙)	kāikǒu	2	口を開く、話を始める 입을 열다
开心	(形,丁)	kāixīn	5	楽しい、愉快である 즐겁다
看望	(动,丁)	kànwàng	3	訪ねていく、訪ねる 방문하다

慷慨	(形,丁)	kāngkǎi	8	(人助けた)お金の出し惜しみをしない
				인색하지 않다
科学家	(名,乙)	kēxuéjiā	1	科学者
				과학자
可见	(连,丙)	kějiàn	9	(以上のことから)…ということが分かる
				…을 알수 있다
可惜	(形,丙)	kěxī	10	惜しい、残念である
				애석하다
肯定	(动/形,乙)	kěndìng	2	必ず、間違いなく、疑いなく、確かだ
				긍정하다, 틀림없다
空白	(名,丁)	kòngbái	6	空白、余白(頭の中が)真っ白になる
				공백
空虚	(形,丁)	kōngxū	5	空虚である、むなしい
				공허하다
口音	(名,超)	kǒuyīn	2	発音、なまり
				발음의 사투리
扣	(动,乙)	kòu	8	差し引く、減らす
				(돈을)떼다
哭笑不得	(超)	kū xiào bù dé	5	泣くに泣けず、笑うに笑えず
				울 수도 웃을 수도 없다
宽大	(形,丁)	kuāndà	3	広くて大きい
				넓다

L

蜡烛	(名,丙)	làzhú	2	ろうそく
				양초
来得及	(乙)	láidejí	2	(時間的に)間に合う
				늦지 않다

来访	(动,丁)	láifǎng	9	訪ねて来る、来訪する 방문하다
来往	(动/名,丙)	láiwǎng	10	行き来する 오고 가다
浪漫	(形,丁)	làngmàn	8	ロマンチックである 낭만적이다
牢骚	(名,丙)	láosāo	8	不平不満 불평
老	(副,乙)	lǎo	5	いつも、常に 자주
老年	(名,丙)	lǎonián	7	老年 노년
类型	(名,丙)	lèixíng	6	類型、型、タイプ 유형
礼貌	(名,乙)	lǐmào	1	礼儀、エチケット、マナー 예의
理由	(名,乙)	lǐyóu	8	理由 이유
连续剧	(名,丁)	liánxùjù	6	連続ドラマ 연속극 드라마
恋爱	(动/名,乙)	liàn'ài	1	恋愛する、恋愛 연애(하다)
良好	(形,乙)	liánghǎo	8	よい、好ましい 좋다
林业	(名,丁)	línyè	9	林業 임업
羚牛	(名,超)	língniú	9	ターキン（高山に住む牛の一種） 영양
流行	(形/名,丙)	liúxíng	6	流行の、流行 유행(하다)

遛弯儿	（超）	liùwānr	5	ぶらぶら歩く、散歩する
				산책하다
陆地	（名,丙）	lùdì	8	陸地
				육지
路口	（名,丙）	lùkǒu	5	交差点、分かれ道
				길목
乱七八糟	（丁）	luàn qī bā zāo	8	めちゃくちゃである、乱雑である
				엉망진창이다
抡	（动,丁）	lūn	5	(腕を)力いっぱい振る、振り回す
				휘두르다

M

瞒	（动,丙）	mán	1	本当の事を隠す、だます
				감추다, 속이다
满怀	（动,丁）	mǎnhuái	7	胸が…でいっぱいになる
				가슴에 가득차다
贸易	（名,乙）	màoyì	4	貿易
				무역
梅花	（名,丙）	méihuā	9	ウメの花
				매화
美眉	（名,超）	měiméi	4	女の子
				여자아이
迷路	（超）	mí lù	9	道に迷う
				길을 잃다
秘诀	（名,超）	mìjué	7	秘訣、コツ
				비결
勉强	（形/动,丙）	miǎnqiǎng	8	無理なさま、いやいやながらだ
				강요하다
面对	（动,丙）	miànduì	3	面と向かう、直面する
				직면하다

面前	(名,乙)	miànqián	6	面前、目の前 앞
苗条	(形,超)	miáotiáo	8	(女性の体つきが)すらりとしている、ほっそりしている 날씬하다
灭	(动,乙)	miè	2	(火や明かりを)消す、(火や明かりが)消える 끄다
明确	(形,乙)	míngquè	6	はっきりしている 명확하다
模糊	(形,丙)	móhū	5	はっきりしない、ぼんやりしている 모호하다
默默	(副,丁)	mòmò	8	黙々としている、黙り込んでいる 묵묵히
某	(代,乙)	mǒu	1	ある―特定できる人や事物で、名称についてははっきり分からないあるいははっきり示さず表現する場合に用いる 어느
目标	(名,乙)	mùbiāo	3	目標 목표

N

内向	(形,超)	nèixiàng	8	内向的である 내성
纳闷儿	(丁)	nàmènr	8	納得できない、腑に落ちない 답답하다
难道	(副,乙)	nándào	9	まさか…ではあるまい 그래…란 말인가

脑袋	（名,乙）	nǎodài	5	頭
				머리
脑子	（名,乙）	nǎozi	3	頭、頭脳、知能
				머리
能干	（形,乙）	nénggàn	10	有能である、仕事がよくできる
				유능하다
捏	（动,超）	niē	8	つまむ
				(손가락을) 집다

O

偶尔	（形,丙）	ǒu'ěr	7	たまに、ときどき、ときおり
				간혹
偶然	（形,丙）	ǒu'rán	5	偶然である、たまたま
				우연한

P

趴	（动,丙）	pā	10	腹を下にして伏せる、腹ばいになる
				엎드리다
螃蟹	（名,超）	pángxiè	8	カニ
				게
跑调	（超）	pǎodiào	6	(歌の)調子がはずれる
				박자가[음이]맞지 않다
陪同	（动/名,丙）	péitóng	4	お共する、付き添う、随行する
				동반하다
佩服	（动,丙）	pèifú	4	敬服する、頭が下がる
				탄복하다
配	（动,丙）	pèi	8	ふさわしい、つり合う、似合う
				어울리다, 짝이 맞다
疲惫	（形,丁）	píbèi	10	疲労困憊している、疲れ果てている
				피로하다

词汇总表

疲倦	（形,丙）	píjuàn	8	疲れてだるい、くたびれている 피곤하다
偏偏	（副,丙）	piānpiān	8	あいにく、よりによって 기어코
拼命	（乙）	pīn mìng	3	命がけでやる、必死になる、懸命に 필사적으로 하다
频繁	（形,丁）	pínfán	4	頻繁である 빈번하다
平均	（动/形,乙）	píngjūn	4	平均する、均等にする 평균
迫不及待	（超）	pò bù jí dài	10	気がせいて待ちきれない、矢も盾もたまらず…する 한시의 지체도 없다
破天荒	（超）	pòtiānhuāng	7	破天荒、未曾有、前代未聞 미증유
仆人	（名,丁）	púrén	9	使用人、下僕 하인
普及	（动/形,丙）	pǔjí	5	普及する、普及させる、押し広める 보급하다

Q

期间	（名,乙）	qījiān	1	期間、間 기간
其实	（副,丙）	qíshí	2	実のところ、実際には 사실
其余	（代,乙）	qíyú	2	その余り、残りの部分 나머지
其中	（名,乙）	qízhōng	5	その中、そのうち 그 중

奇妙	（形,丁）	qímiào	6	興味深い、珍しくて面白い
				신기하다
起初	（名,丙）	qǐchū	7	最初、初め
				처음
起码	（形,丁）	qǐmǎ	10	最低、少なくとも
				최소한
气味	（名,丙）	qìwèi	9	臭気、におい
				냄새
牵	（动,乙）	qiān	10	引く、引っ張る
				끌다
谦虚	（形,丙）	qiānxū	8	謙虚である
				겸손하다
前提	（名,丁）	qiántí	8	前提
				전제
强调	（动,乙）	qiángdiào	7	強調する
				강조하다
巧	（形,乙）	qiǎo	7	ちょうどよい
				공교롭다
亲切	（形,乙）	qīnqiè	6	親しみがある、親密である
				친근하다
亲人	（名,丙）	qīnrén	10	肉親、家族
				가족
倾向	（动/名,丙）	qīngxiàng	5	（…の一方に）傾く、賛成する
				마음이 쏠리다
清晰	（形,丙）	qīngxī	6	はっきりしている、明晰である
				분명하다
情不自禁	（超）	qíng bú zì jīn	5	思わず…する、感情を抑えられない
				저도 모르게
情节	（名,丁）	qíngjié	6	いきさつ、経緯、内容、筋
				줄거리

情书	(名,超)	qíngshū	8	ラブレター、恋文 연애편지
情绪	(名,乙)	qíngxù	4	気分、機嫌 기분
曲折	(形,丙)	qūzhé	6	(事情が)込み入っている、複雑である 곡절이 많다
确定	(动/形,乙)	quèdìng	8	確定する、はっきり決める 확정하다

R

人家	(名,丙)	rénjiā	6	他の人、あの人、私 다른 사람
人类	(名,乙)	rénlèi	9	人類 인류
人生	(名,丁)	rénshēng	10	人生 인생
忍	(动,乙)	rěn	9	忍ぶ、耐える、我慢する、こらえる 참다
扔	(动,乙)	rēng	2	捨てる 버리다
荣幸	(形,丙)	róngxìng	10	光栄である 영광스럽다
荣誉	(名,丁)	róngyù	6	栄誉、誉れ 영예
如此	(代,丙)	rúcǐ	7	このように、そのように 이와 같이
弱点	(名,丁)	ruòdiǎn	8	弱点、欠点 약점

S

嗓子	（名,乙）	sǎngzi	4	のど 목
伤心	（乙）	shāng xīn	3	心を痛める、悲しむ 상심하다
商人	（名,丁）	shāngrén	3	商人、ビジネスマン 상인
上班	（乙）	shàngbān	1	勤務する、出勤する、出社する 출근하다
稍微	（副,乙）	shāowēi	5	少し、やや、わずか 조금
少数民族	（丁）	shǎoshù mínzú	4	少数民族 소수민족
舌头	（名,乙）	shétou	2	舌 혀
设计	（动,丙）	shèjì	6	設計する、デザインする、計画を立てる 설계하다、디자인
摄影	（名,丙）	shèyǐng	5	写真を撮る、撮影する 촬영
申请	（动,丙）	shēnqǐng	4	申請する 신청하다
身材	（名,丙）	shēncái	9	プロポーション、体つき 몸매
深刻	（形,乙）	shēnkè	3	深い 깊다
神话	（名,丙）	shénhuà	9	神話 신화
神奇	（形,丁）	shénqí	5	不思議である、神秘的である 신기하다

词汇总表

神仙	（名,丁）	shénxiān	9	仙人 신선
生命	（名,乙）	shēngmìng	3	生命 생명
生意	（名,乙）	shēngyì	1	商売、取引、ビジネス 장사, 사업
失败	（动,乙）	shībài	2	失敗する 실패하다
失误	（动,丁）	shīwù	10	間違える、誤る、ミスをする 실수하다
师范	（名,丙）	shīfàn	2	師範 사범
诗人	（名,丙）	shīrén	10	詩人 시인
时代	（名,乙）	shídài	1	時代、時期 시대
实话	（名,丙）	shíhuà	5	本当の話 진실한 말
事业	（名,乙）	shìyè	8	事業 사업
适得其反	（超）	shì dé qí fǎn	10	逆の結果になる 바라는 바와 정반대가 되다
适应	（动,乙）	shìyìng	4	適応する、慣れる 적응하다
收获	（名/动,乙）	shōuhuò	2	収穫、成果、得るところ、収穫する 수확(하다)
收听	（动,超）	shōutīng	4	（ラジオを)聴く、聴取する 듣다
收养	（动,超）	shōuyǎng	9	引き取って養育する 맡아서 기르다 수양하다

受伤	（丁）	shòu shāng	7	負傷する、（体や感情などが）傷つく 부상을 당하다
售票员	（名,超）	shòupiàoyuán	1	切符やチケットの販売員、バスの車掌 매표원
暑假	（名,乙）	shǔjià	3	夏休み、夏期休暇 여름방학
数码	（名,超）	shùmǎ	5	数字(数码相机→デジカメ) 디지털
帅	（形,丁）	shuài	5	格好いい、あか抜けている 멋지다
顺便	（副,乙）	shùnbiàn	3	ついでに …하는 김에
说不定	（副,丙）	shuōbúdìng	4	もしかしたら、…かもしれない 아마도
属于	（动,乙）	shǔyú	8	…に属する …에 속하다
思考	（动,丙）	sīkǎo	6	思考する、考える 사고하다
似的	（助,丙）	shìde	5	…のようだ、…に似ている …과 같다
似懂非懂	（超）	sì dǒng fēi dǒng	8	分かったようでもあり分からないようでもある 알 듯 모를 듯하다
松树	（名,丙）	sōngshù	9	マツ、マツの木 소나무
素质	（名,丁）	sùzhì	4	素質 자질

算是	（动,丙）	suànshì	3	ともかく…と言える、どうにか…とみなす …인 셈이다
随时	（副,乙）	suíshí	3	好きなときいつでも、随時に 수시로
随着	（介,丁）	suízhe	10	…に従って、…について …에 따라

T

踏	（动,丙）	tà	6	踏む、踏みつける 밟다
谈论	（动,丙）	tánlùn	7	語り論じる、議論する 담론하다
陶醉	（动,超）	táozuì	1	陶酔する、うっとりする 도취되다
淘汰	（动,丁）	táotài	5	淘汰する、合わないものやよくないものを除く 없애다
特定	（形,丁）	tèdìng	1	定められた、特定の 특정한
提前	（动,乙）	tíqián	4	予定の時間を早める、繰り上げる 앞당기다
提醒	（动,丙）	tíxǐng	7	指摘する、注意を促す 깨우치다
体贴	（形,丁）	tǐtiē	10	相手の身になって思いやる、いたわる 다정다감하다
替	（介,乙）	tì	1	（…の）ために …을 위해, …때문에
天地	（名,丁）	tiāndì	7	天と地、天地、世界 천지

天生	(形,丁)	tiānshēng	8	生まれつきの、生来の 천생의
挑	(动,乙)	tiāo	7	あらを捜す 고르다
听众	(名,丁)	tīngzhòng	6	(講演などの)聴衆、(ラジオなどの)聴取者 청중
同期	(名,丁)	tóngqī	4	同時期 같은 시기
同行	(名,丁)	tóngháng	6	同業者 같은 업종
痛苦	(形,乙)	tòngkǔ	2	苦痛である、ひどく苦しむ 고통스럽다
偷偷儿	(副,乙)	tōutōur	7	こっそりと 몰래
透	(动/形,乙)	tòu	10	(気体・液体・光線などが)通る 통과하다
突破	(动,丙)	tūpò	6	(困難や制約を)打ち破る、乗り越える 타파하다
图片	(名,丁)	túpiàn	5	写真、絵、図版 그림, 사진
推辞	(动,丙)	tuīcí	4	断る、辞退する 거절하다
推荐	(动,丙)	tuījiàn	4	推薦する 추천하다
推销	(动,丁)	tuīxiāo	10	広く販売する、セールスする 판매하다
退休	(动,丙)	tuìxiū	3	定年退職する 퇴직하다

W

外向	(形,超)	wàixiàng	8	外向的である 외향
完善	(形/动,丙)	wánshàn	8	完全である、立派である 완벽하게 만들다
为止	(动,丙)	wéizhǐ	3	…までのところ、(…までを)区切りとする …까지
温柔	(形,丁)	wēnróu	8	優しい、穏やかでおとなしい 온유하다
稳定	(形,乙)	wěndìng	7	安定している、落ち着いている 안정되다
无比	(丙)	wúbǐ	6	この上ない、比べるものがない 비할 바 없다
无精打采	(超)	wú jīng dǎ cǎi	4	元気のないさま、意気消沈する 풀이 죽다
无聊	(形,丁)	wúliáo	5	退屈である、暇を持てあましている 무료하다
舞台	(名,丙)	wǔtái	6	舞台、ステージ 무대

X

吸引	(动,乙)	xīyǐn	7	(人の注意力などを)引きつける、吸い寄せる 끌어당기다
喜爱	(动,丙)	xǐ'ài	9	好む、愛好する 좋아하다
显露	(动,超)	xiǎnlù	6	現す、現れる 드러내다

显示	(动,丙)	xiǎnshì	9	はっきり示す、顕示する 뚜렷하게 나타나다
县城	(名,丙)	xiànchéng	7	県城、県の行政府の所在地 현정부 소재지
羡慕	(动/形,乙)	xiànmù	1	うらやむ、羨望する 부러워하다, 부럽다
相对	(形,丙)	xiāngduì	6	相対的である 상대적이다
想像	(动,乙)	xiǎngxiàng	2	想像する 상상하다
项目	(名,乙)	xiàngmù	6	プロジェクト、項目 항목
象征	(动/名,丙)	xiàngzhēng	9	シンボル、象徴 상징
消极	(形,丙)	xiāojí	8	消極的である 소극적이다
销售	(动,丁)	xiāoshòu	1	(商品を)売る、販売する、売りさばく 판매하다
潇洒	(形,超)	xiāosǎ	6	(立ち居ふるまいが)おおようである、あか抜けている 스마트하다
笑容	(名,丙)	xiàoróng	9	笑み、笑顔 웃는 얼굴
心理	(名,丙)	xīnlǐ	3	心理 심리
新郎	(名,丁)	xīnláng	1	新郎、花婿 신랑
星座	(超)	xīngzuò	8	星座 별자리

形容	(动,乙)	xíngróng	5	形容する、表現する
				형용하다
幸运	(形,丁)	xìngyùn	6	幸運である、運がいい
				행운이다
秀丽	(形,丁)	xiùlì	4	秀麗である、美しい、麗しい
				수려하다
宣传	(动/名,乙)	xuānchuán	5	宣伝する
				선전(하다)
旋律	(名,丁)	xuánlǜ	10	旋律、メロディー
				선율 멜로디
选美	(超)	xuǎn měi	9	美人コンテストをする
				미인선발
学术	(名,乙)	xuéshù	3	学術
				학술
训练	(动,乙)	xùnliàn	4	訓練する
				훈련하다

y

眼光	(名,丙)	yǎnguāng	6	視線、まなざし
				시선
演唱	(动,丁)	yǎnchàng	6	(舞台で)歌を歌う、歌劇を演じる
				노래를 부르다
演讲	(动,丁)	yǎnjiǎng	2	講演する、演説する
				강연하다
养成	(动,丙)	yǎngchéng	8	身につける
				양성하다
要不	(连,丙)	yàobù	5	でなければ、…するか、または…する
				…하지 않으면…하다
要不然	(连,丙)	yàobùrán	3	でなければ、さもなければ
				그렇지 않으면

野生	（形,丁）	yěshēng	9	野生の 야성의
业务	（名,乙）	yèwù	1	業務、仕事 업무
业余	（形,乙）	yèyú	7	余暇の 여가의
一旦	（副,丁）	yídàn	6	いったん、ひとたび 일단
一帆风顺	（丁）	yì fān fēng shùn	8	順風満帆、物事が非常に順調に進むこと 순조롭다
一年到头	（超）	yì nián dào tóu	9	一年中、年がら年中 일년 내내
一炮走红	（超）	yí pào zǒu hóng	6	一気に人気者になる 단번에 인기를 얻다
一下子	（副,乙）	yíxiàzi	5	たちまち、急に 일시에
一言为定	（超）	yì yán wéi dìng	4	一度約束した以上は反故にはしない。 말 한마디로 정하다
一阵	（名,丙）	yízhèn	3	しばらくの間、ひとしきり（동작, 상황이 계속되는 일단락의）시간
依旧	（形,丙）	yījiù	10	依然として、相変わらず 예전대로다
宜人	（形,超）	yírén	10	心地よい、気持ちにぴったりする 마음에 들다
遗憾	（形,丙）	yíhàn	4	残念である、遺憾である 유감이다

遗弃	(动,丁)	yíqì	9	遺棄する 내버리다
疑问	(名,乙)	yíwèn	5	疑問、疑い 의문
异常	(形,乙)	yìcháng	8	非常に、特別に、異常である、普通でない 매우
意味着	(动,丙)	yìwèizhe	6	意味する、表す 의미하다
毅力	(名,丙)	yìlì	10	強い意志、気力 끈기
饮	(动,丁)	yǐn	5	飲む 마시다
饮料	(名,丙)	yǐnliào	7	飲み物、ドリンク、飲料 음료
饮食	(名,丁)	yǐnshí	7	飲食 음식
隐藏	(动,丁)	yǐncáng	8	隠す 숨기다
幽默	(名/形,丁)	yōumò	2	ユーモアがある 유머(러스하다)
由	(介,乙)	yóu	1	…により、…に基づき …으로, …에 의해
犹豫	(形,丙)	yóuyù	2	躊躇している、ためらっている、迷っている 망설이다
邮递员	(名,超)	yóudìyuán	1	郵便配達員 우편배달부
有的是	(动,乙)	yǒudeshì	3	たくさんある、いくらでもある 많이 있다. 숱하다

娱乐	（名,丙）	yúlè	6	娯楽、楽しみ
				오락
与众不同	（超）	yǔ zhòng bù tóng	7	他の人とは異なる、際立っている
				보통 사람과 다르다
预报	（动/名,丙）	yùbào	4	予報、予報する
				예보(하다)
远离	（动,超）	yuǎnlí	10	遠く離れる
				멀리 떨어지다
约	（动,乙）	yuē	3	約束する、予約する、取り決め
				계약하다
运气	（名,丙）	yùnqi	10	運、運勢
				운수
晕晕乎乎	（超）	yūn yūn hū hū	5	(頭が)ぼうっとなる、ぼんやりする
				머리가 어질어질하다

Z

杂志	（名,丙）	zázhì	7	雑誌
				잡지
在于	（动,丙）	zàiyú	2	（原因・目的・本質などが）…にある、ほかでもなく…だ
				…에 있다
赞成	（动,乙）	zànchéng	9	賛成する、同意する
				찬성하다
噪音	（名,丁）	zàoyīn	9	騒音、ノイズ
				소음
增	（动,丁）	zēng	4	増す、増える、増加する
				더하다
张	（动,丙）	zhāng	2	(閉じていたものを)開く、広げる
				열다

哲理	(名,超)	zhélǐ	3	哲理 철학적인 이치
哲学	(名,乙)	zhéxué	3	哲学 철학
真心	(名,丁)	zhēnxīn	10	本当の気持ち、本心 진심
争气	(丁)	zhēng qì	9	(人に負けまいとして)頑張る 발분하다
挣	(动,丙)	zhèng	3	(働いて金を)稼ぐ、(労働の)代価を得る 벌다
睁	(动,乙)	zhēng	5	目を開ける、見開く 눈을 뜨다
整天	(名,丁)	zhěngtiān	5	一日中、まる一日 하루종일
正当	(丙)	zhèngdāng	3	ちょうど…のときに当たる 바야흐로…한 때에 이르다
证明	(动/名,乙)	zhèngmíng	9	証明する 증명(하다)
之中	(乙)	zhīzhōng	1	…の中 …가운데
知心	(超)	zhī xīn	10	理解し合って親しい、気心を知っている 절친하다
直接	(形,乙)	zhíjiē	2	直接の 직접(적이다)
值得	(动,乙)	zhídé	2	…に値する、…するだけのことはある、…するかちがある …할 가치가 있다
至少	(副,乙)	zhìshǎo	3	少なくとも 적어도

至于	(副/连,丙)	zhìyú	7	…の状態になる、…のようなことになる
				…의 정도에 이르다
中年	(名,丙)	zhōngnián	3	中年
				중년
中	(动,丙)	zhòng	9	動詞の後に置き、目的に達したことを表す
				들어오다
逐渐	(副,乙)	zhújiàn	6	しだいに、だんだんと
				점차
主编	(动/名,丁)	zhǔbiān	3	編集長、編集の責任を負うこと
				편집장
主角	(名,超)	zhǔjué	6	主役
				주인공
住院	(乙)	zhùyuàn	3	入院する
				입원하다
祝贺	(动,乙)	zhùhè	1	祝賀する、祝う
				축하하다
专	(副,丙)	zhuān	6	専一である、単一である
				전문적으로
转换	(动,丁)	zhuǎnhuàn	10	転換する、変える
				바꾸다
状况	(名,乙)	zhuàngkuàng	5	状況
				상태
撞	(动,乙)	zhuàng	7	ぶつかる、強く打つ、衝突する
				부딪치다
追求	(动/名,丙)	zhuīqiú	6	異性を追いかける、言い寄る、追求する
				구애(하다)
咨询	(动,丁)	zīxún	5	諮問する、相談する
				자문하다

姿势	（名，丙）	zīshì	4	姿勢
				자세
自从	（介，乙）	zìcóng	1	…以来、…から、…より
				…부터
自私	（形，丙）	zìsī	9	自分勝手である、自分本位である
				이기적이다
自我	（代，乙）	zìwǒ	8	自分、自ら
				자기 자신
自信	（动/名，丙）	zìxìn	8	自信がある
				자신(하다)
组成	（动，丙）	zǔchéng	1	構成する
				구성하다
嘴巴	（名，丁）	zuǐbā	4	口
				구변
尊敬	（动，乙）	zūnjìng	1	尊敬する
				존경하다
左右	（助，乙）	zuǒyòu	2	ぐらい、ほど
				내외, 가량
作家	（名，乙）	zuòjiā	1	作家
				작가
作品	（名，乙）	zuòpǐn	1	作品
				작품
作为	（动，乙）	zuòwéi	6	…とする、…と見なす
				…의 신분[자격]이 되다
作息	（名，超）	zuòxī	7	仕事と休み、勤務と休憩
				일과 휴식

New Chinese Intermediate Listening Course

新中级汉语听力

上 册 II

（课 文）

刘颂浩　马秀丽　编著

北京大学出版社
北　京

目　录

编写说明	1
第一单元　升堂入室	1
课文一　第一次	1
语言练习	2
课文二　一天一封	5
课文三　第一次拿工资	6
专项练习	7
第二单元　酸甜苦辣	9
课文一　吃西瓜	9
语言练习	11
课文二　张不开嘴	13
课文三　留言	15
专项练习	16
第三单元　应接不暇	18
课文一　我都不知道东西南北了	18
语言练习	20
课文二　谢梦有	22
课文三　快乐的原因	25
专项练习	26
第四单元　春暖花开	28
课文一　好主意！	28

	语言练习 ……………………………………………………	30
	课文二　云南绝对值得一去！ …………………………………	32
	课文三　全球变暖 ………………………………………………	34
	专项练习 ……………………………………………………………	35

第五单元　何去何从 ……………………………………………… 37
　　课文一　茶馆 ……………………………………………………… 37
　　　　语言练习 …………………………………………………… 39
　　课文二　数码相机 ………………………………………………… 41
　　课文三　猪狗不如 ………………………………………………… 43
　　　　专项练习 …………………………………………………… 45

第六单元　余音绕梁 ……………………………………………… 47
　　课文一　思想手 …………………………………………………… 47
　　　　语言练习 …………………………………………………… 49
　　课文二　像鱼一样 ………………………………………………… 51
　　课文三　明星整容 ………………………………………………… 53
　　　　专项练习 …………………………………………………… 55

第七单元　闻鸡起舞 ……………………………………………… 57
　　课文一　不踢了！ ………………………………………………… 57
　　　　语言练习 …………………………………………………… 59
　　课文二　健康秘诀 ………………………………………………… 61
　　课文三　瑜伽 ……………………………………………………… 63
　　　　专项练习 …………………………………………………… 64

第八单元　神秘莫测 ……………………………………………… 67
　　课文一　白羊白羊！ ……………………………………………… 67
　　　　语言练习 …………………………………………………… 69
　　课文二　你怎么办？ ……………………………………………… 71

课文三　八字和生肖 ································ 73
　　　　专项练习 ···································· 74

第九单元　梅妻鹤子 ···································· 76
　　课文一　矛盾 ···································· 76
　　　　语言练习 ···································· 78
　　课文二　鹤 ······································ 80
　　课文三　岁寒三友 ································ 82
　　　　专项练习 ···································· 83

第十单元　独在异乡 ···································· 85
　　课文一　交友 ···································· 85
　　　　语言练习 ···································· 87
　　课文二　坏心情，我不带你回家 ···················· 89
　　课文三　饺子、胡子及其他 ························ 92
　　　　专项练习 ···································· 94

作业文本 ·· 97

编写说明

感谢您选用《新中级汉语听力》上册。在"编写说明"中,我们将向您介绍本书编写方面的原则和特点,并对教学提出一些建议,以便您更好地了解和使用本书。

《新中级汉语听力》上册旨在为中级听力课堂教学提供丰富的材料及多样的练习手段,使学习者在听力水平、听力技能以及总体语言能力方面得到进一步提高。学完本书,学习者可学到524个常用词汇,熟悉近300个常见的表达法,理解准确率得到提高,并且能更适应速度较快的语流。

上册包括课文(含作业部分的文本)和生词、练习(含课外作业)等两本教学用书,以及课文、作业的录音磁带共7盘。《上册》共10单元,依主题编排;每单元(不包括课外作业)需要4~6课时。按每周4课时计算,可用一个学期。适用对象为学过基础语法、词汇量在1500左右的汉语学习者。在中国开始学习汉语的人,一年之后(程度好的半年之后)即可使用本书。

编写时,我们充分吸收了对外汉语教学界关于听力研究的成果,考虑了学生的个体差异和课堂教学的规律。全书材料丰富,练习设计灵活多样,内容安排伸缩性强,便于根据班级的具体情况决定和调整进度。

编写原则

本书的编者认为,编写语言教材时,最重要的原则是难度合适;听力教材也是如此。在对现有的中级教材的诸多批评中,难度过高是常常提到的一点。怎样做到难度合适?最常用的办法是控制词汇和语言点。本书精听部分共出生词524个,其中乙级词178个(34%),丙级词172个(33%),丁级词113个(22%),超纲词61个(12%)。精听部分课文的生词率略高于4%。控制了词汇级别和课文生词率,就可以保证语言难度基本合适;对那些仍然较难的词汇和语言点,则通过例句或单项训练,事先予以疏通(关于这一点,下文会有说明)。读到这里,熟悉"简化"(simplification)和"繁化"(elaboration)对立的老师可能会认为,本书所用的材料是简化的产物。这种推断有道理,但不完全。简化和繁化,是相对"基准语料"(baseline data)而言的。本书部分课文是编者根据有关材料(基准语料)重写的,重写时考虑最多的确实是语言的简化问题。不过,书中大部分课文是我们自己专门为本书写的,这些文章没有基准语料可资对比,也就不存在简化或繁化问题。

在保证语言难度合适的情况下,本书力求体现学习型听力教材的特点。这一点,和《汉语初级听力教程》(北京大学出版社,上册1999年,下册2000年)的编写思路是一致的。学习型听力教材是和传统的复习型听力教材(即听力教材作为主干课的辅助部分)相对而言的。简言之,我们认为,听力课毫无疑问需要和其他课型相配合,但这种配合不能通过降低听力课的主体地位来实现;实现的途径是遵循大纲要求,使教学材料适合特定阶段学生的语言水平和需要。听力课上,需要学习的不仅仅是听力技能,还必须包括语言要素,甚至以语言要素为主。

将上述两点结合起来,就是本书编写的总原则:通过聆听难度合适的汉语材料,学习语言知识,在聆听活动中培养听力技能,从而达到提高汉语听力及综合语言水平的目的。

教材的趣味性最近受到了越来越多的重视,可以说成了教材研究方面的一个热点问题,不少研究者对此发表过意见。我们在编写过程中,也非常关注趣味性。教材编写的每一个环节,比如框架的确立、内容的筛选、语言的处理、题型的选择等,几乎都可以和趣味性挂上钩。在这些环节的具体处理上,当然要考虑趣味性。比如,在课文内容上,我们有意加进了一些夸张性的句子,像"他做梦都想变成有钱人,所以改名叫'梦有'(第三单元课文二)";"最近我的照相机老出问题,……上次洗出来的一张照片,我竟然长了两个脑袋,让人哭笑不得(第五单元课文二)"等,相信这样的句子能增加教材的趣味性。再比如,教材为口语活动设计了一些专门的练习(详见"使用说明"),像"听后记住问题,然后和同桌作问答练习",其中有些问题故意表达一些"怪异"的想法,也是意在引起学习者的兴趣:"男尊女卑是社会分工的结果,你同意吗(第六单元课文一练习四)?""情书写得好,恋爱就一定成功吗(第八单元课文一练习三)?"除此以外,还有一点值得特别提出来,那就是:无论是改写还是自创,都力求体现现代汉语的内在美感,用语言的魅力来吸引学生。现代汉语的内在美感是什么?这是一个很复杂的学术问题,我们无意,也没有能力来深入探讨,更不用说在一本听力教材中来探讨了。但作为本族语者,力争使自己的文章具有一定的美感,还是可以做到的。就我们的体会而言,现代汉语美感的一个重要方面是讲究节拍。节拍分明,朗朗上口是好文章的一个显著特点。下面几个例子可以看出我们的努力:

1. 一天晚上,老王买了三个西瓜。他回到家里,点上蜡烛,打开一个西瓜,发现是坏的,只好扔掉。他打开第二个,发现还是坏的,只好又扔掉。他很生气,想了想,把蜡烛吹灭,然后把第三个西瓜吃掉了。(第二单元课文一片断)

2. 我喜欢雪天。下雪时,雪花在天空中飘呀飘呀,天地一片洁白,多美呀!下雪后,人们在雪地上跑呀闹呀,堆雪人,打雪仗,多开心呀!另外,我也喜欢雪后潮湿的空气。

3. 我喜欢晴天。灿烂的阳光,是大自然给我们的最好礼物。看着窗外明亮的阳光,即使是最无精打采的人,情绪也会好起来。阳光下的人,是最可爱的人;阳光下的世界,是最美丽的世界。

4. 我喜欢雨天。最动人的故事,一定发生在雨天;最浪漫的爱情,一定有雨伞陪同。有人说,"不经历风雨,怎么能见彩虹?"说这话的人忘了,风和雨跟彩虹一样美丽!(2~4为第四单元"语言练习二"的短文,要求是:三个人在谈自己喜欢的天气,听后说出你支持他们中的哪一个。)

体　例

本书共10个单元,单元题目都是一个成语。该成语也提示了单元内各课文在内容上的联系,当然,这种联系有时并不十分紧密。10个单元分别是:升堂入室、酸甜苦辣、应接不暇、春暖花开、何去何从、余音绕梁、闻鸡起舞、神秘莫测、梅妻鹤子、独在异乡。题目下面都有"题解",简单解释题目的含义("春暖花开"除外)。

每单元都分精听、泛听和专项练习三部分。单元内部的结构如下:课文一及练习、语言练习、课文二及练习、课文三及练习、专项练习。前面三部分是精听内容,是一课的核心,其中"语言练习"的重点是两篇精听课文(特别是课文二)的词汇。这种设计,是为了巩固和深化课文一所学的词汇,对于课文二则起到疏通难点、降低难度的作用。课文三是泛听。专项练习的第一部分是一篇文章或对话,也是泛听内容,主要介绍跟该单元主题有关的表达法和词汇;第二部分是专门的技能练习。

在体裁上,精听主课文(即课文一和课文二)既有对话,也有短文,以对话为主;泛听课文基本上全是短文。对话和短文并不严格对应于口语语料和书面语料,但本书口语语料的比重要大一些。本书理解的口语,大致相当于大学生这个层面上的人物在日常生活中所使用的语言。语料长度,每篇课文基本上控制在500~700字之间,个别泛听课文稍长;短语料则视具体情况,从几十字到上百字不等。听力材料应控制在500~700字左右,这是研究者在听力语料长度方面的普遍看法。

除生词表以外,本书对词汇还采用了两种特别的处理方法:一、在课文一前边,配以若干和课文有一定联系的例句,目的是帮助学生把词语和课文联系起来,降低理解难度;课文二的前边,则有"语言练习",重点练习课文二中出现的词汇,也能起同样的作用。二、在每一单元最后,先用词类再用语义把该单元的词汇重新排列,目的是帮助学生组织记忆词汇。

特　点

本书的特点,可以概括为"六个结合":课内与课外结合、精听与泛听结合、中速与快速结合、语言学习和内容理解结合、吸收与创新结合、主观题与客观题结合。

一、**课内与课外结合**。目前流行的中级听力教材,全都缺乏配套的课外练习;而听力训练需要录音,且常常要男女声配合。因此,听力课的作业问题就成了老师的一个难题。要么根本没有,要么选择一些跟所学内容关系不大的材料,很难和课堂教学配合。本书为每一单元配备了课外练习材料,录音时间8~10分钟,约为课文录音的三分之一,基本上可满足课下复习提高之用。

二、**精听与泛听结合**。不少研究者都认为,精听泛听结合是提高听力技能的重要原则。但奇怪的是,不少初级听力教材配备了泛听练习,中级听力教材却普遍缺乏这个环节。这样就难以进行跳越障碍、抓大意等与泛听有关的训练。而对中级学生来说,这些技能同样需要训练。本书每一单元都有精有泛,两种材料在数量上差别不大。但泛听要求低,速度也快。从训练时间上看,精听约占3/4,泛听占1/4。

三、中速与快速结合。在录音磁带的处理上,精听部分的两篇课文都用两种速度录音:中速和快速,一遍为男声,一遍为女声。中速略低于正常语速,快速为正常稍快语速。课文练习都在中速录音后完成;快速录音只需聆听,没有具体任务。这种设计的目的是:1.增强适应正常语速的能力;2.训练快速反应的能力。这种中速与快速相结合的做法,是听力教材编写中的一个新的尝试。

四、语言学习与内容理解结合。本书采取内容为纲的编排形式,但在练习上却十分注意语言训练和理解训练的有机结合。精听课文后边的练习,都既有理解方面的,又有语言方面的;"语言练习"更是以语言为主。专项练习中的课文,则要求在理解的基础上学习表达法;或者在学习表达法之后体会它们在课文中的用法。

五、吸收与创新结合。本书在练习形式上,体现的是依据训练目的来设计题型的精神。从题型上看,既有广泛流行的多选题、判断正误、跟读句子、填表等类型,也采用了对比听写、无反应聆听、完成句子、理解关键词后再听、看文章听解释以及听后评判等以前教材中不大常见的形式。

六、主观题与客观题结合。客观题答案惟一,容易操作,适合用来检查理解情况。主观题往往没有明确的对与错的标准,但能增加学生的参与程度,活跃课堂气氛;在听力课上使用主观题,还能缓解连续聆听造成的疲惫感。本书根据课堂训练的特点,将这两类练习有机地结合在了一起,使得课堂教学能够方便地"以听为主,听说结合"。

教学建议

下面提到的内容,只是编者的设想和建议。使用本书的任课教师需要根据学习者的具体情况,做出自己的选择。

一、强调预习,提高效率。学生在上课之前,应该进行预习。这样上课时才能有备而来,教师也才能保证课堂教学能够高效率运转。因此,上课之前进行预习,是保证教学效果的关键。需要预习的主要是语言方面的内容,包括:课文一、二前面的"词语"和"课文背景",以及课文一前边的"句子"。

二、明确目的,区别对待。从教学要求上,精听内容要求准确掌握,理解率在90%以上。泛听部分(课文三和专项练习课文),材料的难度比精听部分要大,对这两部分的要求可以灵活处理:程度差的班级或学生,要把重点放在精听部分,泛听只要求听懂大意,理解率达到或接近70%就可以了;程度高的班级或学生,对这两部分的理解要求可以高一些。从另一个角度看,本书的练习分为主观题和客观题两类。判断正误、多项选择、填表等为客观题,答案比较惟一。讨论、问答、听后理解词语等,往往需要根据个人的情况进行回答,没有对和错的区别。比如上面提到的一个练习:三个人在谈自己喜欢的天气,听后说出你支持他们中的哪一个。教师在提供反馈时,要注意这两类问题的区别。

  关于多项选择题,有几个问题需要特别提出来。首先,如果选项出现的是课文没有涉及的内容,就归入错误答案。比如第六单元课文一的一个问题:

  他们谈到的电视剧有什么特点?
    A 演员漂亮。
    B 音乐好听。
    C 情节简单。
    D 非常幽默。

课文中没有谈到演员的长相和电视剧的音乐,所以A和B肯定不对。其次,在为个别题目设置选择时,更多地考虑了词汇的重现问题,比如第六单元语言练习的一个问题:

  女:波导公司的手机销售量突破了1000万台,真是太不可思议了!
  男:是啊,别的公司都很眼红。
  "别的公司都很眼红?"是说别的公司都很:
    A 幸运。
    B 规矩。
    C 开心。
    D 羡慕。

选项A和B放在这里,其实不太符合常理。之所以这样做,是因为"幸运"和"规矩"是这一单元的生词,让它们作为选项出现,给学生提供了再次接触该词的机会,能起到巩固词汇学习效果的作用。如果学生能够看出这两个选项有悖常理,就达到了练习的目的。不过,这类选择题目在全书中占的比例很小。另外,本书的一小部分主观题采用了客观题(多项选择)的形式,

这部分题目的题干中都有"你认为、你觉得、你的看法、是不是你希望的"等字眼。比如第一单元课文二的一个问题:

　　你觉得这篇课文想告诉我们什么?
　　　A　e-mail 比写信更好。
　　　B　不应该离开女朋友。
　　　C　女人都不能相信。
　　　D　邮递员的工作很好。

既然是"你觉得",学生的看法就都可以接受。根据我们的经验,在讲解这些题目时,让持不同意见的同学发表各自的看法并说出原因,是学生很喜欢的一项活动。

　　前面提到,本书精听部分的两篇课文均有中速、快速两种录音。快速录音只要求聆听,没有其他任务,是一种"无任务(反应)练习"。在听快速录音时,要提醒学生心情放松,将重点放在文章整体意义以及语调、语气等的理解和把握上,而不要被某些自己还没搞懂的词汇、语法结构所困惑。如果教师希望提些问题,可以是"两种速度的录音哪个人的声音更好听?你更喜欢哪个?"等宏观性较强的问题。重要的是引导学生学会欣赏和批评,欣赏和批评的既包括文章的内容,也包括表达内容的韵律形式。后一点是听力课独有的特征,值得好好把握。"用欣赏和批评的态度来聆听"这一策略也适用于其他课文,特别是进行复习性聆听时。另外,许多老师喜欢在听力课上给学生听听歌曲、看看电影,欣赏和批评的策略此时也很合适。

　　"专项练习"的第一部分是一篇泛听课文,主要介绍跟该单元主题有关的表达法和词汇。比如第九单元专项练习一要求"听文章'树',理解下列跟树有关的表达法",列出了文章中提到的"独木不成林;荒山变绿山,不愁吃和穿;栽树栽树,不愁不富;三分种,七分管"等 11 个表达法。对这些表达法和专门词汇,有两种处理方法:一是老师先讲,一是学生听后再讲。具体如何处理,要看学生的水平。如果水平较高,可以让学生先听;否则老师先简单地讲解一下会更好。因为练习中所列表达法和词汇较多,讲解时,注意不要做过多延伸,只要学生能理解它们的基本意思就行了。

　　三、以听为主,听说结合。听力课当然要以听为主,听的内容包括课文材料和老师讲解。由于连续听是一件非常耗费精力的活动,因此,听力课需要辅以一定时间的口语练习。口语练习能起到一定的调节作用;同时口语活动也是检查、促进理解的一种有效手段。每一节课的流程大致可以这样（以每课50分钟为例）：前25分钟以学生听为主,老师的讲解起穿插组织作用,下面10分钟以老师讲解为主（包括课文难点的串讲、语法点的说明与提示、练习答案的说明等）,接下来的10分钟以学生分组口语活动为主。剩余的时间,用于回答学生的问题并做总结。教材为口语活动设计了一些专门练习,比如"听后记住问题,然后和同桌作问答练习""谈谈你对下列观点或现象的看法""听后判断谁的介绍更有意思"等。需要注意的是,除了内容以外,这类口语练习也跟当课学习的词汇或语言点有联系。比如第五单元课文一练习四中（"记住录音中的问题,然后和同桌作问答练习"）的两个问题：

1. 感觉**空虚无聊**时,你一般怎么样？
2. 走路时**蹦蹦跳跳**,是不是说明这个人很**开心**？

这个题型,一般有5~6个问题,首先要提醒学生,不用逐字记录,写下关键词就行了。其次,这个练习的重点是对句中黑体字（本课生词）的理解,学生的答案本身也许并不重要。

  四、及时提醒,前后连贯。新知识的加入,会改变原有的知识结构；新旧知识的联系越密切,对新知识的记忆效果越好。语言知识的学习也是如此。同一单元不同课文之间,不同单元之间,可以用多种方法联系起来。在上课时,用简单的几句话将这些联系揭示出来,能够有效地复习原有知识,同时使新知识和原有知识快速地联结在一起；增强记忆的效率。在揭示内容方面的联系时,如果能够使用已学过的语言点和表达法,效果会更好。

鸣　谢

  本书从酝酿到定稿,历时两年有余。北京大学出版社曾将初稿送两位专家匿名审阅并寄回了书面意见,出版社郭力女士、华东师范大学对外汉语学院张建民教授、北京大学对外汉语教育学院王若江教授和陈莉老师也多所指正,编者吸收了他们的宝贵意见并表示由衷的感谢。本书的部分内容曾在编者任教的中级汉语听力课上试用过两次,同学们的反馈意见也给了我们不少启发和信心。不消说,书中的缺点和错误由编者负责。

第一单元　升堂入室

课文一

第 一 次

对于一个人来说,"第一次"具有非常重要的意义。不少人都清楚地记得自己第一次到国外旅行的情况,第一次同男朋友或女朋友见面的情况当然更是忘不了。对于一个社会来说,"第一"同样十分重要。大型比赛的第一名会受到人们的尊敬,第一个做某项生意的人往往会取得巨大成功。那么,你想不想知道汉语是怎么表达"第一"和"第一次"的呢?

在汉语里,"第一、第一次"主要是由"首、初"这两个汉字表达的,"首"就是"首先"的"首","初"就是"初级"的"初"。比如,"第一次运动会"叫"首届运动会","第一班公交车"叫"首车",地位最高的科学家叫"首席科学家",等等。由"初"和别的汉字一起组成的词也很多。比如,"第一次见面"叫"初次见面","第一次恋爱"叫"初恋","冬天的第一场雪"叫"初雪",等等。

除了"首、初"两个字以外,表达"第一、第一次"还有别的方法。比如,教你的第一个老师叫"启蒙老师",考试第一

名叫"状元",比赛第一名叫"冠军",作家第一部作品叫"处女作",等等。

当然,也有不少时候,"第一、第一次"并没有特定的词来表达。如果你学了好几门外语,最先学的那一门就是你的"第一外语"。如果你今天来得最早,你就是第一个到教室的人。这样的人应该奖励,对吧?那好,现在,请今天第一个到教室的同学来回答听力课的第一个问题:"你的初恋发生在什么时候?"

第三题:根据提示重复录音中的句子。
1. 第一次同男朋友或女朋友见面的情况当然更是忘不了。
2. 第一个做某项生意的人往往会取得巨大成功。
3. 你想不想知道汉语是怎么表达"第一"和"第一次"的呢?
4. "第一、第一次"主要是由"首、初"这两个汉字表达的。
5. 除了"首、初"两个字以外,表达"第一、第一次"还有别的方法。
6. 请今天第一个到教室的同学来回答听力课的第一个问题。

第四题:听录音,记住录音中的问题。然后和你的同桌做问答练习。
1. 初次见面,咱们先自我介绍一下吧。
2. 你认为学习汉语的首选城市是哪一个?
3. 你学习汉语的启蒙老师叫什么名字?
4. 你取得过什么比赛的冠军?
5. 初春和初秋的天气哪个更好?
6. 今天是第一次上听力课,你感觉怎么样?

第一题:听录音,选择正确答案。
1. 对于生活在现代社会的人来说,不懂电脑就跟过去不认识字一样。

第一单元

这句话的主要意思是什么?

2. 王东是去年2月开始负责**电脑销售业务**的,从那以后,我们公司电脑的销售量有了很大的提高。

这句话告诉我们什么?

3. 他**地位**高?那又怎么样?地位高的人**并**不一定能受到人们的**尊敬**。

说话人的意思是什么?

4. 不少**作家**的处女作往往比后来的**作品**写得好,真是很奇怪。

说话人奇怪什么?

5. **成功**的标准,**并**不是看你是不是比别人钱多,而是看你自己是不是觉得幸福,看你的生活是不是有意思。

这段话讨论的主要是什么问题?

6. "员"可以**表达**"做什么工作的人"这个意思,比如"服务员、**售票员**、**邮递员**"等;"家"也可以表达这个意思,比如"**科学家**、作家、政治家"等;最新也是最简单的方法是直接用"人"来表示,比如"电影人、音乐人、**生意人**"等等。

没有提到哪种表达方法?

7. 虽然大家都说"**时代**不同了,男女都一样",但是有一些工作,可能还是男的做更合适;另一些工作则可能更适合女的。

下面哪一点是说话人的意思?

8. 马文新**替**公司做了那么多事,我们一定要**奖励**他。可是奖他什么呢?房子吧,他已经有了;汽车吧,他又不会开。我看还是给他钱吧。

下面哪句话正确?

9. 男:龙燕,你听说了吗,咱们班孙辉**结婚**了,真快呀!

女:孙辉结婚,哪儿能**瞒**得了我呀!你别忘了,孙辉、李锐还有王小兰,我们一直是同屋。

谁结婚了?

10. 女:不**瞒**你说,我现在就想找一个工作,想**上班**。

男:别忘了,你都快六十啦。再找工作,哪儿那么容易呀!

女:是啊,我也明白。可是看着那些有工作的老人,我太**羡慕**了!

女的有什么想法?

11. 女:赵军,你怎么啦,这么不高兴?

男：别提了！刚才我去一家公司找工作，没想到那个人**竟然**对我说："你是中文系的学生，那坐在家里当**作家**多好啊，还找什么工作呀！"你说气人不气人？

赵军为什么生气？

12. 女：老赵，**自从**5年前你儿子离开家，就一直没回来过。他一定很**成功**吧？

男：成功不成功我不清楚，但警察很**尊敬**他。

女：是吗？警察怎么说？

男：你看看这张报纸，警察说，谁找到他就奖励谁20万元。

老赵的儿子怎么样？

第二题：两个人在讲自己的初恋，听后说出你觉得谁的故事更让你感动。

1. （男）我今年80岁，今天找你们几个记者来，是想告诉你们我的**初恋**。这是一段58年前的故事，希望你们能帮我找到我的初恋情人。那个时候我22岁，我的女朋友不到20。因为当时是战争**期间**，再加上她的父母反对我们谈**恋爱**，所以我们没能**结婚**。后来她跟父母一起离开了重庆，以后我们再也没有见过。这段感情，在我心里埋藏了58年。我想告诉她，我现在一切都很好，身体好，精神也不错；我也想告诉她，我**并**没有忘记她，一直都在想着她。

2. （女）我今年28岁。20岁那年，我和一个初中同学建立了**恋爱**关系。他是一个非常优秀的男孩，当时正在上大学，他的理想是成为一名**科学家**。虽然我们见面的时间很少，但是我们一直互相写信，打电话。我**陶醉**在这份爱情**之中**，以为他会是我这一生的永远。但两年之后，他突然提出分手，我怎么也想不到他**竟然**会这样。6年的时间过去了，现在我还是一个人，我想以后我也不会再爱上另一个男人。虽然他早就不爱我了，可是我还是忘不了他。

课文二

一天一封

王东今年21岁,在一家电脑公司工作,负责电脑销售业务。最近,王东谈起了恋爱。他的女朋友叫小云,在公交公司上班,是一位售票员。自从认识了小云,王东就觉得自己生活在幸福之中,陶醉得不得了;他对小云的态度,当然就更不用说了。向人介绍小云时,王东总是说:"这是我朋友小云,我们俩是一见钟情,我第一眼就爱上了她。"朋友们都替王东高兴,小云更是别人羡慕的对象:在现在这样一个时代,要找一个像王东这样的人,真是比登天还难!前一段时间,公司决定让王东到深圳工作两个月。这天,王东在车站碰见了同学李梅。

女(李梅):哎,王东,你不是到深圳去工作了吗?

男(王东):就两个月,已经回来了。

女:小云呢?没跟你在一起呀?

男:咱们以后别提她了,好不好?

女:怎么了?为什么呀?

男:不瞒你说,我在深圳期间,每天给小云写一封挂号信,手写的,不是e-mail,……

女:这个时代竟然还有人写信,而且是一天一封,真是太少见了!

男:可是,我从深圳回来以后,小云结婚了!

女:对呀,你不回来,她怎么结婚?祝贺祝贺!

男:你别搞错,新郎不是我!

女:不是你,还能有谁?

男:邮—递—员!!

练 习

第二题：听第二遍，然后回答问题。
1. 关于王东，可以知道什么？
2. 关于小云，哪句话正确？
3. 下面哪句话正确？
4. 你觉得这篇课文想告诉我们什么？

第三题：跟读下列句子。
1. 王东负责电脑销售业务。
2. 生活在幸福之中。
3. 陶醉得不得了。
4. 真是比登天还难！
5. 我们俩是一见钟情。
6. 你不是到深圳去工作了吗？
7. 不瞒你说，我在深圳期间，每天给小云写一封挂号信。
8. 你别搞错，新郎不是我！

课文三

第一次拿工资

（男声）我是1986年开始工作的，在一个学校当老师。工作10天后，我拿到了第一个月的工资，因为那个学校是每月10号发工资。这也是我第一次拿工资。那个时候，我并不知道我的工资具体是多少，所以还跟几个朋友商量呢，准备拿到工资后，找个饭馆，大吃一顿，表示庆贺。等拿到工资以后，我一下子傻眼了：89块！说起来你们可能不相信，但我第一个月确实只拿到了89块钱。那时候的物价当然比现在低了，但五六个朋友去饭馆吃一顿，最少也要六七十块。也就是说，一个月的工资，我一个星期就花完了。剩下的二十多天怎么办？没办法，只好把实际情况告诉朋友，然后，买了几瓶啤酒，一些小吃，意思意思就算了。我们喝酒的时候，一个朋友开玩笑地说："你总是说，拿到工资后，要请我们大吃一顿。是这顿吗？"我点点头："对呀，你还想去五星饭店吗？有啤酒喝就不错了。"另一个朋友接着说："真的，已经够不错的了。你看，这桌子上除了啤酒，不是还有花生吗？"

练 习

第一题：听第一遍，回答问题。
1. 根据课文，可以知道什么？
2. 他原来想用第一个月的工资干什么？
3. 关于他的朋友，文章告诉我们——
4. 他觉得自己第一个月的工资怎么样？

专项练习

第一题：边看提纲边听录音"困难表达法"，理解3中所列表达方法的含义。

困难表达法

在第一单元中，出现了两个很有意思的表达方法，它们都和困难有关。第一个是，"可是奖他什么呢？房子吧，他已经有了；汽车吧，他又不会开。"说这句话的人觉得奖励他房子和汽车都不好，所以不知道该怎么办。另一个表达方法是,"找一个像王东这样的人,真是比登天还难!"登山也不容易,但只要是山,总是有路的,总能想办法登上去。但是天怎么个登法,对过去的人来说,是难以想像的。因此,说一件事比登天还难,也就是说,没有比它更难的了。

我们在生活中,也经常会遇到困难。当然,每个人有每个人的困难,但谁也不敢说自己没有或者不会遇到困难。本单元的这两种表达方法也是非常有用的。下面再介绍几个与困难有关的表达法。

首先看"左右为难",这个词的意思是很难做出决定,很难下决心,就好像到了一个路口,但是不知道该往左走还是该往右走一样。再看"大海捞针",这也是表示一件事情非常困难,从大海里把一根针捞出来,虽然没有登天困难,但也绝对不容易。最后一个表达方法是"要星星不给月亮"。从树上摘一朵花很容易,但要从天上摘一颗星星,就不那么容易了。"要星星不给月亮"是说有的父母,孩子想要什么就给什么,再难的东西也要想办法搞到。

第二题:你将听到几件事情,听后说出这是不是你希望的事。
1. 每天坐公交车上班
2. 跟地位很高的科学家谈恋爱
3. 做生意取得巨大成功
4. 因为学习好受到奖励
5. 到物价很高的国家旅行
6. 受到大家的尊敬
7. 成为人们羡慕的对象
8. 在公司负责销售业务
9. 用汉语清楚地表达自己的思想
10. 陶醉在幸福之中
11. 在上大学期间结婚
12. 取得奥运会比赛的冠军

第二单元　酸甜苦辣

课文一

吃　西　瓜

（黄远杰和孙玫在一个办公室工作。这天，吃完午饭，黄远杰来到孙玫的桌前。）

男：孙玫，这本书里有一个小幽默，很有意思，但我有点儿不理解。你比我聪明，帮我看看怎么样？

女：凡是说我聪明的人都是好人，都值得帮助。好，我帮你看看。"吃西瓜"，我也喜欢吃西瓜。

男：你就先别说你自己了，快点看吧。

女："一天晚上，老王买了三个西瓜。他回到家里，点上蜡烛，打开一个西瓜，发现是坏的，只好扔掉。他打开第二个，发现还是坏的，只好又扔掉。他很生气，想了想，把蜡烛吹灭，然后把第三个西瓜吃掉了。"这故事没什么呀，你怎么会搞不懂呢？

男：我想问你，这第三个西瓜是好的还是坏的？

女：大概不少人都会这样问，但是这个问题并不重要。

男：为什么呀？

女：你看，故事里的这个老王已经失败了两次，他不想再一次失败，所以就先把蜡烛吹灭，然后才吃西瓜。他看不见，不了解情况，因此就不会感到失败和痛苦。这办法其实挺不错的，很多人都这样安慰自己。

男：问题在于，西瓜是吃的东西，是好是坏，瞒不了舌头和肚子呀！如果是一个坏瓜，你的舌头能尝出来，你的肚子也会提意见。

女：黄远杰，你说我比你聪明，还真没有白说。生活不是西瓜，生活当中的很多事情，如果你看不见，就真的不会有烦恼。常言道，"眼不见，心不烦"嘛！

男：你越说我越糊涂。生活不是西瓜，我同意。可生活当中，谁吃了坏瓜都会不舒服的，对吧？

练　习

第二题：听第二遍，选择正确答案。
1. 黄远杰为什么要找孙玫？
2. 关于老王买西瓜的故事，可以知道什么？
3. 关于孙玫，哪句话正确？
4. 黄远杰不明白什么？
5. 关于黄远杰，哪句话正确？

第三题：跟读下列句子。
1. 凡是说我聪明的人都是好人。
2. 他点上蜡烛，打开一个西瓜，发现是坏的，只好扔掉。
3. 这故事没什么呀，你怎么会搞不懂呢？
4. 这办法其实挺不错的，很多人都这样安慰自己。
5. 是好是坏，瞒不了舌头和肚子呀！
6. 常言道，"眼不见，心不烦"嘛！
7. 谁吃了坏瓜都会不舒服的。

第 二 单 元

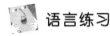 语言练习

第一题：听录音，选择正确答案。

1. 上一个**博士**真不容易！别的不说，就说博士论文吧，每一本都是好几百页，看着就让人害怕。
   这段话的主要意思是什么？

2. （女声）**张**开**嘴**，让我看看。好，再张大一点儿，说"啊"。
   最有可能是谁对谁说话？

3. 这次去福建开会，**收获**还是挺大的。我觉得福建比我**想像**的还要漂亮。有时间的话，真应该**好好儿**看看。对了，我还买了很好的乌龙茶，你有空儿的话来**尝尝**吧，怎么样？
   这句话最有可能是对谁说的？

4. 我想大家**其实**都明白，生活**当中**要想完全没有**烦恼**，基本上是不可能的。
   说话人是什么意思？

5. 到北京大学学习，太**值得**去了！小王，我真不明白，这么好的机会你还**犹豫**什么？
   说话人不明白什么？

6. 这次生意又**失败**了，真**痛苦**，特别是上星期，有好几天我都没有**开口**跟人说话。**好在**朋友们给了我很多**安慰**，现在好多了。
   这段话主要讲什么问题？

7. 我最烦报纸和电视上的广告了，**凡是**广告，我都不看，看了也不相信。
   说话人对广告是什么态度？

8. **其实**，我**倒是**觉得，周博士取得成功的原因，并不**在于**她比别人**聪明**，而在于她花的**功夫**比谁都多。
   说话人认为周博士为什么能取得成功？

9. 男：王老师，这里的茶杯怎么这么小呀？
   女：这叫"**功夫**茶"，意思是要有功夫，慢慢喝。有的时候要喝好几个小时，所以只能用小杯。

11

男:是吗,那我得**好好儿尝**一尝。
关于功夫茶,哪句话不对?

10. 男:孙玫,今天晚上图书馆有**讲座**,你去听吗?
    女:讲什么?
    男:**幽默**研究。
    女:题目**倒是**挺有意思,不知道**演讲**的人怎么样?
    男:我也不清楚。不过,通知上说他是**师范**大学毕业的**博士**,水平应该还可以。
    关于讲座,没有提到哪方面的内容?

11. 女:你学了几年汉语了?
    男:说起来真**惭愧**,都学了五六年了。看书呢,还可以。但**平时开口**说的机会比较少,我这个人又不爱跟人**交往**,所以表达方面的问题还很多。
    男的为什么不好意思?

12. 男:大夫,最近一段时期,我特别**痛苦**,每天都做梦。
    女:做梦不是什么坏事,我们平时也都做梦。
    男:可是,大夫,**您肯定想像**不到,我每次做梦,都梦见我和100个漂亮姑娘在一个没有人的小岛上边。
    女:那很不错嘛。你能有这样的好梦,不知道有多少男人羡慕你呢!
    男:可是,大夫,问题**在于**,在梦里,我也是一个女的。
    男的为什么不高兴?

第二题:一个球迷在谈世界杯足球赛的酸甜苦辣,认真听,然后说出他讲得有没有道理。

(男)我来告诉你们2002年世界杯足球赛的酸甜苦辣。先说酸,韩国队是第4名,日本也进了前16强;中国队呢,三场小组赛全都输了,而且一球没进,他们的心里**肯定**酸酸的。再说甜,这次世界杯的一大**收获**是,第三世界的足球水平有了很大的发展;再加上巴西队取得了冠军,不少人心中都觉得甜美极了。本次世界杯上感觉最苦的大概就是法国人了,他们的表现跟球迷的**想像**完全不同。法国人输得**糊里糊涂**,他们自己**痛苦**,球迷也跟着痛苦。最后说辣,这当然是中国球迷的感觉了。中国队的表现真是太**惭愧**了,白去了一趟韩国。中国的球迷好像吃了一大堆辣椒,**肚子**里全是火,眼睛里都是泪。世界杯上,酸甜苦辣什么味道都有,当然**值得**看了,对不对?

课文二

张不开嘴

(李燕在一所大学教历史。这天,她正在办公室看书,听见有人叫她。)

男:小李,昨天的讲座你去听了吗?

女:啊,王老师。昨天的风太大了,我犹豫了半天,不过,最后还是去了。可能是跟天气有关吧,去的人没有想像的那么多。除了咱们学校4个人以外,还有师范大学、外语学院和经济学院的一些老师,一共20人左右。有几个人开会的时候见过,其余的我都不认识。

男:讲座怎么样?有收获吗?

女:是用英语讲的。演讲的教授是荷兰人,在美国拿的博士。他的英语口音很重,有一些地方我没听懂,好在有翻译。他讲的都是一些基本概念,没有提他自己的观点,所以收获不大。不过,听听别的国家的人说英语,也挺有意思的。

男:对,就当是练习练习听力。你问问题了吗?

女:嗨,别提了!说起来真惭愧。我倒是想问,因为我很想知道这位博士他的观点是什

么,他好像做过不少研究。可别的人都是直接用英语问的,我的英语哪儿开得了口呀?早知道真应该多下点功夫。

男:现在开始也来得及嘛。

女:是啊,我准备好好儿练练口语。学了这么多年了,老张不开嘴算什么呀!不过,王老师,您也知道,我这个人吧,平时不爱和人交往,也不喜欢聊天。您说,我能学会吗?

男:你的阅读不错,学习口语应该不是很难。性格呢,对学习肯定有一些影响,但关键还在于你有没有决心。只要有决心,多下点功夫,没有学不会的。

女:王老师,谢谢您的鼓励!

 练 习

第二题:听录音,选择正确答案。
1. 去听讲座之前,李燕为什么犹豫?
2. 对话中没有提到哪个学校?
3. 关于演讲的教授,下面哪句话正确?
4. 关于这次演讲,下面哪句话正确?
5. 根据对话,李燕担心什么?
6. 王老师鼓励李燕做什么?

第三题:跟读下列句子。
1. 去的人没有想像的那么多。
2. 我犹豫了半天,最后还是去了。
3. 有一些地方我没听懂,好在有翻译。
4. 我倒是想问,可我的英语哪儿开得了口呀?
5. 早知道真应该多下点功夫。
6. 是啊,我准备好好儿练练口语。
7. 学了这么多年了,老张不开嘴算什么呀!
8. 只要有决心,多下点功夫,没有学不会的。

第四题：听录音,记住录音中的问题。然后和你的同桌做问答练习。

1. 你觉得上听力课的收获大吗？
2. 学汉语比你想像的容易还是难？
3. 听讲座对学汉语有直接帮助吗？
4. 你下功夫最多的一门课是什么？
5. 你想不想上博士？上哪个专业的？
6. 你的性格怎么样？喜欢跟人交往吗？

课文三

留 言

(男声)电话跟我们的日常生活关系密切。缺少了电话,谁都会觉得不方便。现代的科学技术也给我们提供了多种多样的电话,比如,录音电话、移动电话、可视电话等。不少人家里都喜欢使用录音电话,这样,下班或者外出回家,打开录音电话,就可以知道有谁、为了什么事给你打过电话。录音电话一般有这样的说明：

(女声)你好！这里是82306593,我现在不在家,"滴"声响后请留言。

(男声)你在听到"滴"声后就可以开始说话了。下面请你听两段录音。

1. (女声)赵老师,您好！我是刘敏。您让我听的讲座我去听了,很有收获。演讲的徐明宇博士有很多有意思的观点,他讲得也很幽默。去听讲座的人比我想像的要多,师范大学孙宏达老师也去了,他还送了您一本他刚刚出的书。我这两天就给您送过去。对

了,您让我写的文章今天下午终于写完了。噢,还有,后天是我的生日,我的几个同学想给我开一个生日晚会,不知道您能不能来。我没有别的事了,赵老师,再见!

2. (男声)李宁,你好!我是曾志坚。我今天病了,头疼,去了趟医院,所以今天的英语口语课没有去。我想问问,你有没有今天上课的笔记,或者老师发的材料?如果你有,就请明天上课时带给我,好吗?如果没有,晚上10点之前给我回个电话,或者打我的手机,号码是13677452468,我再跟别的同学联系。多谢!

 练 习

听一到两遍,选择正确答案。
1. 本文主要讲的是什么问题?
2. 关于刘敏听的讲座,哪句话不对?
3. 刘敏没有提到什么事情?
4. 曾志坚打电话是为了什么?

 专项练习

第一题:对照通知听录音,理解划线词语的意思。
　　女:朱军,我想请你帮个忙。前边有一个通知,大概的意思我能看懂,但有好些词我不明白。你帮我看看怎么样?
　　男:没问题。通知在哪儿呢?
　　女:你看,就在这儿。
　　男:(快速看后)噢,讲座换时间了。哪些词你不会?

女：第一个就不会，"原定"是什么意思？

男：这是两个词，"原"是"原来"，"定"是"决定"，"原定于"的意思是"原来决定在"。我看看后边还有什么。这个"因故"是"因为什么什么原因"的意思，"故"是"原因"。还有，这个"转告"的意思是"把事情告诉别的人"。还有吗？

女：还有一个"照旧"。

男："讲座地点照旧"是说"地点跟原来一样，没有改变"。这些都是书面语，其实并不难。只是你刚开始学汉语，还不习惯。

女：你这么一讲，我清楚多了。谢谢你，朱军！

男：不客气！以后你有什么问题尽管问。

第二题：听词组或短句，判断里边有没有读轻声的字。

1. 吹灭蜡烛。
2. 这个人真糊涂！
3. 幽默的演讲。
4. 白去了一趟。
5. 正在闹肚子。
6. 已经来不及了。
7. 钱倒是不多。
8. 功夫特别深。
9. 一定要多开口。
10. 真是惭愧呀！
11. 我不能想像。
12. 好好儿休息吧！

第三单元 应接不暇

课文一

我都不知道东西南北了!

(曹丽敏在一家出版社工作。这几天,她在北京出差,就给自己的大学老师张小峰教授打了个电话。)

女:张老师,您好!我是您以前的学生,曹丽敏,您还记得吧?

男:是小曹啊,我怎么会不记得呢?以前是爱哭爱笑爱幻想的小姑娘,现在是大名鼎鼎的曹编辑。你到北京来出差?

女:张老师,您就别讽刺我了!我来北京参加全国图书订货会,顺便替出版社约一些稿子。您最近怎么样?还那么忙?

男:唉,没办法。暑假期间要参加一个讨论会,正在赶写论文,但是到今天为止,才刚刚写了一半;最近的课又特别多,忙得我都不知道东西南北了。人老了,脑子不够用了,精力也比不上从前了,所以总是觉得很累。

女:您要多保重身体。张老师,我本来想向您约稿的,您这么一说,我就不好意思开口了。

男:我忙呢,只是最近这一阵,下个学期我退休,到那时就有

时间了。你先说说你的计划吧。

女：是吗？您就要退休了？时间过得真快！记得我上您的课时，您还正当中年，一转眼您就要退休了。不过也好，至少对我们出版社是好事。要不然，您怎么会有时间给我们写书呢？事情是这样的，我们准备出版一套给中学生看的心理学丛书，出版社领导商量以后，想请您写第一本并且当这套丛书的主编。您觉得怎么样？

男：写一本给中学生看的心理学书，这没问题。但当主编，我恐怕不合适吧。

女：张老师，您的学术水平和地位我心里最清楚，您就别客气了。

 练 习

第二题：再听一遍录音，然后回答问题。
1. 关于曹丽敏，可以知道什么？
2. 曹丽敏到北京来的主要目的是什么？
3. 张老师总是觉得很累，下面哪个原因课文没有提到？
4. 听到张老师要退休的消息，曹丽敏说"不过也好"，为什么？
5. 曹丽敏的出版社最近有什么计划？

第三题：跟读下列句子。
1. 张老师，您就别讽刺我了。
2. 唉，人老了，精力比不上从前了。
3. 忙得我都不知道东西南北了。
4. 时间过得真快，一转眼您就要退休了。
5. 我忙呢，只是最近这一阵。
6. 但当主编，我恐怕不合适吧？
7. 要不然，您怎么会有时间给我们写书呢？

第四题：听录音，记住问题，然后和你的同桌做问答练习。
1. 你喜欢不喜欢看心理学方面的书？
2. 你是一个爱幻想的人吗？
3. 怎样才能让自己更有精力？
4. 能不能对一个孩子说"你多保重"？
5. 到现在为止，你学了多长时间汉语？
6. 有人说，中年是一个人脑子最好用的时候，你同意吗？

语言练习

第一题：听录音，选择正确答案。
1. 你猜我今天看见谁了？张小峰！就是那位大名鼎鼎的心理学教授。
   说话人是什么心情？
2. 我很想找个地方进修进修，提高一下自己的水平，但是又觉得离开工作时间太长，代价太大了，所以，还在犹豫。
   这段话的主要意思是什么？
3. 这次图书订货会，咱们出版社收获很大。订货100万元的目标实现了，也约到了很多好稿子，还跟不少书店建立了联系。一句话，这次订货会咱们没有白去。
   说话人认为没有白去的原因有几个？
4. 老赵肯定不愿意退休，想继续当领导，要不然，这几天他怎么这么伤心呢？
   老赵最近怎么样？
5. （女声）我刚刚去医院看望了我以前的老师，她的变化非常大，我几乎都认不出来了。
   下面哪句话正确？
6. 为了主编这套丛书，张教授这一阵忙坏了，每天都要加班；最近，她更是连周末跟朋友一起喝功夫茶的爱好也放弃了。
   关于张教授，哪句话不对？
7. 男：黄编辑正当中年，身体也不算是很差，至少可以再工作15年，

第三单元

为什么这么早就**退休**了？

女：你问我，我问谁呀！

黄编辑退休的原因是什么？

8. 女：老王，多**保重**自己，别太**拼命**了，钱是永远也**挣**不完的。

男：你说的对。可是看着钱就在前边，手一伸就拿到了，我能不去拿吗？

老王的意思是什么？

9. 男：**暑假**期间你的孩子都干些什么？

女：我那孩子，从小就爱**幻想**，**脑子**里全是奇奇怪怪的想法。暑假时间长，他最喜欢的就是看课外书，什么**哲学**呀，**心理学**呀，社会学呀，没有他不感兴趣的。

女的没有提到什么？

10. 女：我真不明白，**生命**的意义是什么？我们为什么要活着？

男：那是**哲学家**考虑的问题。对于我来说，为什么要活着，因为我今年刚刚 31 岁；生命的意义就在于，人死了就不能喝啤酒了。

关于男的，哪句话正确？

11. 男：现在我**算是**看清楚了，你跟我结婚，不就是因为我有钱吗？

女：是这样的。不管是谁，只要有钱，我都会**随时**跟他结婚的。

这段对话想讽刺什么？

12. 女：你没听说过吗？男人的一半是女人。男人要成功，光**拼命**工作是不够的，还要有聪明的女人来帮他。

男：男人的一半是女人，这话听起来很**深刻**，很有**哲理**。我想知道，那男人的哪一半是女人呢，左边的一半，还是右边的一半？

你觉得这个男的怎么样？

第二题：三个人在谈自己忙碌的生活，听后说出你认为谁最需要休息。

1. 我在大学教**哲学**，最近**一阵**的生活，只有一个字，忙！我每星期有 6 小时课，这个班的学生爱动**脑子**，常常打电话问问题。我还有 3 个博士生，8 个硕士生，每天**至少**要花 1 个小时跟他们讨论。最要命的是，我还是一套哲学**丛书**的**主编**，现在有 6 本书的**稿子**等着我看。我真希望,一天要有48个小时就好了!

2. 我现在在北京大学**进修心理学**,我的感觉只有一个字,累! 常言道,人到**中年**万事休,可我还需要每星期上20个小时的课。 说真的,每天**面对**各种各样的**学术**问题,我觉得自己的**脑子**都快不够用了。妻子和孩子都觉得来北大进修很值得,都替我高兴。我不想让他们失望,**要不然**,我早就**放弃**了!

3. 我是大学生,今年21岁,我最近的感觉,只有一个字,苦! 我有三苦。第一是读书苦。常言道,苦读苦读,不苦不行呀! 上课、读书、写作业,每天都要六七个小时。第二是吃药苦。最近我身体不好,每天都吃药,朋友们**讽刺**我快成了药罐子了! 第三是谈恋爱苦。女朋友的妈妈**住院**了,我要经常去**看望**她;女朋友心情不好,我要经常安慰她。唉,事情越来越多,**精力**越来越少,能不痛苦吗?

课文二

谢 梦 有

(女声)昨天,我去医院看望朋友时,认识了旁边病床上的一位商人,他叫谢梦有。谢先生告诉我,他年轻时,做梦都想变成有钱人,所以改名叫"梦有"。我很奇怪,就又问了他一些问题。下面就是我们的对话:

女:改名字有用吗?

男:很有用,这可以让我随时记得自己的目标。

女:那你一定很努力吧?

男:不是一般的努力,是拼命。在生病住院之前,我每天都加班,晚上11点以前从来没回过家,星期六和星期天也很少休息。

女:这样值得吗?

男:开始的时候,我想的只是怎么样让自己的钱一天比一天多。

女：你这么努力，一定很成功吧？

男：可以这么说吧。我的努力并没有白费，我很快有了自己的公司，住上了宽大豪华的房子，算是一个有钱人了吧。但是，回到你刚才的问题上，我现在觉得不值得。

女：为什么呢？你这么有钱，很多人会羡慕你的。

男：你先猜猜我今年多大吧。

女：五十五。

男：你说我该多伤心吧。不瞒你说，我今年才四十六。你还算不错的呢，说我已经六十多的人也有的是。这就是我的代价：四十岁的人，六十岁的身体。我现在已经在这儿住了四个多月了，辛辛苦苦挣的钱都送给医院了。这些年为了挣钱，我几乎放弃了所有的爱好。结果呢，就是你现在看到的这个样子。你说值得吗？看着别人全都健健康康的，我真羡慕。所以，我现在最大的想法是，没有病就是幸福。

女："没有病就是幸福"，这话挺有哲理的。谢先生，你不是哲学家吧？

男：（笑）你真会说话。我只是一个商人，没读过几年书，哪里是什么哲学家呀！不过，我倒是也听人说过，医院是产生哲学家的地方。我想，这可能是因为，当一个人面对疾病时，他对生命的理解会变得更加深刻吧。

女：你看，是不是？你真的越来越像哲学家了。

男：是吗？那我出院以后一定找个地方去进修进修哲学。

练 习

第一题：连续听两遍录音，选择正确答案。
1. 这两个人是什么关系？
2. 谢先生没有做什么？
3. 关于谢先生，哪句话不对？
4. 哪一点是谢先生现在的想法？
5. 女的说谢先生好像是哲学家，他觉得怎么样？
6. 根据谢先生的理解，疾病对一个人有什么作用？

第二题：听句子，比较听到的和看到的句子有何不同。
1. 取得成功的关键是拼命工作。
2. 我一个人，没有必要住这么豪华的宾馆。
3. 我只是一个商人，没上过几年学。
4. 我正在听的这首歌叫"幻想中的恋爱"。
5. 越是困难，越是不能放弃实现目标的努力。
6. 面对疾病和死亡，我只有痛苦和烦恼。
7. 少挣了2000块钱，这就是我的代价。

第三题：谈谈你对下列现象或观点的看法。
1. 他做梦都想变成有钱人，所以改名叫"梦有"。
2. 为了挣钱，我几乎放弃了所有的爱好。
3. 我想的只是怎么样让自己的钱一天比一天多。
4. 这就是我的代价，四十岁的人，六十岁的身体。
5. 看着别人全都健健康康的，我真羡慕。
6. 医院是产生哲学家的地方。
7. 当一个人面对疾病时，他对生命的理解会更加深刻。

课文三

快乐的原因

《列子》是中国古代的一本书,这本书里有这样一个故事。一天,孔子正在泰山附近行走,碰见了一个名叫荣启期的人。只见荣启期一边走,一边弹琴,还一边唱歌。孔子就问他:"先生,您能不能告诉我,什么事情使您如此陶醉,让您这么快乐?"荣启期回答说:"让我快乐的事情有很多。自然界的万物当中,人是最尊贵的。我很幸运,因为我是一个人。这是第一件让我快乐的事情。人里边,男人和女人是有区别的,男女的区别在于男尊女卑。我很幸运,因为我是一个男人。这是第二件让我快乐的事情。有些人刚生下来,连太阳月亮都没有看见就死了,而我今年已经九十多了。这是第三件让我快乐的事情。另外还有一点,贫穷是读书人的正常状况,死亡是人生最后的归宿。我现在的状况很正常,只等着最后归宿的到来。既然如此,我为什么要伤心烦恼呢?"孔子听了以后,说:"讲得太好了,您真是一位能自我安慰的人!"

这个故事告诉我们,快乐就在你的心里,而不是别的地方;只要你愿意,快乐就会与你同在。

 练 习

连续听两遍录音,选择正确答案。
1. 孔子碰见荣启期的时候,荣启期正在做什么?
2. 关于荣启期,哪句话不对?

3. 荣启期说,让他快乐的原因很多。他自己讲到了几个?
4. 根据课文,荣启期是个什么样的人?
5. 在荣启期看来,死亡的意思是什么?
6. 根据这篇文章,怎样才能找到快乐?

专项练习

第一题:先看一遍下列表示忙碌和着急的句子,然后听录音"忙碌",看看它们在录音中是怎样用的。

忙 碌

要问现代社会跟过去的不同,恐怕不少人都会用一个字来回答:忙!确实,现代社会的人生活更方便了,却也比过去更忙了,而且忙得更有现代特点:在飞机上用电脑,在厕所里打手机。随便走在街上,你就会听到两个朋友在感叹。一个说:"唉,最近忙得团团转,连饭都顾不上吃。"另一个则会说:"谁说不是呢?我也一样,最近忙得没时间看电视,连谈恋爱的时间也没有了。"对于别人的忙碌,大家也都很理解,开会的时候,主持人的第一句话往往就是"感谢各位在百忙之中参加我们今天的会议"。

忙碌的人大都非常着急,干什么事都像是吃快餐,所以汉语里说"急忙"。这些人忙碌、着急是因为事情多,另一些人则是性格如此,我们把这样的人叫急性子。急性子的人总是风风火火的,他们除了急,还是急。不信?下面我给你讲一个急性子的故事。

王五是有名的急性子。一天,他来到一家饭店。刚坐下,就大声喊道:"饺子呢?为什么还没做好?"服务员端来了一碗饺子,说:"快吃快吃,我要马上洗碗。"吃完饭,王五回到家里,对妻子说:"刚才碰到了一个非常没有礼貌的服务员,把我快气死了!"妻子一听,立刻进屋收拾行李,一边收拾一边说:"既然你要死了,我就只好再找一个丈夫。"两天后,妻子又结婚了。结婚后的第三天,新郎就提出要和她离婚。她很吃惊,就问为什么。新郎回答:"我们结婚已经三天了,你为什么还不给我生孩子?"

怎么样?故事里的这几个人都够着急的吧?

第二题：根据录音，标出看到的句子的重音。

1. 我想进修**哲学**，王军想进修心理学。
2. 这篇文章讽刺的是不会和人交往的**博士**，很有意思。
3. 至少挣2万块钱，这是我**这个**暑假的目标。
4. 这本书**刚刚**出版，我是昨天买的。
5. 伤心是可以理解的，**老是**这么伤心就不对了。
6. 赵阳5**年前**就退休了，张小峰不是，他是去年才退的。
7. 商人有的是，**成功**的商人却不是很多。
8. **他**就是大名鼎鼎的曹教授呀，今天终于见到真人啦！
9. 出版社比研究所**钱多**，但经常需要加班。
10. 脑子不够用了，**精力**也比不上从前了。

第四单元　春暖花开

课文一

好　主　意！

（田明亮刚下课，在回宿舍的路上遇到了舞蹈队的队友季珊。）

男：季珊，你好！上次训练时，你怎么没来呀？

女：我感冒了。咱们每周只训练这么一次，没去挺遗憾的。你们练得怎么样？

男：嗨，别提了！没来的人超过了三分之一，搞得大家都很没情绪；尤其是像你这样漂亮的美眉们不来，男生们更是无精打采。最后，练了一个小时就提前结束了。很多人都是跟你一样，感冒。都怪这几天的天气，简直太不正常了！

女：田明亮，没想到你的嘴巴越来越甜了。我听刚才的天气预报说，今天的气温将会达到28度，是50年来历史同期的最高值。

男：你说这天气是怎么了？现在才三月底，就这么热了，到夏天该怎么办呢？对了，光顾说天气了，你现在感觉怎么样，好点儿了吗？

女：是啊，这几天天气反常，大家一见面，谈的都是天气。我呢，刚从医院回来，

感觉好多了。我真佩服那些大夫！

男：佩服他们？不瞒你说，我最怕的就是去学校医院。人多点儿吧，倒没有什么；关键是那些大夫总拿你当小孩儿。

女：没错儿，我佩服的就是他们这一点。我看病的时候，在我前边有好几个人。大夫对每个人说的都是同样的话，什么春季气温变化频繁啦，要注意收听天气预报啦，要及时增减衣服啦，等等。听说这些天，每个大夫平均每天要看八九十个病人。也就是说，这些话他们每天要重复好几十遍。田明亮，要是你的话……

男：要是我的话，肯定去买一个录音机，把这话录下来。等开完了药，就给他放录音。

女：（笑）这个主意不错，医院的院长要是知道了，肯定会奖励你的！

男：奖励什么？

女：奖励你两个月的工资，还有一句话："咱们拜拜吧！"

男：啊？这就把我给辞了！

练 习

第二题：听第二遍，回答问题。
1. 关于季珊，可以知道什么？
2. 根据田明亮的介绍，舞蹈队上次的训练为什么提前结束？
3. 她们谈话时是什么时候？
4. 田明亮担心什么？
5. 田明亮为什么不愿去学校医院？
6. 季珊佩服大夫什么？
7. 季珊认为田明亮的主意怎么样？

第三题：跟读下列句子。
1. 春季气温变化频繁，要注意及时增减衣服。
2. 大家情绪不好，训练提前结束了。
3. 光顾说话了，忘了你还有课。
4. 气温比去年同期低将近 10 度。
5. 关键是不能拿别人当小孩。
6. 很遗憾，我最佩服的人不是你。
7. 都怪这几天的天气，简直太不正常了。
8. 这样的人早就应该把他辞掉。

第四题：听后记住问题，并和同桌做问答练习。
1. 如果今天听力课**提前下课**，你会觉得**遗憾**吗？
2. 来中国以后，你有没有**情绪反常**的时候？
3. 你每天都**及时收听**天气**预报**吗？
4. **嘴巴甜**的人是不是到处受欢迎？
5. **春季气温变化频繁**，怎样才能不生病？

 语言练习

第一题：听录音，选择正确答案。
1. 你的身体**素质**这么差，还要去那么**寒冷干燥**的地方工作，怎么**适应**得了？
   说话人的主要意思是什么？
2. 大伟这几天**情绪**有点**反常**，**动不动**就跟人急，你去找他的时候要小心一点。
   大伟这几天怎么了？
3. 天气**预报**不能不信，可也不能全信。我就碰到过好几次，外面正在下着大雨，电视上却说是个好天气！
   他对天气预报是什么态度？
4. 都怪马小虎，这么大的事竟然也会忘记？我看他还是改个名字吧，叫马大虎，大马虎更好！

说话人对马小虎是什么态度？

5. 这个演员**号**称"**金嗓子**"，**说不定嗓子**真的不错，咱们就买这个吧。

   他最有可能在买什么？

6. 我要去云南西双版纳。那儿不但有**秀丽**的自然风景，还有热情的**少数民族**，另外，听说那儿卖的衣服什么的也很有特点。

   说话人想去西双版纳的原因有几个？

7. 以一分之差输掉了这场比赛，大家都很**遗憾**，回来的路上全都**无精打采**的。

   如果你是他们的朋友，这个时候你会说什么？

8. 男：你看这个5号，拿球的**姿势**简直太难看了，还是专业运动员呢，不知道是怎么**训练**出来的？

   女：**姿势**难看不难看有什么关系呢？这个5号是队长，得分也最多。

   男的不理解什么？

9. 男：我最佩服赵咏莉了，她那张嘴巴，能把死的说成活的。

   女：可她光说不做，说得再漂亮又有什么用？

   关于赵咏莉，哪句话不对？

10. 男：我的好朋友田军在云南。如果我们去那儿，**接待绝对**没问题，他也会给我们当**导游**，**陪同**我们去买东西。

    女：真的吗？那再好不过了。

    他们在商量什么事？

11. 男：咱们**一言为定**，明天早上9点在舞蹈学院见面。你可别找借口不来呀？

    女：你这人真是的，怎么谁都不相信呀？我自己说过的话，忘不了。

    女的感觉怎么样？

12. 男：我要**申请**上博士，想请张教授给我写封**推荐**信，可他一个劲儿**地推辞**，说自己太忙，别的老师写更合适。他真的就那么忙吗？

    女：你这个人**简直**太笨了！张教授是觉得你水平不够，又不好意思直接说。你连这个都不明白，我看就别申请了。

    下面哪句话不对？

第二题：三个人在谈自己喜欢的天气，听后说出你支持他们中
的哪一个。

1. 我喜欢雪天。下雪时，雪花在天空中飘呀飘呀，天地一片洁白，多美呀！下雪后，人们在雪地上跑呀闹呀，堆雪人，打雪仗，多开心呀！另外，我也喜欢雪后**潮湿**的空气。

2. 我喜欢晴天。灿烂的阳光，是大自然给我们的最好礼物。看着窗外明亮的阳光，即使是最**无精打采**的人，**情绪**也会好起来。阳光下的人，是最可爱的人；阳光下的世界，是最美丽的世界。

3. 我喜欢雨天。最动人的故事，一定发生在雨天；最浪漫的爱情，一定有雨伞**陪同**。有人说，"不经历风雨，怎么能见彩虹？"说这话的人忘了，风和雨跟彩虹一样美丽！

课文二

云南绝对值得一去！

（韩国学生李美惠下个学期准备去云南大学学习，她的同学，美国人戴大伟知道了，就跟她聊了起来。）

男：李美惠，听说你正在申请去云南大学学习，有这回事吗？

女：大伟，你的消息够快的，我昨天才把申请表和推荐信寄走。

男：你是我们班的漂亮美眉，听说你要走，大家都很遗憾。不过，你要是真去了云南，我们去那儿旅行的时候，就有人接待我们了。

女：对，云南绝对值得一去，这也是促使我下决心的一个原因。

男：云南有那么多少数民族，还有优美秀丽的自然风景，我早就想去

看一看了。

女：等我安顿好了你再去吧,我给你当导游。

男：真的吗?有你陪同,那真是再好不过了。咱们一言为定,到时候你可别找借口推辞。对了,这个学期你动不动就生病,你要去云南跟这个有关系吗?

女：当然有。北京的气候让我很难适应,咱们刚来的时候那么寒冷,现在又这么干燥,再加上风沙大,我的嗓子每天都红红的。昆明号称春城,四季如春,又不那么潮湿,气候比北京舒服多了。

男：北京没有你说的那么惨吧?我来北京半年多了,不是什么事也没有吗?咱们班别的同学也没问题。关键是你的身体素质不行,又不锻炼。

女：我这个人好静不好动,最怕的就是跟别人一起锻炼。我男朋友告诉我,我锻炼的时候,姿势很难看。

男：什么什么?你男朋友告诉你,你竟然有男朋友了?我太伤心了。

女：对呀。他在韩国一家贸易公司工作,最近被派到了云南。要不然,我说不定就不去了。大伟,你不要太难过,要多保重!我和我男朋友在云南等着你。

第一题：连续听两遍录音,选择正确答案。
1. 听说李美惠要去云南,她的同学觉得怎么样?
2. 大伟说他早就想去云南了,为什么?
3. 关于昆明和北京的气候,哪句话不对?
4. 大伟觉得北京的气候怎么样?
5. 关于李美惠,哪句话不对?
6. 李美惠要去云南学习,哪个原因最重要?

第二题：跟读下列句子。
1. 对,云南绝对值得一去。
2. 有你陪同,那真是再好不过了。
3. 咱们一言为定,到时候你可别找借口推辞。
4. 这个学期你动不动就生病。
5. 北京没有你说的那么惨吧?
6. 什么什么,你竟然有男朋友了?
7. 要不然,我说不定就不去了。

第三题：听一段话,把原因和结果找出来。
1. 北京的气候让我很难适应,咱们刚来的时候那么寒冷,现在又这么干燥,再加上风沙大,我的嗓子每天都红红的。
2. 北京没有你说的那么惨吧?我来北京半年多了,不是什么事也没有吗?咱们班别的同学也没问题。关键是你的身体素质不行,又不锻炼。
3. 我这个人好静不好动,最怕的就是跟别人一起锻炼。我男朋友告诉我,我锻炼的时候,姿势很难看。而且每次自己锻炼后,全身都很不舒服。

课文三

全球变暖

在一般人的想像当中,冬天,特别是北方的冬天,是可怕的:寒冷的北风呼呼地刮着,漫天的雪花不停地下着。但是,人们也越来越多地发现,现在的冬天好像比自己小时候更暖和了。这种感觉绝对是正确的。在

中国,已经连续16年出现了暖冬天气,"与去年同期相比,气温增加了多少多少度"可能是天气预报中出现次数最多的一个句子。事实上,气温增高是一个世界性的问题,这就是"全球变暖"。根据科学家的研究,在过去的100年间,全球气温平均上升了大约0.7摄氏度;如果人类不立即采取有效的措施,下一个100年,全球气温将可能继续上升3到4摄氏度。这种情况是非常少见的,在过去的一千万年里都没有发生过。

全球变暖的原因是什么?大多数科学家认为,全球变暖主要是由人类自身的活动引起的,太阳和其他因素对全球变暖影响较小。全球变暖将使自然灾害越来越频繁,气候越来越干燥,但某些地方的降水却会大量增加。这会进一步影响到人类生活的各个方面。比如,据中国气象局的专家估计,由于全球变暖,到2030年,中国的小麦、水稻和玉米三大农作物将会减产5%到10%左右。再比如,英国政府的一份报告指出,由于全球气候变暖导致洪水增加,英国有价值2220亿英镑的房屋和产业受到洪水威胁。

专项练习

第一题:听录音"风雨",学习下列表达方法的意义。

风 雨

天气跟我们的生活关系密切,我们的衣食住行都受到天气的影响。在众多的天气现象中,刮风和下雨我们最熟悉不过了。如果有谁说自己没见过刮风下雨,我们绝对不会相信,肯定会说这个人疯了。

刮风和下雨是坏天气的代名词,如果一个人说自己"风里来雨里去",他这是在抱怨自己的工作条件不好。我还记得自己小时候住在农村,不爱学习,每当这时候,父母总是说:"你在教室里,风刮不着,雨淋不着,为什么还不好好学习？"同样，生活也同天气一样，不会永远是春暖花开，生活中也有风雨。当你听到一位老人说"风风雨雨过去了几十年"时，你可以想像到，他的一生有苦有乐，有成功的喜悦，也有失败的痛苦。而如果一个帅哥或者漂亮美眉对你说："我要和你一起经历人生的风风雨雨"，那你肯定会高兴地跳起来。

不过，话又说回来，刮风下雨也有好处。刮风时，随风而来的东西很可能会给我们一个大大的惊喜。刮大风时出门，说不定就会捡到100块钱。因此，当一个好久不见的朋友突然敲你的门时，"什么风把你吹来了？"就成了这个时候最常用的表示惊喜的一句话。关于下雨的好处，谈恋爱的人最有体会。打着雨伞，跟心爱的人一起在雨中散步，不用说，两个人都会陶醉在幸福之中。这种幸福的感觉是如此强烈，因此，当一个失恋的人说"我的伞下不再有你"时，你也就可以理解，他一定是伤透了心。

第二题：听句子的前半部分，从A和B中选择一个，组成一句完整的话。

1. 导游说**休息时间**不能超过一个小时，(购物时间可以长一些)。
2. **主编的话**促使我下了最后的决心，(别的朋友的建议也起了作用)。
3. **李大年**的姿势比王文好看，(赵军的姿势比不上王文)。
4. 王老师推荐了**我**，(没有推荐田明亮)。
5. 嗓子疼和**风沙大**有一定的关系，(和气候干燥也有关系)。
6. 我最**佩服**的是心理学家，(最羡慕的是成功的商人)。
7. **潮湿**的气候我适应不了，(寒冷和干燥都没关系)。
8. 你不能怪我们**踢得不好**，(主要是"敌人"太厉害)。
9. 男生们全都**无精打采**的，(谁都不愿意说话)。
10. 这个房间**这么潮湿**，(怎么不换一个呢）。

第五单元 何去何从

课文一

茶 馆

（一个老板，生意越做越大，开了好多餐厅，到后来却发现自己没有事情可做了。下面是他的回忆。）

那个时候，真的是无聊。早上起来，给这个餐厅打电话，说生意不错，您别来了，您来了也没地方坐；给那个餐厅打电话，说生意也不错，您别来了。我就一整天一整天地没事可干。后来自己无聊到什么程度呢，到街上去遛弯儿，和一个朋友，当时是从西往东走。走着走着碰见了两个小学生，下课了，背着书包，特别高兴，蹦蹦跳跳的，一边抡着书包一边跑，一边跑一边跳。其中有一个小学生长得很胖，也不是很好看。可是我呢，看到他以后，就觉得他很快乐，一下子感染了我，我就情不自禁地跟我旁边这个朋友说，如果让我重活一次，把我变成他，我都愿意。因为那时候，我可能还比较精神，朋友们形容我还是很帅的一个人。那段时间就这样整天无事可做，所以很不开心。不是没有朋友，朋友很多。可是朋友们来了就是喝酒，喝得晕晕乎乎的。所以那个时候的情况就是，我自己的餐厅很多，生意很大，但不需要我操心。每天早上一睁眼，第一个问题就

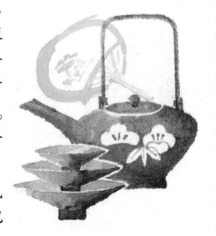

是,我今天要去哪儿,要去干什么?答案全都是不知道,我觉得自己空虚得要死。这个时候我才发现,人最痛苦的并不是在十字路口去选择,你还有的选;我觉得人最痛苦的就是梦醒了无路可走。

这种状况持续了好几个月,我很着急,我不能再这样下去了,我必须做点什么。一个偶然的机会,我接触到了茶,我当时的感觉是,哎,我喜欢这个东西。所以当时我跟妻子一商量,好,咱们开一个茶馆,就为自己开一个茶馆。因此,最开始的时候,是自己想做点事,想找一个地方。这种茶馆跟传统的茶馆不同,它还有普及饮茶艺术的作用,所以叫"茶艺馆"。

练 习

第二题:听第二遍,回答问题。
  1. 他为什么要到街上遛弯儿?
  2. 关于那两个小学生,可以知道什么?
  3. 他为什么说把他变成那个胖胖的小学生,他也愿意?
  4. 他觉得自己空虚无聊,主要是因为什么?
  5. 他开茶馆的主要原因是什么?

第三题:跟读句子。
  1. 一整天一整天地无事可做,真无聊。
  2. 蹦蹦跳跳的,一边抡着书包一边跑。
  3. 这种情况一下子感染了我。
  4. 我情不自禁地跳了起来。
  5. 朋友们形容我还是很帅的一个人。
  6. 人最痛苦的并不是在十字路口去选择,你还有的选。
  7. 一个偶然的机会,我接触到了茶。
  8. 我不能再这样下去了,我必须做点什么。
  9. 它还有普及饮茶艺术的作用。

第四题：记住录音中的问题，然后和同桌作问答练习。
1. 感觉**空虚无聊**时，你一般怎么做？
2. 走路时**蹦蹦跳跳**，是不是说明这个人很**开心**？
3. 去**茶馆**的好处是能**接触**到各种各样的人，对吗？
4. 今天上听力课的人谁最帅，谁最**精神**？
5. 在你们国家，电脑是什么时候开始**普及**的？
6. 你能不能说出三个**形容**天气**状况**的词？

 语言练习

第一题：听录音，选择正确答案。
1. 大部分的电视节目我觉得都很**无聊**，所以我**拒绝**看任何电视，除了"**神奇的地球**"。
   说话人的主要意思是什么？
2. 王东最近情绪有些反常，天天喝酒，好几次**晕晕乎乎**地就来上班了，大家都很担心，觉得他应该找个心理**咨询**医生看一看。
   王东有什么问题？
3. **毫无疑问**，如果这种**状况持续**下去，公司下半年的销售目标肯定实现不了。
   说话人觉得现在的状况怎么样？
4. （女）我是通过一次**偶然**的机会认识杨自烈的，他在一家公司搞**宣传**。可能是由于工作的关系吧，他特别会跟人交往，说话幽默极了，听他讲话，让人特别**开心**。
   这段话介绍的主要是什么？
5. 女：小赵，我想买一个**数码**相机，你能不能帮我**参谋**参谋。他们都说你是**摄影**专家。
   男：我只是喜欢摄影，算不上什么专家。不过，帮你参谋参谋，这绝对没问题。
   男的态度怎么样？
6. 女：**数码**相机越来越**普及**，**胶卷**是不是有一天会被**淘汰**？
   男：说不定真会这样。不过听说数码相机照出来的照片还是比不上用胶卷照的,专业人员一般倾向于不使用数码相机。
　　他们在讨论什么问题?

7. 男:我知道饮料,却不明白其中的"饮";知道"空虚",却不理解其中的"虚"。真让人哭笑不得。
　　女:这有什么好奇怪的?你每天用电脑,从来也没想到过要把电脑打开,看看里边的东西是什么,对吧?
　　女的在干什么?

8. 女:刘志,你穿这件衣服真精神,好像一下子年轻了许多。
　　男:精神什么呀?我自己觉得跟中学生似的。今天起晚了,随便拿了一件衣服就穿上了。
　　他们在讨论什么问题?

9. 女:陈明,"聪明的脑袋不长毛"是什么意思?
　　男:这个呀,你算问对人了。就像我,这么聪明,每天都用脑子,每天都有操不完的心,到四十岁的时候,我的头发肯定就没有了,这就是"聪明的脑袋不长毛"。
　　关于男的,可以肯定的是什么?

10. 男:这张照片怎么这么模糊,看起来跟什么似的。
　　女:你可别乱说。这是老王的纪念品,是三十年前他的女朋友给他照的。
　　男的觉得照片怎么样?

11. 男:李燕,我想请几个美国朋友去茶馆喝茶,你帮我推荐一个,怎么样?
　　女:你知道东海图片社吗?
　　男:就是十字路口东边的那个图片社吗?
　　女:对。东海图片社南边有好几个茶馆,都不错,其中最好的一家叫"清泉",只是稍微贵一点。
　　他们没有谈到茶馆的什么?

12. 女:咱们家晓东,人长得挺帅的,银行的存款也不少,你说他怎么就找不着女朋友呢?
　　男:不该你操心的事你就别操心。是他要找女朋友,你急什么呀?等着吧。

女:等,等,他都三十好几了,**究竟**要等到什么时候呀?

这两个人是谁?

第二题:三个人在讲自己遇到的问题,听后说出你觉得谁的困难最大。

1. 同时爱上了两个人,我太痛苦了!先说小云,绝对是一个漂亮美眉,嘴巴又甜,每天都很开心,但是我觉得她不太**成熟**。小燕呢,不那么漂亮,但是思想深刻,考虑问题很全面,将来绝对是一个好妻子。我知道我只能爱一个,可是爱谁呢?

2. 想不到旅行也这么难!九寨沟风景秀丽,尤其是那儿的水,真的是太棒了!看完电影《英雄》,我就更想去九寨沟了。青岛和烟台也很不错,青岛啤酒号称中国第一,烟台的葡萄酒也是大大有名,对我这个**酒鬼**来说,青岛和烟台绝对是好地方。可是我只有一个星期时间,**究竟**应该去哪儿呢?

3. 找工作真是麻烦!我**咨询**了好多人,可还是拿不定主意。跟北京相比,上海气候好,房子便宜,交通**状况**好,特别是上海的商业环境也比北京成熟。但我家在北京,爸爸妈妈希望我留在他们身边,我的朋友们也大都在北京工作。唉,我该怎么办呢?

课文二

数码相机

(蔡正平原来买的照相机已经用了很多年,最近常常出问题,他想换一个新的,就去问喜欢摄影的同事潘虹。)

男(蔡):潘虹,跟你咨询点事儿!

女(潘):哎呀,老蔡,干吗这么客气呀!有什么事儿,尽管说。

男:最近我的照相机老出问题,要不就拒绝工作,要不就特别模糊,看起来跟鬼似的。上次洗出来的一张照片,我竟然长了两个脑袋,让人哭笑不得。你是咱们单位的摄影专家,你说我该怎么办？买新的还是修旧的？

女：毫无疑问，当然是买新的了。说实话，你那破相机，早该淘汰了。

男：我也倾向于买新的，关键是买多少钱的。商店里照相机那么多，从几百块到上万块，我真的不知道究竟该买哪种。我去看过一次，不到10分钟，头就大了。

女：（笑）你要是存款足够多，就买最贵的。我说老蔡，你真够神奇的，脑袋一会儿变大，一会儿变俩。

男：又拿我开心，是吗？就我那照相技术，别说没钱买那么高级的相机，就是能买，我也不会用。

女：那就要看你想用新照相机干什么了！

男：嗨，就是照几张生活照。我不像你那么专业，只是出去旅行或者开会时照个纪念照。

女：那我推荐你买一部数码相机。

男：我听说数码相机的技术还不是很成熟，而且数码照片只能在电脑上看，太麻烦了。

女：几年前是那样。现在，数码相机已经完全进入家庭了，很多图片社都有数码照片服务业务，比普通的胶卷照片稍微贵一点点。这样吧，你先去商店拿些宣传材料回来，我帮你再参谋参谋。

男：多谢多谢！看来还是那句话对，不是我不明白，这世界变化快。

女：（笑）你有两个大脑袋，想明白也容易。

练 习

第二题：听第二遍后，回答问题。
1. 男的为什么要找潘虹？
2. 关于男的的照相机，下面那句话正确？
3. 哪件事对男的来说最重要？
4. 在买数码相机问题上，男的担心什么？
5. 男的最后做了什么决定？
6. 根据对话，可以知道什么？

第三题：跟读下列句子。
1. 跟你咨询点事儿。
2. 有什么事儿，尽管说。
3. 要不就拒绝工作，要不就特别模糊。
4. 好看什么呀，跟鬼似的。
5. 说起来让人哭笑不得。
6. 毫无疑问，早该淘汰了。
7. 不到10分钟，头就大了。
8. 又拿我开心，是吗？
9. 不是我不明白，这世界变化快。

课文三

猪狗不如

（女）人的一生中，有几个时刻特别重要，比如考大学、找工作、结婚等。在这样的时刻，我们都面临着选择，何去何从成了最伤脑筋的问题。考大学时要选择学校和专业，找工作时要选择城市和单位，结婚时要考虑的事情就更多了。

大学四年级开始的时候，我们这些即将毕业的学生就遇到了何去何从的问题:是参加工作,还是考研究生,还是出国留学?我不想出国,只能选择工作或者考研。面对这两个选择,我犹豫不决,不知道怎么办好。一方面我想尽快工作,挣钱养活自己,减轻父母的经济负担;另一方面,我又想留在学校,继续学习。我问我的父母,可他们觉得这是我个人的事情,我说了算。我最后想,大学四年学到的知识非常有限,如果马上工作,对以后的发展是很不利的。就这样我决定考研。当时在校园里流行这样的说法:出国的人是狗,因为他们要低三下四地求人写推荐信;找工作的人是猪,因为他们事情少,可以整天睡觉;而考研的人则猪狗不如,因为每天忙得除了学习什么都顾不上,一副灰头土脸的样子。所以当我开始准备考研的时候,我也就成了"猪狗不如"的人。

"猪狗不如"的生活究竟是什么样的呢?为了在图书馆找到一个自己喜欢或已经习惯了的座位,每天早上不到六点就得起床。除了吃饭、上厕所,其他的时间都在看书、做练习题。晚上11点图书馆关门,回到宿舍的时候,已经累得一句话都说不出来了。

印象最深的是那年的元旦。学校举行了庆祝晚会,大家聚集在图书馆前的草地上唱歌跳舞。图书馆里只剩下几十个准备考研的人,因为马上就要考试了,所以谁都不敢放松。窗外的笑声持续不断,我们却只能把脑袋埋在书堆里,更加认真地学习。

现在,研究生的第一个学期马上就要过去了,可是我怎么也忘不了那一段"猪狗不如"的生活。它使我明白了一个非常简单却非常重要的道理:只有付出努力才会收获成功。

第五单元

 练 习

第一题：听一到两遍，回答问题。
1. 她没有提到什么时刻？
2. 哪一个不是即将毕业的学生面临的选择？
3. 说话人的父母是什么态度？
4. 根据说话人的介绍，考研的人怎么样？
5. 课文题目"猪狗不如"是什么意思？

 专项练习

第一题：听录音"选择与决心"，学习下列表达法的意义。

选择与决心

有人说，生活的痛苦其实就是选择的痛苦。这话虽然有点绝对，但并不是完全没有道理。不少人都有过这样的经历：把菜谱看了一遍又一遍，不知道想吃什么；在房间里走来走去，不明白晚上要去哪里；在路口东张西望，不清楚该左拐还是右拐。而如果我们面对的是人生大事，比如结婚、找工作等，左右为难、举棋不定的情况就更常见了。是啊，鱼我所欲也，熊掌亦我所欲也。

这种情况下，我们常常希望：如果两件事情能同时做就好了！但不幸的是，我们必须做出选择，要么选择鱼，要么选择熊掌，而不能二者得兼。事实上，二者得兼也未必会有什么好结果。正像大家都知道的那样，"脚踩两只船"的结果毫无疑问是掉进水里。因此，面对选择时，我们问的问题往往是：我究竟想要什么？你到底同意不同意？

有的时候，我们可以把问题留给时间：车到山前必有路嘛，何必急着做出决定呢？不过，这只是"有的时候"。另一些时候，无论如何犹豫不决，我们都必须马上下最后的决心。这个时候，你听到的可能是这样一些句子："我把牙一咬，心一横，不干了！""不就是5000块钱吗？买就买，管它

呢！""管不了那么多了，先坐上飞机再说。"

说来奇怪，不管做决定的时候是如何艰难，一旦决定了，你的心情一下子就变得轻松了，甚至会情不自禁地笑起来。

第二题：听四段录音，写出节目和主持人的名字。

1. 亲爱的出租司机朋友大家好，我是李洋，欢迎收听"的士空间"节目。今天呢是星期日了，在周日时光出车的时候，请出租司机朋友一定要多多留意行车安全。

2. 你好，我亲爱的听众朋友，你正在收听的是来自调频103.9兆赫的直播节目"午夜里的收音机"，我是你的朋友，刘思嘉。

3. 听众朋友晚上好！我是主持人田龙，很高兴您能在每个深夜守候在收音机旁，和我一同走进中央人民广播电台文艺调频的晚间音乐节目"经典非流行"。

4. 好了听众朋友，时间很快就要过去了，今天的节目就要跟您说再见了。感谢您收听由小雪为您主持的"情牵女人心"节目。听众朋友，明天的同一时间我们再会。

第六单元　余音绕梁

课文一

思　想　手

（方明在一家建筑设计公司工作，这天下班后，他碰到了朋友刘小瑛，两个人边走边聊。）

女：哎，方明，昨天晚上的连续剧你看了吗？

男：没看。你还不知道吧，我两个星期前接了一个项目，正忙着设计南山大厦，四个星期后一定要完成。现在正忙得团团转，哪里有时间看电视剧呀！

女：我怎么不知道？正是因为知道才问你呢。

男：怎么，看电视剧还能帮助我完成设计吗？

女：也说不定。这部电视剧的主角是一位建筑设计师，跟你是同行，很亲切吧？

男：有点意思了。这个建筑师怎么了？

女：两个字，潇洒。这位建筑师叫王鹏，他有一只思想手，神奇无比。

男：等等，等等，什么？思想手？你的意思是他的手能思考？这也太不可思议了！

女：没错儿。他的手不但能思考，而且和大脑井水不犯河水，从来也没有发生过冲突。所以，王鹏的手脑

分工明确,思想手用来工作,大脑则专管娱乐。怎么样,羡慕了吧?

男:对呀,人家的手能思想,我的手只会吃饭。

女:还有呢,这部电视剧的情节也非常曲折。这个王鹏有两个女朋友,一个是外星人,一个是外国人。外星人很有个性,但是不懂地球上的规矩;外国人爱唱流行歌曲,但是常常跑调。她们两个在一起,特别搞笑,把我的肚子都笑疼了。

男:真的,那我得看看。跟外星人谈恋爱,感觉一定很奇妙。唉,我怎么就没有遇上过这样的好事呢。我第一个女朋友说我个子太矮,第二个女朋友说我眼睛太小,第三个女朋友说我不会踢足球,不像个男人。

女:别着急,什么时候你的手会思想了,一定也会有外星人外国人追求你的。

 练 习

第二题:听第二遍,回答问题。
  1. 方明最近怎么样?
  2. 关于王鹏,哪句话不对?
  3. 他们谈到的电视连续剧有什么特点?
  4. 关于方明,可以知道什么?

第三题:跟读下列句子。
  1. 正是因为知道才问你呢。
  2. 他有一只思想手,神奇无比。
  3. 这也太不可思议了!
  4. 怎么样,羡慕了吧?
  5. 她们俩特别搞笑,把我的肚子都笑疼了。
  6. 人家的手能思想,我的手只会吃饭。
  7. 他说我不会踢足球,不像个男人。

8. 这部电视剧的情节非常曲折。
9. 他的手不但能思考,而且和大脑井水不犯河水。

第四题:听后记住问题,然后和同桌做问答练习。
1. 你喜欢**思考**哲学问题吗?
2. 你经常看什么**娱乐**节目?
3. 你唱**流行歌曲**时**跑调**吗?
4. 男尊女卑是社会**分工**的结果,你同意吗?
5. 电视剧的**情节**是不是越**曲折**越好?
6. 有**个性**的人容易和别人发生**冲突**,是吗?

语言练习

第一题:听录音,选择正确答案。
1. 演员们做梦都想**一炮走红**,但真正能这么**幸运**的却不是很多。
   这句话的主要意思是什么?
2. (女)时间长了,原来**清晰**的印象也会**逐渐**变得模糊起来。
   说话人的意思是什么?
3. **舞台**上的演员才是观众注意的中心,所有的**眼光**都看着他们。
   这句话主要讲什么问题?
4. 对作家来说,**激情**可能比生活更重要。**一旦**没有了激情,就很难写出好的作品。
   这句话主要讲什么问题?
5. **荣誉意味着**过去,没有人会永远记着你。所以,在荣誉**面前**,一定不能自我陶醉。
   说话人想让我们明白什么?
6. 每个人都有自己的**个性**和做事情的**风格**,不能用一个**固定**的**类型**去要求所有的人。
   说话人的意思是什么?
7. 男:这些**流行歌曲**的**歌词**为什么这么难理解?听起来好像不是口语。
   女:有的作者写歌词时,喜欢用一些古代汉语的词句,可能是因为它们表达能力更强吧。
他们在讨论什么问题？

8. 女：今天的考试怎么样？
   男：我特别紧张，脑子里晕晕乎乎的，一片**空白**，肯定考得不好。
   男的怎么了？

9. 男：听说你去看周杰伦的**演唱**会了，怎么样？
   女：简直是棒极了！他的**演唱**很有**激情**，舞也跳得很**潇洒**，观众情绪很高，不少人都情不自禁地跟着唱了起来。
   "棒极了"在这里大概是什么意思？

10. 女：波导公司的手机销售量突破了1000万台，真是太**不可思议**了！
    男：是啊，别的公司都很眼红。
    "别的公司都很眼红"是说别的公司都很：

11. 男：这部**连续剧**为什么那么受欢迎？我觉得**情节**很一般嘛。
    女：现在年轻人的**眼光**，跟过去不同了。对他们来说，情节是不是**曲折**并不重要，关键是男主角是不是有**个性**，他长得够不够帅，说话是不是幽默。
    看连续剧时，过去的人最重视什么？

12. 女：张老师，这个班的学生怎么样？
    男：很不错。他们很**潇洒**，常常不来上课；他们也很有**追求**，每个人都有好几个女朋友；他们还喜欢**思考**，常常说我讲得不对。
    你觉得张老师喜欢这个班的学生吗？

第二题：下面是10种商品的广告词，听后说出你觉得哪一个最成功。

1. 今年二十，明年十八。
2. 更多欢乐，更多选择，就在麦当劳。
3. 非常可乐，中国人自己的可乐。
4. 车到山前必有路，有路必有丰田车。
5. 人类失去联想，世界将会怎样。
6. 我选择，我喜欢。
7. 喝汇源果汁，走健康之路。

8. 农夫山泉,有点甜。
9. 热爱生活,冷静选择。
10. 鄂尔多斯,温暖全世界。

课文二

像鱼一样

(下面你听到的是电台记者对一位女歌手的采访录音中的一段,其中讲到的"黄河源头"是这位歌手演唱过的一首歌曲。)

男:后来你考上了大学,对吧?

女:对,我考上了四川音乐学院。不过,那时候我还是学生。真正作为演员演唱是在重庆,我工作之后,参加了重庆的一个艺术节。

男:你是说大学毕业以后?

女:对。那是我第一次正式走上舞台,重庆的一个舞台,嗯,我获得了冠军。那个时候,站在舞台上的感觉,就像我小时候想像的那样,所有的眼光都看着我,我在台上可以尽情地唱我最喜欢的歌。当然,很紧张很紧张,一次又一次的紧张。我总是鼓励自己:站上去就站上去了,下来就下来了,没什么好紧张的。其实呢,还是紧张。到今天为止,每一次上舞台之前,我都会很紧张。可是音乐一响起来,从我踏上舞台的第一步开始,我就觉得我像一条鱼一样在舞台上游起来了。

男:对,听众在下面,总觉得演员非常轻松,其实他们不知道,在背后,演员也有很害怕的一面。

女:对,只是不敢显露出来。有时候一

紧张,脑子发白了以后呀,什么感觉都没有了,空白了,歌词全忘了。后来,演出机会多了,就变得成熟了一些,紧张呢,也会逐渐地减弱。另外,紧张有时候会变成一种激情。我觉得这个紧张不都是坏事情。

男:你可以说是一炮走红,尤其是这首"黄河源头",给你带来了不少荣誉。

女:是,我算是比较幸运。不过,我觉得有点遗憾,好多朋友也跟我说过,这歌太好听了,但是他们唱不了,就是说离大家远了一些。音乐远了一些,我人也相对就远了一些。那今天呢,我更希望能够清晰地站到大家面前,不管是我的音乐,我的歌,还是我这个人。

男:说得非常好,那这是不是意味着你要改变风格了?

女:也不完全是。有风格是好事,不过,风格一旦固定,就很难突破。我想现在我还不能说有自己的风格,所以,我想多尝试一下不同类型的歌曲。

练 习

第一题:连续听两遍课文,然后回答问题。
  1. 女的是什么时候正式成为演员的?
  2. 关于重庆的艺术节,对话告诉我们什么?
  3. 女的第一次正式走上舞台时,情况怎么样?
  4. 女的说自己"其实呢,还是紧张",她现在什么时候紧张?
  5. 总的来看,女的对紧张的看法是什么?
  6. 女的说她觉得有点遗憾,她遗憾什么?
  7. 女的准备做什么?

第二题:跟读下列句子。
  1. 真正作为演员演唱是在重庆。
  2. 我可以尽情地唱我最喜欢的歌。

3. 站上去就站上去了，没什么好紧张的。
4. 我觉得我像一条鱼一样在舞台上游起来了。
5. 脑子发白了以后呀，什么感觉都没有了。
6. 我觉得这个紧张不都是坏事情。
7. 尤其是这首歌给你带来了不少荣誉。
8. 音乐远了一些，我人也相对就远了一些。
9. 风格一旦固定，就很难突破。
10. 我想多尝试一下不同类型的歌曲。

第三题：谈谈你对下列观点或现象的看法。
1. 所有的眼光都看着我，我在舞台上可以尽情地唱我最喜欢的歌。
2. （演员也很紧张），只是不敢显露出来。
3. 紧张有时会变成一种激情，我觉得这个紧张不都是坏事情。
4. 有风格是好事，不过，风格一旦固定，就很难突破。
5. 我想多尝试一下不同类型的歌曲。

课文三

明星整容

有钱的人大都希望自己有更多的钱，明星们也是如此，总是想让自己变得更漂亮，以便得到更多的注意，被更多的人喜欢。从皮肤到牙齿，从脸蛋到四肢，明星们要使自己身上的每一个部位看起来都无可挑剔。为了达到这个目的，他们今天去医院隆胸，明天去美容院垫高鼻子，后天又让医生拿掉两根肋骨。一句话，他们的身体每天都很忙。

虽然明星整容已经算不上是什么新闻，但韩剧在中国的流行，却使明星整容成为人们越来越关注的话题。韩剧里的女演员几乎个个都完美无缺、漂亮无比，让我们这些普通人恨不得找个地缝钻进去。但这些明星们并不是天生如此完美，据说90%以上的韩国女演员都曾经做过整容手术，很多人还不止一次。在互联网上，我们可以看到她们手术前后的照片，手术前长相一般的丑小鸭手术后变成了完美无缺的白天鹅。这种情况让许多人激动无比，他们也幻想着自己整容后有同样的效果。有一些人甚至专门拿着明星的照片去整容医院，希望被克隆成自己的偶像的样子。

不过，对于整容，不同的人有不同的看法。

有的人认为爱美是人类的天性，所以不管是用什么方式，让自己美丽的想法都无可厚非。而且，毫无疑问的是，我们的社会非常看重一个人的外貌。比如说，在找工作的时候，长得漂亮的人肯定比长相普通的人有优势，起码，留给别人的第一印象会更好。古希腊著名的哲学家亚里士多德早就说过："美是比任何介绍信都更有力的推荐信。"因此，明星要整容，也不应该有什么问题。明星的工作就是娱乐大众，他们通过技术手段使自己变得更美丽，不正是敬业的体现吗？

但是也有人认为身体是父母给的，生下来是什么模样就是什么模样，不应该随便改变，否则就是对父母不尊重。中国有句古话说的就是这样的意思："身体发肤，受之父母，不敢毁伤。"你整了容，变漂亮了，但这时候的你已经不是原来的你了，漂亮还有什么意义呢？至于明星，最应该做的，是给大众带来更好的艺术作品，所以演戏的应该把戏演得更好，唱歌的应该把歌唱得更好，这才是真正的敬业。因此明星不应该把太多的精力花在整容上。

你呢，你是怎么看待明星整容的？

第六单元

 专项练习

第一题：听后理解报道的主要内容和划线词语的意思。

男：马老师，能不能麻烦您给我讲一下这篇文章，我查了好长时间词典，还是不太清楚。

女：嗯，这篇文章讲的是时装问题。"经过5年的发展，本届时装周备受国际瞩目"，这是一个时装展览会，时间是一星期，所以叫"时装周"。"备受国际瞩目"是说在国际上很受重视，引起了很多人的注意。"瞩目"可以简单地理解成"看"。

男：下边这一句话，从"300多家媒体"到"什么什么人物参加"，太长了。

女：你说的对。这个句子的前半部分，"300多家媒体，500多名记者进行了采访，其中包括法新社、美联社、路透社、塔斯社、共同社等国际著名的五大通讯社在内的多家国外媒体"是说"采访时装周的媒体和记者很多，包括国际著名的媒体"；后半部分"吸引了法国高级时装协会主席、意大利普拉多商会主席、日本时装协会主席、韩国时装协会会长等多国时装届腕级人物参加"是说"很多重要的人物参加了时装周"。

男：马老师，那"腕级人物"是什么样的人呢？

女：最近几年，流行一个词叫"大腕儿"。"腕"是手腕儿，手腕儿大、手腕儿粗当然表示有力气。"大腕儿"是说"有名气、影响大的人"，所以，"腕级人物"就是"大腕儿一级的人物、大腕儿一类的人物"这个意思。

男：下边一句话我大概能明白，但有三个词不清楚："展会、原创、推介平台"。这个"展会"是"展览会"的意思吗？

女：对，"展会"是"展览会、展示会"的意思，在这篇文章里说的就是时装周，时装周的全名是"时装展示周"或"时装展示会"。"原创设计"是说根据自己的思想和想像进行的设计，不是模仿学习别人。"推介平台"中的"推介"就是"推广介绍"，"平台"是一个电脑术语，在这里意思和"舞台"差不多。

男：马老师，这些词为什么词典里没有？

女：你说的这些词有的是新词，有的是简称，词典一般都比较慢，当然不容易找到了。不过现在也出了不少"新词新语"词典，你可以去买一本。

第二题：听四段录音，回答下列问题（写出汉语拼音）。

1. 我记得是在这个1994年5月份啊，我这个患了这个副鼻窦炎，当时这个病呀挺重，我就住进了沈阳空军医院。

2. 岁月有情，人生有痕。您总惦记着失散多年的那位亲人，那位朋友，您一直想知道现在他过得好吗。敬请拨打桑榆情热线010-8609-2245。我们将和您一起寻找您失散多年的亲人和朋友。

3. 文艺大点播，互动你和我。听众朋友，周五好，大朋和小莉又来到了北京文艺广播FM876的直播间中，为您送出今天中午一个小时的文艺大点播。

4. 听众朋友，我们努力所做的一切，都是为了你我共同在智慧点击栏目当中点击智慧，一起进步，一起提高。那好，今天呢我们就来谈一谈幸福生活这个话题。

第七单元　闻鸡起舞

课文一

不　踢　了！

（大学生赵月来找自己的男朋友邢豪才,邢不在,赵月就和他的同屋马志坚聊了起来。）

女：马志坚,你好！邢豪才呢？

男：他马上就回来,你等一会儿吧。喝水吗？

女：不用了。哎,这张照片上的人是你吗？我怎么从来没见过你踢足球呢？

男：对,是我。高中时,我是学校足球队的队长,多少也算是个明星吧。

女：是吗？肯定有不少人特别崇拜你吧？

男：那还用说？ 那时候,总有女孩子偷偷儿地给我买饮料、巧克力什么的。

女：干吗要偷偷儿地呢？

男：人家害羞呗！你别忘了,我是从一个小县城来的。小地方的人,哪儿像大城市那么开放？唉,现在不行了。

女：对呀,现在怎么不踢了？

男：高三时,在一次训练中,我

的腿受伤了,两个多月才恢复。再后来就是准备高考,也没时间踢了。等上了大学,我满怀希望,想加入大学的足球队。可后来我发现教练水平太次,就放弃了。

女:没想到你还敢挑教练?

男:这有什么敢不敢的?起初我觉得他还不错,但后来发现我们的观念差别太大:我重视进攻,他强调防守;而且我也觉得他不会用人。所以我一咬牙,离开了足球队,从此再也不想踢球了。

女:不至于吧!当不成运动员,业余时间自己玩儿总没问题吧?

男:踢还是踢的,只是比以前少得多了。其实,最主要的原因是,我不想再受伤。花钱不说,还得耽误学习,不值得。所以呢,我现在只玩儿身体接触少的运动,像乒乓球、羽毛球、网球什么的。

女:原来如此!现在有不少人批评国家队队员身体素质差,一撞就倒。他们都是跟你学的吧?害怕受伤,所以根本就不敢撞?

男:(大笑)有可能,很有可能!没想到我这个足球队长的影响还真挺大,谢谢你提醒了我!

第二题:听第二遍,回答问题。

1. 赵月看到了一张什么样的照片?
2. 马志坚说"我是从一个小县城来的",他讲这个是想说明什么?
3. 关于马志坚的高中生活,哪句话不对?
4. 在马志坚看来,大学足球队的教练怎么样?
5. 马志坚现在玩什么运动?
6. 马志坚最后说"有可能,很有可能",他心里是怎么想的?

第三题：跟读下列句子。
1. 多少也算是个明星吧。
2. 肯定有不少人特别崇拜你吧？
3. 人家害羞呗！
4. 你别忘了，我是从一个小县城来的。
5. 没想到你还敢挑教练！
6. 这有什么敢不敢的！
7. 不至于吧？
8. 踢还是踢的，只是比以前少得多了。
9. 花钱不说，还得耽误学习，不值得。

第四题：听后记住问题，然后和同桌做问答练习。
1. **教练**和**队员**之间应该是一种什么关系？
2. 足球比赛时，**防守**和**进攻**哪个更重要？
3. 人的**观念**是从哪里来的？
4. 上高中时，你最**崇拜**的是什么人？
5. **害羞**的女孩其实更有激情，对吗？
6. 你的身体素质怎么样，是不是一**撞**就倒？

 语言练习

第一题：听录音，选择正确答案。
1. 我最喜欢看的是《娱乐**天地**》**杂**志，除了影视**界**的新闻以外，里边还有许多明星**采访**、连续剧故事情节介绍，以及精彩的摄影作品。
   说话人谈论的杂志叫什么名字？
2. (女)说实话，我的方法**独特**是独特，但是非常简单。我奶奶就是这样做的，我也**如此**。我们的方法就是：多走路，多睡觉。奶奶比较**长寿**，活到了90多岁，我也想活到90多岁。
   说话人谈论的主要是什么问题？
3. (男)我喜欢看足球的原因，是喜欢看队员们在**进攻**和**防守**之间表现出来的精神，**至于**比赛的结果，谁输谁赢，对我来说并不重要。

看足球时,他最重视什么?

4. 有人说,老年人**保持**身体健康的最重要的**秘诀**是**饮食合理**,情绪**稳定**。饮食合理比较容易做到,但情绪稳定对我来说太难了。
   说话人是什么人?

5. 我的**作息**时间其实没有什么规律,工作完成得早时很早就躺下,天一亮就起床;要不然就会开夜车搞到很晚,一**觉**睡到十一二点。
   "开夜车"最有可能是什么意思?

6. 提点意见作**参考**当然可以,但是我的意见是不是有用,我也没有**把握**。
   说话人的态度怎么样?

7. 父母在教育孩子方面最大的错误就是把自己的希望全部**寄托**在孩子身上。
   说话人是什么态度?

8. 有些人,你整天跟他们在一起,但感觉上好像并不认识;有些人,只是**偶尔**见过一面,却会成为好朋友。
   这段话的主要意思是什么?

9. 不知怎么搞的,最近常常**耽误**上课。先是踢球**受伤**,在医院躺了三天;接着是陪爸爸妈妈到附近几个**县城**去玩儿,昨天和今天是给一个公司当翻译。前前后后,大概有一个多星期没上课了!
   说话人的心情怎么样?

10. 女:小徐,你的精力为什么总是那么**充沛**?真让人羡慕!
    男:其实呢,我没有**与众不同**的方法,更没有什么**秘诀**。可能是我做事比较快吧,别人一个小时干完的事,我30分钟就忙完了。所以我从不感到紧张。
    小徐总是精力充沛,为什么?

11. 女:胡军的水平那么**次**,我看也就是**业余**水平,为什么让他当国家队的**教练**!
    男:**起初**我也不明白,后来听说**队员**们都很**崇拜**他,也许他真有什么**秘诀**。
    他们在讨论什么问题?

12. 男:跟男的在一起时,小王特别**活跃**。但是只要一有女孩儿,他就会特别**害羞**,脸红红的,一句话也说不出来!

女:至于吗?真不明白他怎么会这样,女孩儿又不是老虎,还能把他给吃了?

女的觉得小王怎么样?

第二题：两个女球迷在介绍自己最崇拜的球员、教练,听后说出你觉得谁的介绍更好。

1. (女)我最**崇拜**的足球明星是巴西队的罗纳尔多。他在1996年、1997年和2002年三次被评为世界足球先生。罗纳尔多在场上精力**充沛**,非常**活跃**,他的进球常常让人觉得不可思议,因此,大家都叫他"外星人"。1997年之后,他多次**受伤**,却令人惊奇地在2002年韩日世界杯上**恢复**到最佳状态,并打进了8个球,帮助巴西队夺得了冠军。罗纳尔多长得也很好玩儿,他脑袋光光的,像个大灯泡;两个大牙特别长,像兔子一样。罗纳尔多的妻子也非常漂亮,不过,说**实话**,我并不喜欢她。

2. (女)我最**崇拜**的教练是中国乒乓球队的总**教练**蔡振华。他30岁担任男子乒乓球队总教练,36岁担任国家队总教练。41岁时,他成了南开大学的体育兼职教授,在南大的历史上,这是**破天荒**第一次。他带领自己的队员先后多次取得过各种比赛的冠军。蔡振华工作的时候特别拼命,总是风风火火的。他也特别爱家,虽然不能常和家人在一起,但他的家庭**观念**一点不比别人差。他对妻子说过一句话:"50岁以后,我干不动了,就在家陪你。"

课文二

健康秘诀

女:李教授,您好。我是《健康天地》杂志社的记者,叫孙彦,昨天给您打过电话。

男:啊,小孙,欢迎欢迎。你来得真巧,我刚从外面回来。

女:李教授,您今年已经70多岁了,但仍然精力充沛,在学术界非常活跃，知道您的人没有不佩服的。我们主编派我来，是想请您谈谈自己保持健康的秘诀，这对一些老年读者会有很好的参考作用。

男：接受记者采访，对我并不新鲜；但谈论健康，却是破天荒头一回。怎么说呢？我确实是有自己的方法，不过，是不是秘诀就难说了；我的办法对老年读者有没有帮助我也毫无把握。因为说实话，我的方法太与众不同。

女：是吗？那我就更感兴趣了。方法越独特，就越能吸引读者。

男：一提到保持健康的方法，很多人就说要控制饮食，作息要有规律，要注意锻炼。

女：对呀，目前国际上最流行的健康长寿公式就是：健康长寿 = 情绪稳定 + 经常运动 + 合理饮食。

男：这么说，我的方法绝对流行不起来！我想吃什么就吃什么，想吃多少就吃多少；在作息时间上也是毫无规律，有时一晚上不睡，有时一觉睡到下午；除了偶尔散散步，我也不锻炼身体。

女：啊，这就是您的方法？真是不可思议！

男：我的话还没说完。不注意饮食与作息时间，不锻炼身体，这些只是表面现象。能让我保持健康的真正原因，首先是精神有寄托，其次是心情平静。

女：您是大学教授，有自己的追求，做到精神有寄托比较容易。您能不能给我们的普通读者提一些建议？

男：我想提醒老年朋友们，每个人都有自己独特的身体条件和生活方式，一定要根据自己的情况选择方法。比如，冬泳很能锻炼身体，很多老年朋友很喜欢，但如果让我去冬泳，一定会被冻死，因为我不会游泳。

练 习

第三题：听录音，然后判断你自己的情况和录音内容是不是一致。
1. 我今年刚刚20岁，正是精力最充沛的时候。
2. 接受记者采访，对我并不新鲜。
3. 我学习汉语的方法与众不同。
4. 我想吃什么就吃什么，想吃多少就吃多少。
5. 我的作息时间毫无规律，有时一晚上不睡，有时一觉睡到下午。
6. 除了偶尔散散步，我从不锻炼身体。
7. 我的心情并不总是很平静。
8. 我精神特别有寄托，从来不会感到空虚。

课文三

瑜 伽

　　经常运动被不少人看成是保持身体健康的最重要的秘诀。运动的方式五花八门，有传统的，有现代的；有中国的，有外国的；有简单的，有复杂的。瑜伽就是比较独特的运动方式，它最早起源于印度，在许多国家都很流行。有些人觉得瑜伽是女人的运动，其实不然，瑜伽不仅适合女性，也同样适合男性。事实上，任何年龄和身体状况的人都可以练习瑜伽。在一些国家，从三四岁的孩子到头发花白的老人都是瑜伽的爱好者。
　　除了相对安静的环境以外，瑜伽对场地几乎没有什么要求，也不需要器械。只要你能找到一块两平方米左右的地方，就可以开始练习。有的人甚至说，在床上或者办公室的椅子上也可以完成瑜伽动作。场地要求简单，这是瑜伽跟其他健身方法的一个很大的不同。
　　那么练习瑜伽需要注意什么呢？下面就是练习瑜伽时应该

遵守的六条原则：

一、要穿纯棉服装，透气性要好。

二、练习前后一个小时，不要吃太多食物，尤其是主食。

三、动作一定要缓慢，否则会对身体造成伤害。

四、一定要注意动作的平衡和协调。比如，做一个向前的动作就一定要再做一个向后的动作；在做完强度较大的姿势后，要注意放松休息，待身体完全放松以后再做下一个动作。

五、练习时，不能和别人攀比。每个人的身体条件都不一样，所以最好不要去想，"为什么这个动作我做不出来？"只要你每次都能达到或突破自己的极限，就是最佳效果。

六、练完后，不要马上洗澡。因为在练瑜伽时，不光靠口鼻呼吸，皮肤也参与了锻炼。如果马上洗澡，冷水或热水都会给皮肤造成强烈的刺激。练瑜伽时，身体不会出太多汗，反而会分泌出一些有益的物质，洗掉了是一种损失。

专项练习

第一题：学习下列词汇和句子，注意它们在课文"球迷"中的使用情况。

球　迷

一位小学老师对学生家长说："你也该管管你的儿子啦！他连90减45等于多少也算不出来！"父亲连忙问道："他是怎么回答的？"老师生气地说："他回答说等于下半场。"父亲一听，立刻把儿子叫过来，大声训斥说："你这个笨蛋，白看了那么多比赛！怎么就忘了还有加时赛呢？"

不用多说,大家也明白,这个故事讽刺的人叫做"球迷"。他们是一群快乐着别人的快乐、悲伤着别人的悲伤的人。在任何一场比赛中,都有他们活跃的身影。小型比赛是他们的周末,大型比赛是他们的春节。对队员来说,比赛随着裁判的哨声而结束,但球迷的节日却刚刚开始。2002年世界杯,巴西队第五次获得了冠军。一家报纸这样写道:"比赛结束了,巴西从东到西,从南到北,到处一片欢腾;不分男女老幼,人们尽情地又唱又跳,欢呼雀跃。海滩上,大街上,广场上,到处都是欢庆胜利的人群。巴西人说,庆祝活动至少要持续两三天,狂欢才刚刚开始。"

　　球迷们大都是酒鬼。如果一个球迷不会喝酒,会被人笑掉大牙。球迷的酒量和比赛的重要程度成正比,在预选赛上,他们只喝5瓶啤酒;如果球队出线进入了复赛,他们的酒量就会增加到10瓶;到了半决赛和决赛,这个数字就会达到20瓶。由于害怕球迷酒后闹事,2000年欧洲杯比赛时,组委会推出了一种酒精含量不到正常啤酒50%的"欢庆啤酒"。他们相信,喝了像水一样的啤酒,球迷们就会安静下来。这些天真的组委会委员们大概忘了,对于足球流氓来说,"醉翁之意不在酒",即使没有酒,他们照样会闹事。

　　球迷们的知识大都异常丰富,他们对相关问题的了解令人不可思议。如果你认识一个足球迷,他就会津津有味地告诉你,英国的贝克汉姆一生最幸福的事情,一是与维多利亚结婚,二是他有两个儿子,三是在2002年世界杯上担任英格兰队队长;贝克汉姆对家庭非常热爱,他把业余时间都用于陪伴他的家人。如果你碰到一个篮球迷,他就会饶有兴趣地对你讲,到2002年12月为止,NBA球衣卖得最好的三支球队是洛杉矶湖人队、纽约尼克斯队、波士顿凯尔特人队;球衣销量前三名的球星是保罗·皮尔斯,艾伦·艾弗森,科比·布莱恩特。

　　球迷们对比赛结果的影响也不容忽视。主场作战的球队,胜率大大高于客场作战。"在全场观众一浪高过一浪的助威声中、在全场观众狂热的呐喊加油声中"是形容主场观众常用的词句。教练们都非常重视和球迷搞好关系,如果哪位不知天高地厚的教练竟然敢得罪球迷,轻则在报纸上写信向球迷道歉,重则滚蛋走人。

　　因此,球迷们往往骄傲地说:我是球迷,我怕谁?

第二题：根据录音回答问题（写出汉语拼音）。

1. 黑龙江省牡丹江市的李文朋友，向我们讲述了一件记在他心里40年的往事。
2. 经过长达17个小时的飞行，国家队队员于北京时间昨天凌晨两点到达巴林首都麦纳麦。
3. 2004年亚洲杯预赛分组抽签仪式昨天在北京华彬大厦举行，仪式将由亚足联主席维拉潘主持。

第八单元 神秘莫测

课文一

白羊白羊！

（谈论人物时,我们常常说这个人"天生好强",那个人"天生温柔",这意味着性格是天生的。那么,还有什么是天生的呢?有人认为答案就在星座上。不信,请听医生王志强的故事。文章中,白羊座、水瓶座、双鱼座、巨蟹座是四个星座的名字。）

王志强是一家医院的年轻医生,医术高明。不过,王志强在事业上虽然一帆风顺,可是他的爱情之路却异常艰难。他先后谈过三次恋爱,每次均以失败结束。说来好笑,王志强的三次失败都和星座有关!

他的第一个女朋友方丽芸是他们医院的护士,一个苗条可爱的女孩子。王志强很喜欢她,她也很崇拜王志强。可是交往了三个月之后,方丽芸却提出分手。王志强感到纳闷儿,方丽芸解释说:"我知道你很爱我,对我也很好,可我们俩不合适,因为你的星座和我的星座不配。""星座?星座是什么?"对整天拿手术刀的方志强来说,"星座"这个词还是第一次听说,他不知道这个词和他们的爱情究竟有什么关系。方丽芸说:"星座是根据每个人的生日确定的。我的生日是3月1日,属

于双鱼座。所以我要找一个水瓶座的人,这样才能'如鱼得水'。而你是白羊座的,人家都说,鱼和羊,总在忙。我不想那么累,所以咱们还是分手吧。"王志强听了这些话,似懂非懂,他想不明白,星座怎么会如此神奇。但方丽芸却非常固执,王志强的初恋就这样结束了。

后来经朋友介绍,王志强认识了周洁。周洁性格温柔,工作也很好,在一家银行当部门经理。周围的人都觉得,他们俩是天生的一对。王志强自己也十分满意。没想到,一个月之后,有一天在茶馆喝茶的时候,周洁忽然说要分手!理由还是星座不相配!周洁说:"我是巨蟹座,你是白羊座。螃蟹是水里的动物,山羊是陆地的动物。山羊不会游泳,螃蟹不会走路。所以,我们不合适。"王医生的第二次恋爱也吹了。

有了两次失败的教训,王志强也开始关心起星座来。这次他决心找一个白羊座的女孩,他想同是一个星座,总该合适了吧。有一次乘地铁的时候,他认识了李倩。他们一起聊了一路,彼此的印象都很好。最巧的是,李倩也是白羊座。王志强心想,这下有希望了。当天晚上他给李倩写了一封情书。第二天就收到了回信,信里说:"白羊白羊,彼此好强;一起生活,没有希望!"

练 习

第一题:连续听两遍录音,选择正确答案。
 1. 关于王志强,哪句话不对?
 2. 关于方丽芸,文章告诉我们什么?
 3. 方丽芸想找一个什么样的人?
 4. 周洁为什么要和王志强分手?
 5. 李倩和王志强分手,是因为什么?
 6. 王志强三次恋爱都失败了,你认为原因是什么?

第八单元

第二题：跟读并理解下列短语。
1. 医术高明。
2. 一帆风顺。
3. 异常艰难。
4. 说来好笑。
5. 苗条可爱。
6. 如鱼得水。
7. 似懂非懂。
8. 如此神奇。
9. 天生的一对。
10. 失败的教训。
11. 彼此的印象。
12. 以失败结束。
13. 星座不相配。

第三题：记住录音中的问题，并和你的同桌做问答练习。
1. 你喜欢什么样的女孩？**固执**的，**温柔**的，还是**好强**的？
2. 什么时候对朋友说"祝你**一帆风顺**"？
3. **情书**写得好，恋爱就一定成功吗？
4. 白上衣**配**什么颜色的裤子最好看？
5. 你的爱情之路也像王志强那么**艰难**吗？
6. 两个**彼此**崇拜的人就是**天生**的一对吗？

 语言练习

第一题：听录音，选择正确答案
1. 通过**测试**，发现了不少问题，有关**部门**会根据测试结果对原来的设计进行修改和**完善**。
   哪句话不正确？
2. 性格**内向**的人往往非常**自信**，他们的问题在于，由于**天生**不爱跟人交往，别人就需要比较长的时间才能了解他们。

这句话讨论的主要是什么问题?

3. 我最害怕别人突然来敲我的门。因为我的房间里常常**乱七八糟**,找不到下脚的地方,朋友们觉得不好意思,我也很难为情。
   "很难为情"最有可能是什么意思?

4. 丈夫和妻子**吵架**了。妻子生气地说:"我真是个笨蛋,怎么跟你这样的人结婚呢?"丈夫回答说:"我也**承认**,你过去真的很笨。不过,我原来以为你会变聪明呢!"
   丈夫的意思是什么?

5. 汉语里有一句话叫"春困秋乏",意思是在春天和秋天,人们容易感到**疲倦**,总想睡觉。
   这句话的主要意思是什么?

6. 性格并不是固定不变的,**外向**的人也有不想说话的时候,**慷慨**的人也有不愿花钱的时候,**温柔**的人也有大发脾气的时候。
   一共提到了几种人?

7. 男:王琪,你跟我们一起去吧,坐地铁,很快的。
   女:算了,王琪有事,你就不要**勉强**她了。
   王琪会不会跟他们一起去?

8. 女:大卫,真没想到,你的汉语说得这么好。
   男:哪里,哪里,我只不过是学的时间长罢了。
   女:别**谦虚**了!人家不是说了嘛,**过分**谦虚就是骄傲。
   关于大卫,那句话不对?

9. 男:赵云这个人怎么这么多**牢骚**呀?
   女:牢骚多不是坏事,有牢骚不发或者不敢发那才麻烦呢!
   女的是什么意思?

10. 男:气死我了!
    女:你怎么这么爱生气!又怎么了?
    男:我好不容易跟朋友说好了,今天一起去爬山。可是,你看,**偏偏**又下起雨来了!
    男的正在干什么?

11. 男:老板,我这个月才迟到了5次,就被**扣**了500块钱,太**过分**了吧?
    女:才5次?我问你,一个月有几个5次?你以后要是再迟到,就不是500块钱的问题了。

老板的态度怎么样?

12. 女:王军,昨晚的连续剧你看了吗?
    男:没有。有意思吗?
    女:别提多有意思了!里边有一个**厨师**,正在追求一个女孩子。他每天给这个女孩儿做一只**螃蟹**,每次做的都不一样。
    男:这……有意思吗?
    女:你不知道,螃蟹的嘴里还有一封厨师写的**情书**呢!
    男:是吗,真够**浪漫**的!
    他们正在谈论什么问题?

第二题:下面是三个男人的自我介绍,听后回答问题。

1. (男)我最大的特点是脾气好,从不跟人**吵架**,大家都说我比女孩子还要**温柔**。你要是做我的女朋友,保证你每天都有好心情。我还特别会写**情书**,绝对是作家水平,具有不可思议的艺术感染力,保证你看了以后感动得掉眼泪。

2. (男)我这个人,特别**慷慨**。你要是做我的女朋友,你想要什么我就给你买什么,再**过分**的要求我也会答应。我还特别会跳舞,绝对是专业水平,大家都说我是**天生**的舞蹈演员。

3. (男)我精力充沛,从不感到**疲倦**;我**浪漫**无比,从不缺少激情。你要是做我的女朋友,每次下雨我都会带你到湖边散步,每次下雪我都会跟你一起堆雪人。我长得特别精神,绝对是一个帅哥,跟我走在一起,保证别人都羡慕你。

课文二

你怎么办?

人与人之间的差别,不仅表现在能力的高低上,还表现在性格的不同上。有的人内向,有的人外向;有的人慷慨,有的人节省;有的人喜欢安静,有的人爱好交往;有的人十分自信,有的人则过分谦虚。

在生活中，无论是从事一般工作还是追求浪漫爱情，良好的性格都是一个重要条件。为了养成良好的性格，为了不断完善自我，需要进行长期的努力，而前提是必须了解自己的性格特点，尤其是弱点。

自我控制能力是性格的一个重要组成部分。你的自控能力如何？你想了解自己的自控能力吗？来做下面的测试吧。你将听到8个问题，听后选出适合你自己的答案。

1. 你正要去上班，一个朋友忽然打来电话，让你帮助他解决烦恼，你怎么办？
2. 星期天你忙了一整天，把房间打扫得干干净净，可你的爱人一回家就问晚饭做好了没有，你怎么办？
3. 你的朋友想借你新买的笔记本电脑，你怎么办？
4. 你辛苦了一天，自我感觉良好，没想到你的老板却非常不满意，你怎么办？
5. 在餐厅里，你点的菜味道太咸，你怎么办？
6. 在电影院里是不能吸烟的，但你旁边的人偏偏吸烟，你觉得很讨厌，你怎么办？
7. 一位售货员很热情，为了让你买到满意的东西，耐心地给你介绍了所有的商品，但你都不满意，你怎么办？
8. 你的爱人说你最近胖了，你怎么办？

好，现在请看一看你自己的性格。如果你选择的主要是A，你的性格就是消极型；如果你选择的主要是B，你就是好战型；如果你选择的大多是C，你很会隐藏；最后，如果你的选择以D为主，你非常可爱。

课文三

八字和生肖

在现代中国社会,几乎每一个方面都能同时看到中国文化和西方文化的影响。在节日方面,有人既过春节、中秋节,也过圣诞节、情人节。在饮食方面,有人今天吃饺子、包子,明天吃汉堡、热狗。在恋爱婚姻方面,情况也是如此。像王志强的三个女朋友那样相信星座的人虽然很多,但也有不少人更加相信中国传统的"八字和生肖"。那么,"八字和生肖"是什么意思呢?

在古代,男女两人如果想结婚,除了双方的家庭要"门当户对",并且得到双方父母的同意之外,最最关键的一点就是要看他们的"八字"是否相配。"八字"是指一个人出生的时间,它包括年、月、日、时四个方面。"时"是指具体的时间,也就是几点钟。按照中国传统的历法,年、月、日、时都要用两个汉字来表示,这样一个人出生的时间就需要用八个字来表示,这就是八字。古人认为"八字"决定一个人的命运。因此说一个人命好的时候,也常常说他的"八字"很好。结婚是一生中头等重要的大事,所以结婚之前,一定要看男女双方的"八字"是否相配。八字相配的人结婚可以一生幸福如意,相反,如果"八字"不合的话,结婚之后会遇到各种灾难,所以不能结为夫妻。

生肖就是口语所说的"属相",生肖采用12种不同的动物来轮流纪年,这12种动物依次是:鼠、牛、虎、兔、龙、蛇、马、羊、猴、鸡、狗、猪。比如,2003年是羊年,那么在这一年里出生的人,他的属相就是羊。古人认为,生肖也会影响婚姻。有的属相

适合结为夫妻,比如属马的与属羊的,属鼠的与属牛的,属虎的与属猪的,属兔的与属狗的,属龙的与属鸡的,属蛇的与属猴的。属相相配的人结婚,会给家庭带来运气和财富。有的属相则不能结婚,否则,结婚之后,家里会发生不幸。比如说,属鸡的人不能配属猴的人,这叫"鸡猴不到头";属羊的人又不能配属鼠的人,这叫"羊鼠一旦休"。另外,还有"羊入虎口"、"龙虎争斗"、"一山不容二虎"的说法,也就是说属羊的与属虎的、属龙的与属虎的、两个都属虎的人不能结婚。

有人认为"八字相合"、"属相相合"的说法是不科学的,也有人认为这种说法很有道理,还有一些人则是"宁可信其有,不可信其无"。不管人们的态度如何,要想了解中国人对恋爱婚姻的看法,就必须明白什么是八字和生肖。

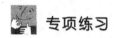 专项练习

第一题:学习下列两组词语,然后听文章"风水啊风水"。

风水啊风水

"1993年,我在青岛夺得了自己的第一个象棋全国冠军,当时我18岁。此前,我多次参加全国比赛,最好成绩是第三名。从那以后,10年来我真是一帆风顺,国内各种大赛的冠军我全都拿过。青岛可以说是我的风水宝地。"这是中国象棋高手许银川在接受采访时对记者说的一段话。青岛给他带来了好运,所以是他的风水宝地。

风水是两个非常简单的汉字,会说"你好、再见"的人,毫无疑问地也会写"风水"两个字。但"风水"这个概念却在中国流行了几千年,它对中国人的影响也是极其深远的。不信,你上网查一查"风水",找到的材料之多,保证能把你的眼睛看疼。像许银川那样感谢自己的风水宝地的人当然很多,事业不顺利、想通过改变风水来改变自己命运的人也不少,更多的人则是希望"风水轮流转,明年到我家"。

跟"八字、气功、针灸"等概念一样,"风水"的一个重要特点也是神秘莫测。那么,风水有没有科学道理呢?清华大学建筑系孙凤岐教授说,风水并不全是迷信。古代的风水说很讲究人与环境、建筑与环境的关系,风水可以说是古代的环境科学。他以北京的四合院为例说,"如果你注意观察就会发现,从四合院里出来的人大都面色红润,不像在楼里呆久了的人脸会发黄,这是因为四合院考虑了风水因素,有科学依据,住四合院的人每天至少有一半的时间能在户外活动,利于长寿"。

按照流行的说法,风水已经走向了世界,是一个国际性的概念了。在东南亚,许多寺庙的建造明显地受到了风水概念的影响,甚至一些宾馆和高层建筑也都是按照当地华侨风水大师的意见设计的。日本对风水非常重视,许多大学的建筑教授都在研究风水和星相。在美国,任何一家中文书店里都有风水方面的书籍,开设风水课程的大学也已经有几十所。据报道,2002年3月8日至10日,在德国科隆召开了第一届世界风水大会。报道说,近年来,用德文出版的风水书籍已经超过百种,风水理论在德国非常时髦。一位居住在科隆附近的德国人拜尔先生,就是一名风水顾问,从事风水研究已经18年,他说他的工作就是"替房子针灸"。报道还说,英国首相布莱尔的夫人,也是一位风水迷。

第二题:下面这篇文章是"最受人力资源部经理青睐的20家中国公司",选择你感兴趣的城市,写出属于这个城市的公司。

2002年底,《财富》杂志中文版对3000位中国公司人力资源部经理进行了调查,从300家在中国经营较为成功的大企业中,评选出了20家最受人力资源部经理青睐的公司,它们依次是:1.摩托罗拉(天津)有限公司,2.上海大众汽车有限公司,3.广州宝洁有限公司,4.上海通用汽车有限公司,5.青岛海尔股份有限公司,6.联想集团有限公司,7.上海贝尔有限公司,8.戴尔计算机(中国)有限公司,9.柯达(中国)股份有限公司,10.青岛啤酒股份有限公司,11.联合利华股份有限公司,12.中国惠普有限公司,13.爱立信(中国)有限公司,14.深圳华为信息技术有限公司,15.中国移动(香港)有限公司,16.西门子(中国)有限公司,17.西安杨森制药有限公司,18.安利(中国)有限公司,19.中国联通有限公司,20.广州本田汽车有限公司。

第九单元　梅妻鹤子

课文一

矛　盾

（林文冲和钱晓英是大学同学，这一天，两个人谈起了动物保护。）

男：钱晓英，你赞成动物保护吗？

女：你这是什么意思？我当然赞成了，难道你不赞成？

男：无条件地赞成？

女：对，无条件地赞成。我认识的人里边，没有人比我更喜欢小猫小狗了。

男：我知道。其实呢，我是想告诉你我看到的一个报道。中国人民大学有一位70多岁的教授，原来是研究古典文学的，叫芦荻。从1989年起，她开始收养北京地区被人遗弃的猫和狗，到现在为止已经收养了将近300条狗，200多只猫。

女：看起来，芦老师比我有爱心多了！

男：但是，芦老师现在遇到了很大的麻烦。一个是她收养弃猫弃狗都是自费，这些年来，她的钱几乎全花光了。二是她收养的猫狗中，有几十只跟她住在一起。这些猫狗的气味和噪音让她的邻居非常不满，很多人家的窗户一年到头都关

得紧紧的。这些邻居说,爱护动物没错儿,但更应该爱护人。

女:还有这事呀?我没有同时面对这么多猫狗的经历,不知道我那时会怎么想。

男:还有比芦老师的事情更可怕的呢!最近,在陕西省洋县发生了这样一件事:一头野生羚牛冲进一户农民家中,用头狠狠地向当时在家的两个农民顶去。两人受伤后大声喊叫,听到消息赶来的村民却不知道该怎么办。因为羚牛是国家一级保护动物,必须经过林业部门批准,才能采取措施。最后,等到林业部门说可以打死羚牛救人时,其中一个农民已经死去多时了,另一个也在送往医院的路上停止了呼吸。

女:我现在明白了,怪不得你要问我是不是无条件赞成动物保护呢!算你赢了。可这样一来,我们人类也太自私了吧?

男:人本来就很自私嘛!

练 习

第二题:听第二遍,选择正确答案。
1. 钱晓英说她"无条件地赞成动物保护",这是什么意思?
2. 关于芦荻老师,我们可以知道什么?
3. 芦荻老师的邻居为什么对她不满?
4. 在陕西省发生了什么事?
5. 关于羚牛,对话里讲到了什么?
6. 根据对话,哪一点是林文冲的看法?

第三题:跟读下列句子。
1. 没有人比我更喜欢小猫小狗了。
2. 芦老师比我有爱心多了!
3. 我当然赞成了,难道你不赞成?
4. 还有这事呀,我怎么不知道呢?
5. 还有比芦老师的事情更可怕的呢!

6. 怪不得呢！算你赢了。
7. 可这样一来,我们人类也太自私了吧?

第四题：谈谈你对下列观点或现象的看法。
1. 自费收养弃猫弃狗的人很有爱心。
2. 这些猫狗的气味和噪音让她的邻居非常不满,很多人家的窗户一年到头都关得紧紧的。
3. 爱护动物没错儿,但更应该爱护人。
4. 必须经过林业部门批准,才能对国家一级保护动物采取措施。
5. 人本来就很自私嘛!

 语言练习

第一题：听录音,选择正确答案。
1. 小梅最爱**叠**东西了,特别是小动物。一张平常的纸,在她手里,一会儿就能叠成各种各样的小动物,比如鱼、狗、鹤什么的。
   这句话的主要意思是什么?
2. 这个地方四周有山有水,环境不错。但也有麻烦,客人**来访**时,你必须到老远的地方去接。要不然,他们一定**迷路**。
   说话人对什么不满?
3. 我也承认,跟别的人相比,小芳在各方面都还有很大的**差距**。但这一个月来,她的变化也是很明显的。
   说话人觉得小芳怎么样?
4. 参加**选美**比赛的这些姑娘,**身材**一个比一个苗条,长得一个比一个漂亮,**笑容**一个比一个可爱,真不知道谁会**当选**。
   哪句话不对?
5. 银行张经理对一名工作人员说:"有人告诉我,说你偷了银行的钱。"工作人员回答说:"这有什么好奇怪的?**难道**您要我在您的银行里上班,却要到别的银行里去偷钱吗?我才不会那么傻呢!"
   工作人员偷钱了吗?
6. 一位记者采访总统以后,来到主编的办公室。主编问他:"总统说什么了吗？"记者**不满**地回答："他什么也没有说。"主编马上说："好极了，去写篇**报道**吧，注意不要太长，别超过3000字。"

没有提到什么人？

7. **神仙**是**神话传说**中的人物。神仙个个都会飞，想去哪儿就去哪儿；神仙也很潇洒，不用每天上班；神仙还很长寿，从来不会变老。因此，神仙成了人们羡慕的对象也就不奇怪了。

这段话介绍了神仙的几个特点？

8. 商场老板正在对一名售货员发火："你刚才对顾客说，他要的东西过几天才有。这太**不像话**了！我告诉过你无数次了，不能对顾客说没有，**难道**你就记不住吗？去，马上告诉那位顾客，他要的东西马上就到。嗯，他想买什么？"售货员回答："我不知道，他只是问我什么时候有雨。"

如果你是老板，听了售货员的回答，你会说什么？

9. 下面我讲一个**传说**故事。有一天，一个叫王质的人在山上碰见了几个儿童，他们一边下棋一边唱歌。王质觉得很有意思，就认真地看了起来。一盘棋下完后，儿童们走了。王质也站起身，下山回家。等他到家以后才发现，已经过去了几十年，村里几乎没有人认识他了。他这时才明白，自己在山里碰到的不是一般的儿童，而是**神仙**。

根据这个传说，神仙有什么特点？

10. 男：你房间的**气味**怎么这么奇怪？

女：嗨，别提了！前几天我的一个朋友来出差，说先把她的一个包放我这儿。气味就是从这个包里出来的，我也不知道里边装的是什么。**反正**就这几天，我忍一忍吧，过两天她就拿走了。要是我自己的，早扔了。

男：**怪不得**呢！

根据对话，可以知道什么？

11. 男：《三国演义》是中国四大**古典**小说之一，主要描写三国时期的战争生活。人们常说，人生是一场战争。所以，很多人喜欢看这本书，希望能从中学到一些经验。

女：**怪不得**我们公司的老板老让我们看《三国演义》呢！

这两个人在谈论什么？

第二题：听三个人讲他们最喜爱的成语，从中选出你最喜爱的一个。

1. （女1）我最**喜爱**的**成语**是"山青水秀"，因为这个成语让我想起我的家乡。我的家乡有山有水，山上到处都是**松树**、**梅花**，**野生**动物也很多；水里则是各种各样的小鱼，如果够幸运，说不定你还能在那儿看到**螃蟹**呢。

2. （女2）我最喜爱的成语是"初生牛犊不怕虎"，刚生下来的小牛不害怕老虎。人们使用这个成语，表示年轻人非常勇敢，天不怕，地不怕。作为一个大学生，我常常提醒自己，要做一个勇敢的人，我相信勇敢能为年轻人带来一切！

3. （男）我最喜爱的成语是"知足常乐"，知道满足，就会永远快乐。我觉得现代社会的人想追求的东西太多了，他们忘了，幸福其实就像古代的**神话传说**一样。你相信传说，它就是真的；你觉得你幸福，你就真的很幸福。

课文二

鹤

（男声）我最喜欢的动物是鹤。鹤生活在水边，吃小鱼和虫子。鹤最明显的特点是腿长，脖子细，非常苗条。我曾经听到一个姑娘对朋友说："我的身材要是能像鹤一样就好了！"连女孩子都羡慕鹤，可见鹤的身材确实好。有一个成语，叫"鹤立鸡群"，意思是一群鸡当中站着一只鹤；鸡当然不算难看，可是跟鹤一比，差距就显示出来了。我常常想，动物界要是也有选美比赛，鹤毫无疑问会当选。在古代，鹤跟松树一样，都是长寿的象征。在中国画当中，松鹤常常一起出现。

鹤还有一个特点，聪明。中国的神话传说里边，神仙很多都是骑鹤。神仙的眼光当然很高，鹤能够被那么多神仙看中，肯定不笨。我说鹤聪明，还可以从另一件事上得到证明。宋朝有一个读书人,叫林逋,大家都说他"梅妻鹤子",因为他一生没有结婚,喜爱种梅花、养鹤。林逋住的地方在杭州西湖边上,风景十分优美。林逋呢,就经常在附近散步,跟朋友聊天儿,有时一晚上都不回家。如果这个时候刚好有客人来访,他的仆人就把鹤放出来,让它们去找林逋。不管林逋在什么地方,鹤总能把他找到,然后跟他一起回来。鹤能做到这一点,你能不说它聪明吗?不知道别的人怎么样,反正在这一点上,我是绝对比不上鹤。我的方向感极差,小的时候妈妈让我出去找我弟弟,每次的结果都是一样,弟弟没找到,我自己则迷了路。有一次,我要去出差,女朋友来送我。她说:"这是我叠的两个纸鹤,带上吧,迷路的时候有用。"这句话的意思太明显了,表面上是在关心我,实际上是讽刺我老迷路。我想发火,但忍住了,有什么办法呢,谁让我自己不争气,记不住路呢?说来也怪,那次出差,我真的没有迷路。这在以前是没有过的。也许真的是纸鹤帮了我的忙?谁知道呢?不过,从此以后,不管到哪儿,我的口袋里总是装着一个纸鹤。

练 习

第三题:听录音,记住录音中问的问题。然后和你的同桌做问答练习。

1. 怎样才能有一个苗条的**身材**?
2. 你喜欢读**神话传说**故事吗?
3. 你喜欢**叠**东西吗?叠得最好的是什么?
4. 你的方向感如何,是不是经常**迷路**?
5. 你觉得自己在听力方面还有哪些**差距**?
6. 在你们国家的文化中,什么**象征**着长寿?

课文三

岁寒三友

每个民族都有自己最喜欢的植物,中国人最喜欢的是松树、竹子和梅花。它们都具有不怕寒冷的风格,被中国人称为"岁寒三友"。随便翻开一本中国画册,你都能发现它们的影子。

松树耐寒而且四季常青,这本来是松树的自然属性,但是中国人把它理解为一种坚强不屈的精神。另外,松树还是长寿的象征。传说古代有一对夫妇,特别长寿,一直活到几百岁。他们死后变成了两只仙鹤,每天绕着松树飞,这就是松鹤延年,松鹤象征长寿的来历。

竹子,是高雅的象征。中国人喜欢它秀丽的外形,更喜欢它高尚的品格。竹子中空,代表虚心,不骄傲;它生而有节,所以又象征着有气节,也就是在压力面前不屈服的精神。历史上有很多文人墨客都喜欢竹子,宋代的大文学家苏东坡就是如此。他曾经说过:"无肉使人瘦,无竹使人俗。宁可食无肉,不可居无竹。"苏东坡很喜欢吃肉,现在还有一道菜叫"东坡肉",可是他宁愿没有肉吃,也不愿没有竹子。苏东坡有一个表弟,叫文与可,是个画家。他在房子的周围种了很多竹子。一年四季,不管刮风下雨,他都坚持观察竹子的变化。因此,他对竹子的形状非常熟悉,画出来的竹子也特别生动,像真的一样。苏东坡称赞他道:"与可画竹时,胸中有成竹。"成语"胸有成竹"就这样流传开来,沿用至今。如果你想说一个朋友"做事之前考虑得非常全面,很有把握",就可以用这个成语。

梅花姿态秀丽、清香迷人。由于它在冬天开放,所以又叫冬梅。古人

把梅花的五个花瓣比喻为健康、长寿、富贵等人生五种幸福,所以有"梅开五福"的说法。梅花不仅是"岁寒三友"之一,它还与兰花、竹子、菊花并称为"梅兰竹菊四君子",由此可见人们对梅花的喜爱。在中国文学史上,有很多描写梅花的诗,其中特别有意思的是"一字师"这个故事。五代时有个叫齐己的人,写了一首《早梅》诗,其中有两句是"前村深雪里,昨夜数枝开"。另一个叫郑谷的人,把"数枝"改成了"一枝"。因为如果有好几枝梅花都开了,就不是早梅了。虽然郑谷只改了一个字,但是大家都说改得好,于是他就成了"一字师"。

 专项练习

第一题:听文章"树",理解下列跟树有关的表达法。

树

"沿着校园熟悉的小路,清晨来到树下读书。初升的太阳,照在脸上,也照在身旁这棵小树。"这是大部分中国学生都非常熟悉的一首歌,在树下读书也是校园里非常常见的情景。甚至可以说,没有在树下读过书的学生,肯定不是好学生。

确实,我们的生活和树的关系太密切了。比如,树木对中国园林艺术就至关重要。中国古代没有公园的概念,只有"花园"和"园林",花园的规模较小,树也少;园林规模大,树也多。"园林"中的"林"字就很能说明这一点,"独木不成林"嘛!另外,种树还是提高生活水平的重要手段。不管是在山区,还是在平原,你都可以听到"荒山变绿山,不愁吃和穿""栽树栽树,不愁不富"这样的说法。树多了,吃饭和穿衣就不用发愁,用今天的话说,就是解决了温饱问题,甚至还可以过上比较富有的小康生活。

但种树却不是件容易的事,"三分种,七分管",如果把树种上之后,就再也不去管它了,那只能是白费功夫。所以,人们说"十年树木""前人栽树,后人乘凉",种树的成绩要等到十年之后、甚至种树人死了以后才能看到，着急是不行的。不过，话又说回来，一旦拳头一样的小树长成了参天大树，它就可以活上几百年。

树长大了，也会遇到麻烦。常言道"树大招风"，树长得高大，容易受到风的吹刮；同样，有名的人也容易受到别人的议论和反对。树多了，也有问题。"林子大了，什么鸟都有"，而树林里到底有什么鸟，却不是树能决定的事。树林大了，也不容易看清楚。有经验的人常常提醒我们，不能"只见树木，不见森林"。不过，"不见森林"的错误好像也每天都在发生。

树分成树根、树干、树枝、树叶几部分。树根对树来说最为重要，所以说"根本"，这里"本"的意思也是"树根"。"根深才能叶茂"是说只有基础好，才可能成功。人们又注意到，"树高千丈，叶落归根"。在外地工作生活的人，都希望老年时能回到自己的家乡。是呀，有谁愿意做一个无根的人呢？

第二题：听后写出文章中所缺的数字。

中国藏羚羊主要分布于青海、西藏等地海拔3700~5500米的高山上。这些地区气温较低，许多地方年被雪覆盖期超过6个月。近几年来，盗猎藏羚羊的活动猖獗，主要是由于藏羚羊绒能带来高额利润。在中国境外，1公斤藏羚羊生绒价格可达1000~2000美元，而一条用300~400克藏羚羊绒织成的围巾价格可高达5000~30000美元。由于盗猎活动的严重干扰，藏羚羊原有的活动规律被打乱，数量急剧减少，已经很长时间没有人再见到过数量超过2000头的野生藏羚羊群。藏羚羊这个古老的物种的生存面临着巨大的危险。

第十单元 独在异乡

课文一

交 友

（下面第一段录音是一个女孩写给中央人民广播电台"情牵女人心"节目的一封信，第二段录音是一个人的谈话。）

（女）我是一个在大连打工的外地女孩，在一家图片社帮忙。在远离家乡、亲人和朋友的地方，收音机成了我最好的朋友，因此也知道了中央人民广播电台"情牵女人心"这样一个节目。我喜欢听那些动人的爱情故事，它们深深感动了我。这些故事，有的伤心，有的浪漫，让我从中看到了一个个悲喜人生。虽然，我还从未经历过爱情，但我从这些故事中学到了很多，它们让我认识到了爱情不全是花前月下，甜言蜜语。我是一个爱哭爱笑也爱幻想的女孩，性格在内向和外向之间。安静时，我会静静地坐在窗前，透过玻璃，看着窗外大马路上来来往往的车辆发呆。高兴时，我会放上一首好听的流行歌曲，随着优美的旋律轻轻哼唱。我平时爱好看书，听广播。想通过你们的节目认识一些与我有相同爱好的朋友，尤其是军人朋友。我的交友格言是，用我的真心换你的真心。

（男）我这个人吧，性格比较内向，平时不怎么爱说话。但是遇到谈得来的朋友时，我也能说很多，而且还比较幽默。可惜

的是,我的知心朋友不是很多。我现在一个人在外地读书,远离家乡,远离亲人,当然觉得有些孤独,特别是节假日的时候,就像王维诗里说的一样,"独在异乡为异客,每逢佳节倍思亲"。我这个人比较实际,喜欢认认真真地做事,不怎么爱幻想。我学习比较用功,成绩也不错,学生嘛,学习永远是第一位的。我在大学读的是古典文学专业,最喜欢的诗人是王维和李白。我喜欢户外运动,像爬山、跑步、骑自行车什么的;技巧性的运动,像乒乓球啦,网球啦,羽毛球啦,我也能对付几下。现在我还没有女朋友,我喜欢的是性格温柔、会体贴人、聪明能干的女孩子。

 练　习

第一题:连续听两遍以后,回答问题。
  1. 关于女孩,哪句话正确?
  2. 女孩说她从收音机里学到了什么?
  3. 哪一个不是女孩的特点?
  4. 女孩想找什么样的朋友?
  5. 男的有什么特点?
  6. 关于男的,哪种说法正确?

第二题:跟读下列句子。
  1. 让我从中看到了一个个悲喜人生。
  2. 在远离亲人的地方,收音机成了我最好的朋友。
  3. 爱情不全是花前月下,甜言蜜语。
  4. 看着窗外马路上来来往往的车辆发呆。
  5. 随着优美的旋律轻轻哼唱。
  6. 我的交友格言是,用我的真心换你的真心。
  7. 节假日的时候最容易感到孤独。
  8. 技巧性强的运动,我也能对付几下。
  9. 想找一个又能干又会体贴人的姑娘。

第三题：下面是10个句子,你认为它们分别属于Ａ Ｂ Ｃ哪种类型。

1. **技巧**性强的运动就是**户外**运动。
2. **从未**经历过爱情的人不懂**人生**。
3. 有**知心**朋友的人不会感到**孤独**。
4. 一个**能干**的男人一定知道**体贴**妻子。
5. **军人**精力充沛,但精神空虚。
6. 流行歌曲的**旋律**比歌词重要。
7. **孤独**的人经常会望着窗外**发呆**。
8. **随着**生活水平的提高,人们会越来越自私。
9. **来往**的**车辆**越多,发生交通事故的可能性就越大。
10. 只要你**真心**对待朋友,朋友就会真心对待你。

 语言练习

第一题：听录音,选择正确答案。

1. 我从事**服装推销**工作虽然只有三年,却经历了无数的**挫折**与成功。
   说话人的心情如何？
2. (男)我认识的所有女人,都只喜欢三件事：一是用各种各样奇怪的方法**减肥**,二是买贵得不可思议的**化妆品**,三是谈论大小明星的各**种绯闻**。
   没有提到什么事情？
3. 现代社会**竞争**激烈,现代人也容易感到**疲惫**,不少人下班回到家之后,都是往床上一**趴**,就再也不想动了。
   这句话的主要意思是什么？
4. 在咖啡馆里,一位老人边喝酒边发牢骚："我是多么**孤独**呀！除了一只小狗之外,在这个世界上,我再也没有其他**亲人**了。"朋友安慰他说："既然如此,那就再养一只狗好了。"
   如果接受了朋友的建议,老人的孤独感会不会减轻？
5. 白小鹏最喜欢看**卡通**片了,朋友们都说他是一个**疯狂**的卡通迷。光卡通 DVD 他起码就有500多张,每次市场上一有新的卡通片,他就

迫不及待地去买。

关于白小鹏,这句话主要想告诉我们什么?

6. 工作中出现**失误**,是很难避免的。因此,关键不在于出现没出现失误,而在于出现失误后用什么方法来处理。

说话人认为什么最重要?

7. 男:王老师,"太阳下山明朝(cháo)**依旧**爬上来"是什么意思?太阳下山和明朝(cháo)有关系吗?

女:这个字在这里读 zhāo,"明朝"是明天早上的意思。太阳明天还会升起,这是说,遇到**挫折**时不要**灰心**。

男:噢,原来如此!怪不得我怎么想也想不明白呢!

男的怎么了?

8. 女:小马,你看过《阳光**灿烂**的日子》吗?

男:没有,阳光灿烂的日子我去**户外**活动,不看电影。

女:小马,没想到你还挺幽默的!不过,我建议你还是去看看吧,情节挺不错的。

他们在讨论什么问题?

9. 女1:对呀,**化妆品**不能随便买,要不然就会**适得其反**。你介绍的这种我从来没用过,不知道适合不适合我。

女2:要是你有时间,我们现在就可以给你做皮肤测试。

这段对话最有可能发生在什么地方?

10. 男:孟江南是很有**毅力**的一个人,怎么会放弃呢?真**可惜**!

女:**具体**的情况我不太清楚,听说他的脚受伤了,去了好几次医院都不**管用**,他也是没有办法。

男的为什么觉得可惜?

11. 女:小军,你怎么一个人在这儿**发呆**?

男:什么呀?我刚才参加了一个心理测试,结果说我的性格像猴子,特别好强,做事比别人快,但是不能坚持,所以在**竞争**中总是失败。我是在想,我真的像猴子吗?

女:嗨,你真是的!心理测试,都是闹着玩的,不用当真。

女的是什么意思?

12. 女:王先生,您是一位**诗人**。我想问您一个问题,小说家、散文家都叫"家",为什么诗人不叫"诗家"呢?

男:在古代,诗人确实也叫诗家。现在情况变了,写诗的人太穷了,没有能力成家。

你觉得诗人的解释怎么样?

第二题:下面是一名军人和一个诗人的自我介绍,听后说出你更愿意和谁交友。

1. (男)我是一名**军人**。在不少人眼里,军人的生活很苦,很无聊。其实,军队的训练虽然很苦,但对人的意志和身体都是很好的锻炼。军人最有**毅力**,对吧?军人也从来不用**减肥**,对吧?另外,军队是一个非常活跃的地方,一年到头,各种各样有趣的活动从来没有间断过。我很奇怪,人们怎么会认为军人的生活无聊呢?我觉得,经历过军队生活的人,对于任务、责任、合作精神等的理解要比一般人更深刻,他们也更容易成熟。

2. (男)我是一个**诗人**。我热爱生活,我是生活的情人。虽然我常常遇到**挫折**,但生活并没有让我感到**疲惫**,相反,我对生活总是充满激情。我很有想像力,但我也喜欢用眼睛来观察世界。有一个人,写了一篇文章,题目是"千万不要嫁给诗人",说诗人都很自私,只知道浪漫,不会**体贴**人,女朋友感冒了,甚至不愿意给她递一杯开水。这个人真的是疯了!这样的话鬼才相信!我要告诉你们,诗歌,是**宜人**的微风;诗人,是**灿烂**的太阳。认识诗人,是你的**荣幸**;嫁给诗人,你不再寒冷!

课文二

坏心情,我不带你回家

(《独在异乡的日子》是电视台的一个节目,这天,节目记者采访了在青岛打工的徐小梅。下面是采访的一部分。)

男:徐小姐,谢谢你接受我们的采访。请问,你的老家在哪儿,什么时候来青岛的?

女：我是西安人,是五年前来青岛的。起初我在一家化妆品公司作推销员,现在是一家服装公司的部门经理。

男：你一个人在外地工作,想家吗?
女：当然啦,说不想家,那是假话。不过,我几乎每天都给爸爸妈妈打电话。
男：你喜欢青岛吗?
女：青岛风景秀丽,气候宜人,我很喜欢。不过,在这儿工作,压力很大。

男：真的吗?我看你好像挺轻松的。
女：哪里,哪里,压力还是有的。
男：说的也是,现在服装市场竞争这么激烈,你又是部门经理,没有压力那才怪呢!你有什么对付压力的秘诀吗?
女：秘诀可说不上,体会倒是有一些。我觉得呢,首先要相信自己,不能害怕竞争;其次呢,要有毅力,遇到挫折时不能灰心。
男：不能灰心,那应该怎么办?
女：遇到挫折、情绪不稳定时,女孩子们一般喜欢第一疯狂购物,第二大吃甜食。可是这两种办法都只能适得其反,疯狂购物的结果是买一大堆不需要的东西,大吃甜食的结果是第二天花双倍的时间去减肥。
男：你的办法呢?
女：我的原则是,不把坏心情带回家。具体的方法有很多种,比如走路、上网。
男：走路和上网有关系吗?你能不能说具体一点?
女：如果我心情不好,比如工作出现失误了,或者老板对我发脾气了,那我下班时就会选择走路回家。从公司到宿舍,起码得走35分钟。我就这么默默地走着,脑子里想一些开心的事,比如浪漫的爱情故事,幽默的卡通片等,用这种方法来转换自己不高兴的心情。我告诉自己,一种坏心情不要把它从一个地方带到另一个地方,这样,等我到家时,就觉得事情已经过去了,没什么大不了的。

男:很不错,这个方法很好,也便宜,我要向我女朋友推荐。她每次生气,总是迫不及待地给我打电话,把我臭骂一顿。那上网呢?

女:走路不是什么时候都管用,如果这个方法不行,我就去上网。平时上网,我一般只看新闻。心情不好时上网,什么都看,像什么明星绯闻啦,搞笑短信啦,星座财运啦,心理测试啦,全看。等觉得自己全身疲惫,要累趴下时,然后再回家,美美地睡上一觉。这样,第二天起床时,我就会觉得太阳依旧新鲜灿烂。

练 习

第二题:听第二遍,回答问题。
1. 关于徐小梅,哪句话不对?
2. 关于青岛,徐小梅没有讲到什么?
3. 男的说"没有压力那才怪呢",这是什么意思?
4. 哪一点不是徐小梅对付压力的秘诀?
5. 遇到挫折时,徐小梅的原则是什么?
6. 男的要向自己的女朋友推荐什么?
7. 心情不好时,徐小梅为什么要上网?

第三题:跟读下列句子。
1. 起初我在一家化妆品公司做推销员。
2. 当然啦,说不想家,那是假话。
3. 服装市场竞争这么激烈,没有压力那才怪呢!
4. 秘诀可说不上,体会倒是有一些。
5. 要有毅力,遇到挫折时不能灰心。

6. 我的原则是,不把坏心情带回家。
7. 这两种方法都只能适得其反。
8. 你能不能说具体一点?
9. 全身疲惫,快要累趴下了。
10. 我想美美地睡上一觉。

课文三

饺子、胡子及其他

(你将听到的是英国驻上海总领事馆总领事苏保罗2002年底在新浪网上跟网友聊天的部分内容,另一个谈话人是主持人。)

苏保罗:各位中国的网友,晚上好。我非常高兴能够出席由新浪网组织的这次网上聊天活动。首先请允许我做一个自我介绍。我的名字叫苏保罗,我担任英国驻上海总领事馆的总领事已经有两年了。在来上海之前,我曾经在泰国、尼日利亚、中东、比利时从事外交活动。我的太太名叫特威,我还有两个女儿,一个20岁,一个21岁,目前她们都在英国读书。我的主要工作是促进英国和中国东部地区的交流活动,另外一项主要工作就是签证,今年我们已经签发了25000个去英国的签证,其中包括大约6000个学生签证。

主持人:第一个网友,他很关心到英国去旅游、接受教育的问题。

苏保罗:我们希望去英国的中国人最终能够回国,因为

中国经济和改革各方面的工作都非常需要你们。我们希望去英国的中国人能够有一定的经济担保和经济资助能力,当然现在有越来越多的英国大学给去英国读书的中国学生提供奖学金。

主持人:这位网友是一名足球球迷,他的问题是,您有没有自己喜欢的英国球星,贝克汉姆和欧文在中国非常受欢迎。

苏保罗:听到这个有关足球的问题我非常高兴,因为我也是一个非常忠实的球迷。我想,迈克尔·欧文和大卫·贝克汉姆都是非常出色的国际球星,我也非常期望今后有机会能够请他们到中国来访问。

主持人:有网友问,您对中国饮食,特别是川菜,有什么感觉,您是不是每天都吃汉堡,他觉得很难吃。

苏保罗:我当然不可能天天吃汉堡。我吃过品种各异的中国美食,我也非常喜欢川菜。当然我最爱吃的还是巧克力。

主持人:有网友问,请问苏保罗先生,您会不会包饺子?

苏保罗:很不好意思,我在烹饪方面完全没有天赋,但我是一个非常好的美食家。

主持人:有网友问,您的业余时间是怎么安排的?

苏保罗:现在我太太和我在上海,只要一有空闲时间,我们就会选择一家非常好的中国餐厅去吃饭,或者是买DVD回家看。

主持人:有网友问,他觉得您的胡子很有个性,他说一看就知道您不是一个商人,您是一个很传统的人,您能否谈一下自己的个性。

苏保罗:我其实曾经从商,我也并不传统,所以你们不要光从我的胡子上来判断我。可能下一次我再来新浪作客的时候会把胡子剃掉。非常感谢!

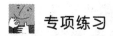专项练习

第一题：学习下列两组词语,然后听文章"月是故乡明"。

月是故乡明

推销员老钱常常需要出差。他有个习惯,不管是到哪儿,第一件事就是找个酒馆去喝酒,不喝得晕晕乎乎就不会出来。这天,老钱又出差了,跟往常一样,他迫不及待地走进了酒馆。两个小时后,他醉醺醺地走了出来。突然,他看到前边有一个人,正抬着头,望着天上的月亮发呆。老钱忍不住走了上去,用手指着月亮问道："那……那是什么？"看月亮的人回答说："对……对不起,我,我也是外地人。"

你可能会觉得这个故事有点勉强,但是你却不能不承认,外地人常常代表着"不了解情况",人生地不熟嘛！与此相反的是,我们对家乡的每一条小路,每一个胡同,甚至每一棵树,都了如指掌。如果需要,你可以在最短的时间内抄小路到达目的地,比坐车都快。因此,想起家乡,我们都会感到熟悉,感到亲切。

人是感情的动物,我们经常会毫无道理地喜欢或者讨厌一件事,而我们喜欢的大都是我们熟悉的。就像俗话说的那样,"月是故乡明",仿佛故乡的月亮也比别的地方的要大要圆。我们的肚子最想吃的,是带家乡风味的食品；我们的嘴里最习惯说的,是有地方特点的家乡话；节假日我们最想去的,毫无疑问也是我们的故乡。就这样,故乡的一草一木,都转换成了思乡之情,停留在我们的血液里。

不过,家乡虽然美好,年轻人却总想着到外地去,他们觉得"外面的世界很精彩"。远离家乡,远离亲人的人,过去有一个专门的词,叫做"游子"。游子们在外地,为自己的理想,为自己的人生奋斗。风风雨雨,酸甜苦辣,真是一言难尽。他们的最高追求,就是在事业成功之后,回到自己的家乡,所谓"衣锦还乡,荣归故里"说的正是这个意思。而那些因为各种原因生前回不了家乡的人,他们人生的最后一个愿望,就是能够叶落归根,能够埋葬在家乡的土地上。

人们对故乡的感情是如此热烈,对故乡的思念是如此深切,因此,从

古至今，描写思乡之情的文学作品就总能引起人们的关注。远的不说，就说现在吧。一位台湾诗人余光中，从小在四川长大，21岁那年离开了大陆。20世纪70年代初，他写了一首有名的《乡愁》。他说，写作的时候已经离开大陆二十多年了，而且在当时看来，也不知道哪年哪月能够回去，所以写了这首诗。诗是这样写的：

　　小时候，
　　乡愁是一枚小小的邮票，
　　我在这头，
　　母亲在那头。
　　长大后，
　　乡愁是一张窄窄的船票，
　　我在这头，
　　新娘在那头。
　　后来啊，
　　乡愁是一方矮矮的坟墓，
　　我在外头，
　　母亲在里头。
　　而现在，
　　乡愁是一弯浅浅的海峡，
　　我在这头，
　　大陆在那头。

第二题：听后填出所缺的数字。

　　根据"2002年全国电视观众抽样调查"提供的数据，截止到2002年9月，我国4岁以上电视观众的总数为11.15亿人，观众最喜爱的节目是天气预报。95.8%的电视观众表示"经常"和"几乎每天"看电视，显示出电视媒体在人们心目中的特殊位置。而"经常"和"几乎每天"接触其他传媒的情况依次为：报纸为28.1%，杂志为18.7%，广播为13%，互联网为2.8%。

　　类似的调查是从1987年开始的，每5年进行一次。比较四次调查可以看出，1987年以来的15年间，"经常"和"几乎每天"翻阅报刊的比率下降了10%，收听广播的比率下降了44%，而青睐电视的观众一直保持在94%以上。

作 业 文 本

第一单元　升堂入室

第一题：从所给的词中选出你听到的。请注意：句子里边可能有你不懂的词汇，不要担心，只要从下面这些词中找到你听到的句子中出现的词就可以了。

1. 不管在哪一个国家，教师都是一种受人尊敬的职业。
2. 我到中国的主要目的是提高自己的口语表达能力。
3. 学校准备奖励学习成绩优秀的学生。
4. 他是一家电脑公司的销售部经理。
5. 西湖美丽的风景使她深深地陶醉了。
6. 他爸爸是一位成功的商人，生意做得很好。
7. 这家公司的海外业务比以前有了很大发展。
8. 他在大学期间每年都被评为优秀学生干部。
9. 这一对年轻人的恋爱没有得到父母的支持。
10. 真正伟大的作品是不会被忘记的。
11. 封建时代，皇帝的地位是至高无上的。
12. 结婚是生活中的一件大事。
13. 这么简单的道理你竟然不知道？
14. 自从交了女朋友，他就不好好学习了。
15. 麻烦你替我给小王打个电话，今天下午不开会了。

第二题：下面是10个句子，分成5组。每组的两个句子中有一个相同的词组，听完后用汉语拼音写出这个词组。

甲组：1. 我看还是来点**物质奖励**吧。
　　　2. **物质奖励**当然有用，但不是什么时候都有用。

乙组:1. 他们从此过上了**令人羡慕**的幸福生活。
　　　2. 他出生在一个**令人羡慕**的家庭。

丙组:1. **青年时代**是学习知识的最好时期。
　　　2. 他在**青年时代**就写出了不少有名的作品。

丁组:1. 公司的**业务范围**越来越大。
　　　2. 我们是小公司,**业务范围**不能太大。

戊组:1. 这种事,**瞒得**了谁呀?
　　　2. 我就不相信,他能**瞒得**了那么多人?

第三题:你将听到一个句子的前半部分,从 A 和 B 中选择一个,
　　　　组成一个完整的句子。

1. 他很有钱,(A 大家都喜欢钱。　　B 那又怎么样?)

2. 这次考试怎么样?(A 别提了　　B 别闹了),这是我考得最糟糕的一次。

3. 每个月拿到工资以后,他都会请朋友(A 庆祝一番　　B 大吃一顿)。

4. 小王和他的女朋友是在飞机上认识的,他们俩 (A 一见钟情　　B 左右为难)。

5. 在这座城市里,要想找一个安静的地方,真的是(A 比登天还难　　B 太让人吃惊了)。

6. 赵军是一名邮递员,每天都要(A 送很多信　　B 卖很多油)。

7. 我不想瞒着父母,我要(A 告诉他们　　B 替他们工作)。

8. 从小到大,马文新一直是大家羡慕的对象,大家都想(A 像他一样　　B 跟他结婚)。

9. 结婚之后,他陶醉在幸福之中,每天都(A 高兴得不得了　　B 喝很多酒)。

10. 什么?你竟然没用过电脑?(A 你太没有钱了　　B 这太让人吃惊了)!

11. 为了提高服务质量,公交公司欢迎大家 (A 提意见　　B 交作品)。

第四题：听短文，回答问题。

（短文一）老师对学生说："孩子们，下面我要问你们一个问题。谁回答得对，我就奖励谁一块巧克力。我的问题是，什么动物有4只脚？"一个孩子马上说："老师，我知道，2只母鸡有4只脚。"

1．回答问题的孩子大概几岁？为什么？

（短文二）现在，不少中国家庭里只有一个孩子。在家里，孩子的地位是最高的。有的孩子，想干什么就干什么，要星星不能给月亮，真是不得了。我认识一个朋友，他的孩子今年3岁。这个朋友说，每次吃饭时，孩子一定要让妈妈在旁边跳舞；如果跳得不好，他就吃得很少；如果不跳，他就什么都不吃。

2．孩子在家里的地位怎么样？为什么？
3．在什么情况下，朋友的孩子才会好好吃饭？

（短文三）电脑在我们这个时代具有特殊的地位。作家要用它来写作，发表作品；谈恋爱的人要用它来写信，表达思念；商人要用它来做生意，销售商品；科学家就更不用说了，他们一上班，第一件事就是打开电脑。可以说，电脑已经成了我们生活的一个重要组成部分，没有人能离得开它。10年20年前，看到电脑就傻眼的人，并不少见。可是现在，从四五岁的孩子到七八十岁的老人，人人都会用电脑，更不用说年轻人了。有的人干脆在家里用电脑上班，再也不用每天坐公交车了。不瞒你说，我特别羡慕这些人。在家里上班，想工作就工作，想休息就休息，多自由，多舒服呀！

4．为了说明电脑的重要性，短文里举了几类人作例子？
5．10年20年前，什么人并不少见？
6．说话人羡慕什么人，为什么？

（短文四）结婚是生活中的一件大事，谈恋爱的人都曾经一遍一遍地跟自己的朋友讨论结婚的问题，结婚时候的情况当然更是忘不了。结婚要花多少钱？我看到一本书上说，1980年，结婚的费用大概是1800元；2000年，结婚差不多要花60000块钱。人们的爱情越来越贵了。结婚的费用里边，很重要的一个组成部分是饭费。一般来说，结婚时，都要请亲戚朋友去好的饭店大吃一顿。少的几十人，多的好几百人。

我跟我朋友马上要结婚了。一想到请人吃饭,我就头疼。不请吧,不好意思,而且我也吃过很多次别人的饭;请吧,我们两人都是刚刚开始工作,没有那么多钱。真的是左右为难。有时候,我想,为什么不能随便吃点,意思意思就算了呢?

7. 说话人为什么认为爱情越来越贵了?
8. 结婚时的饭费有什么特点?
9. 说话人为什么感到头疼,为什么觉得左右为难?

第二单元　酸甜苦辣

第一题：从所给的词中选出你听到的。
1. 常言道:"失败是成功之母"。
2. 朋友痛苦的时候,你会安慰他吗?
3. 要想学好汉语就应该下苦功夫。
4. "聪明一世,糊涂一时",说的是再聪明的人也有糊涂的时候。
5. 如果你喜欢他,就直接告诉他,不要犹豫。
6. 他昨天还好好儿的,可是今天突然就病倒了。
7. 成功的关键在于努力,而不是聪明。
8. 小刘说话带南方口音,非常幽默,跟他在一起,你肯定觉得有意思。
9. 人的舌头能够尝出酸甜苦辣等各种味道。
10. 凡是参加会议的人,都会得到一个漂亮的笔记本。

第二题：下面是 10 个句子,分为 5 组。每组的两个句子中有一个相同的词组,听完后用汉语拼音写出这个词组。

甲组:1. 遇到烦恼时能**自我安慰**,这也很重要。
　　　2. 黄远杰很会**自我安慰**,不用替他担心。
乙组:1. 我**一时糊涂**,做错了事,真对不起。
　　　2. 他只是**一时糊涂**,并不是真的不明白。
丙组:1. 一遇到大事,他总是这样**犹豫不决**。
　　　2. 像他这样**犹豫不决**的人并不少见。
丁组:1. **只要功夫深**,没有学不会的东西。
　　　2. 我相信,**只要功夫深**,就一定能成功。
戊组:1. 小黄是一位很有**想像力**的年轻人。
　　　2. 他说我没有**想像力**,把我气坏了!

第三题：你将听到一个句子的一部分,从 A 和 B 之中选择一个,组成完整的句子。
1. 你不是爱讲笑话吗?给我们来一个(A 小奖励吧　　B 小幽默吧)。

2. 只要你愿意下功夫,(A 没有学不会的东西　　B 没有去不了的地方)。

3. 老师上课讲的语法我有一大半(A 搞不懂　　B 不得了)。

4. 上大学期间,他(A 生活在幸福之中　　B 不爱跟人交往),所以朋友很少。

5. 要提高人民的生活水平,(A 关键在于　　B 问题在于)发展经济。

6. 别烦恼了,事情都过去那么长时间了,(A 眼不见心不烦嘛　　B 现在关键是要好好儿学习)。

7. 你一定(A 想像不到　　B 想像到了),这位成功的作家小时候作文经常不及格。

8. (A 早知道　　B 不知道)今天会下这么大的雨,我就不去爬山了。

9. (A 还真没有白说　　B 说起来真惭愧),我在北京住了五年,还没有去过故宫。

10. 李明特别幽默,跟他交往过的人(A 都知道这一点　　B 都想安慰他)。

第四题:听对话,选择正确答案。

1. 男:我想向李明借点钱,可两万块不是个小数目,所以一直不好意思开口。

   女:那有什么不好意思的?他有钱,两万块算什么呀!再说你们是多年的老朋友了,这个忙他肯定会帮。

   男的担心什么?

2. 女:徐刚,你原来挺爱说话的呀,怎么最近总是不见你开口?

   男:嗨,别提了,班里的同学都说我口音很重,普通话说得不好听,搞得我现在一张嘴就紧张。

   女:别听他们的,其实你说得挺好的。我倒是觉得你们班王晓兰和邹彦说得不好,一听就知道不是北京人。

   他们在讨论什么问题?

3. 男:我下个月要做一个"电脑在21世纪的地位和作用"的讲座,想找个人帮忙。

   女:你去找邹彦吧,他在这方面做过不少研究,肯定能帮上你的忙。

男的想干什么？

4. 男：池娟，后天我要在家里开生日晚会，你也过来吧。
   女：你的生日晚会，我肯定要去。一共有多少人啊？
   男：大概20个左右吧。
   女：这么多人给你过生日，你还说不爱跟人交往呢！
   这两个人最有可能是什么关系？

5. 男1：我真搞不懂，我女朋友为什么总是问我同一个问题？
   男2：什么问题？
   男1：如果她和我妈妈同时掉进水里，我先救谁？
   男2：这算什么呀？我女朋友的问题是："如果我要天上的月亮，你给不给我摘？"
   他们想说什么？

第五题：听短文，回答问题。

（短文一，男）生活当中有痛苦也有烦恼，但更多的，我觉得是幸福和快乐。比如昨天，我去买菜时，碰见了一个特别幽默的服务员。我买完了豆腐，刚想走，他说："要想皮肤好，豆腐少不了；要想身体瘦，天天吃扁豆。怎么样，您再来点扁豆？"这么有意思的服务员，真是太少见了！我听得高兴，就又买了一些扁豆。这件事让我明白了，幸福的意义并不在于你有很多钱，而在于你有一个好心情。

1. 说话人昨天碰见了一个什么样的服务员？
2. 服务员是怎么让他买扁豆的？
3. 这件事让他明白了什么？

（短文二）崔立文很害怕跟女孩交往，一见到女孩他就脸红，什么话也说不出来，他自己也搞不懂为什么。这一天，朋友介绍他去认识一位姑娘。朋友说："跟女孩交往，关键在于你要先说话，要多问问题。"崔立文记住了朋友的话，他心里想，这次一定不能再失败了。见到那位姑娘之后，他马上问道："你喜欢吃日本菜吗？"

"不喜欢。"姑娘说。

"那你弟弟喜欢吃吗？"

"我没弟弟。"

崔立文又问："假如你有弟弟,他喜欢吗？"

4. 崔立文有什么特点？
5. 朋友提了什么建议？
6. 崔立文问了几个问题？你觉得他问得怎么样？

（短文三）上个星期,一位博士到我们学校来做讲座。他演讲的题目是"成功和失败"。听说他是在英国拿的博士,现在是一家电脑公司的经理。我们都很羡慕,想从他那里学习一些成功的经验；又听说他是一个很幽默的人,于是我们很早就来到了图书馆。可是这位博士一开口,我们就傻眼了：他的口音很重,什么都听不清楚！过了20分钟,我们才慢慢习惯了他的口音。可是,这时已经有一半人先走了,其余的人也都快睡着了！我虽然还坐在那儿,心里却在想别的事情。一个半小时的演讲很快就完了,我觉得什么收获也没有。好在他发了材料,可以回去慢慢看。

7. 博士的演讲题目是什么？
8. 他们早早地来听讲座的原因有几个,是什么？
9. 博士的讲座受不受欢迎？为什么？

第三单元 应接不暇

第一题：从所给的词中选出你听到的。

1. 这幅画讽刺的是那些只知道拼命挣钱,不懂得保重身体的人。
2. 不少中年科学家工作太辛苦,也很有成绩,但代价却是身体比一般人差得多,各种各样的疾病都成了他们的"朋友"。
3. 现在有很多人,特别是商人,想办法到大学里进修学习,这叫"充电"。
4. 人不能没有幻想,幻想是生命的一种目标,放弃幻想,人生就失去了意义。
5. 他是一位大名鼎鼎的教授,学术研究做得非常成功,很多人崇拜他。
6. 这位受人尊敬的老编辑虽然已经退休多年了,但这次生病住院期间,去看望他的人却很多。
7. 他不是哲学家,只是一家杂志的主编,但是他的讲话总是富有哲理,让人听了以后觉得很有收获。
8. 宽大豪华的住房有的是,但我拿什么去买呢?

第二题：下面是10个句子,分为5组。每组的两个句子中有一个相同的词组,听完后用汉语拼音写出这个词组。

甲组:1. 张小峰教授以前**精力过人**,现在不行了。
    2. 我心里最清楚,我不是一个**精力过人**的人。
乙组:1. 我们的学生里边,主要是**语言进修生**。
    2. **语言进修生**的学费可能是最便宜的。
丙组:1. 现代社会中,得**心理疾病**的人越来越多。
    2. 一般人都比较害怕**心理疾病**,其实没必要。
丁组:1. **到目前为止**,图书交易会的准备工作一切顺利。
    2. **到目前为止**,这套丛书一共出版了28本。
戊组:1. 年轻人需要**有远大目标**,更需要做实际工作。
    2. 我觉得,**有远大目标**,生命才更有意义。

第三题：你将听到一个句子的一部分,从A和B之中选择一个,组成完整的句子。

1. 非常感谢您(A 在百忙之中   B 在痛苦的时候)抽出时间给我们做了这么好的一个讲座。
2. 林强精力过人,平时特别喜欢运动,只要是运动,(A 没有他不感兴趣的   B 没有他不羡慕的)。
3. 在中国古代社会,男人和女人可不像现在这么平等,很多人有(A 男尊女卑   B 男左女右)的思想。
4. 他的性格有点急,无论做什么事情都(A 风风火火的   B 高高兴兴的)。
5. 他曾经很穷,只能住在朋友家里,可是现在生意做得很成功,他(A 住上了宽大豪华的房子   B 找到了人生最后的归宿)。
6. 时间过得真快,(A 一转眼   B 一不小心),我博士就要毕业了,我的学生时代也要结束了。
7. 三十年前我第一次到深圳的时候,这里又穷又脏,可是今年再来的时候,我(A 几乎认不出来了   B 忙得不知道东南西北了)。
8. 今天上午,学校领导去看望了陈明理教授,(A 他生病住院了   B 他刚刚下课)。
9. 还是先跟他约个时间再去吧,要不然,(A 你也可以顺便去   B 你可能找不到他)。
10. 那没问题,时间我有的是,(A 我有时有时间   B 我的时间很多)。
11. 黄文宣总是很快乐,主要是因为在失败或痛苦的时候,他知道(A 自我安慰   B 左右为难)。

第四题：听对话,选择正确答案。

1. 女:听说姜伟买了一块豪华手表,价格几乎是我们一年的生活费!
   男:我们能和人家比吗?他老爸可是大名鼎鼎的商人,有的是钱!
   哪句话不对?
2. 女:王丰,最近怎么样?
   男:别提了,这阵子可把我忙坏了!每天加班,老板说年底完不成任务就走人!
   女:还有一个星期就是新年了,你能干完吗?

男：拼了命也要干完！要不然，我的工作就丢了！

王丰现在怎么样？

3. 男1：方俊，你这位大帅哥到现在为止，交过几个女朋友了？

男2：你猜猜看。

男1：至少有10个吧。

男2：你也太小看我了，刚刚分手的是我第101个女朋友！

他们在谈论什么？

4. 女：这个暑假你有什么打算，有什么目标？

男：还目标呢！我正在赶写一篇论文，忙得团团转，别的什么事也做不了。

"还目标呢"在这里是什么意思？

5. 女：喂，哲学家，你能不能告诉我，幻想在哲学里是什么意思？

男：你就别讽刺我了！你看我，总想当哲学家，可是连大学也没考上，所以，当哲学家对我来说，就是一个幻想。你再看我，总想找一个世界上最漂亮的女朋友，可是到现在为止，连最难看的女朋友也没找到，所以，找漂亮女朋友，是我的又一个幻想。你还想知道别的吗？

男的感觉怎么样？

第五题：听短文，回答问题。

（短文一）我有一个朋友，他每天都很快乐，好像什么烦恼都没有。我们都很奇怪，问他快乐的原因是什么。他说"其实我也有痛苦，也会伤心，也需要面对失败，可是我知道如何自我安慰。我常常告诉自己：做事情的时候，快乐是做，不快乐也是做，那为什么不高高兴兴地去做呢？带着好心情工作，可以把工作做得更好；带着好心情生活，更能感觉到生活的美好。"对呀，要找到快乐并不难，因为快乐其实就在你的心里。

1. 这个朋友有什么特点？
2. 这个朋友是不是没有伤心的事？
3. 好心情对这个朋友有什么用？

（短文二，女）你问我暑假过得怎么样？嗨，别提了，这个暑假真把我忙坏了！前一阵子，我白天拼命赶写博士论文，晚上还要给出版社看稿子，脑子几乎不够用了!两个星期前,我去看望了退休在家的爷爷,他得了一种很奇怪的疾病,医生说他随时都有生命危险。我在家里住了两个星期,前天刚刚回来。回来后,跑东跑西,忙这忙那,到现在为止,还没有时间坐下来看书。好在我还算是年轻,比较有精力,要不然早就累病了!

4. 说话人这个暑假过得怎么样?
5. 她为什么说自己脑子几乎不够用了?
6. 她爷爷怎么了?
7. 从家里回来后,她做什么了?

(短文三,男)我这个人,特别会猜,几乎没有猜错的时候。同屋买了新衣服,我总是能猜对价格。新认识的朋友,我也总是能猜对他的年龄。但如果让我去猜别人在想什么,我肯定放弃,因为人的心理,尤其是女孩子的心理,你永远也猜不透。中国古代有个故事,讲的就是这个道理。有一天,哲学家庄子约他的朋友惠子到河边散步,庄子看着河里的鱼说:"你看这些鱼,多快乐呀!"惠子就说:"你不是鱼,怎么知道鱼快乐还是不快乐呢?"庄子笑了笑,说:"你不是我,怎么知道我知道不知道鱼快乐不快乐呢?"

8. 说话人特别会猜什么?
9. 他认为什么永远也猜不透?
10. 庄子和惠子的故事说明了什么?

第四单元　春暖花开

第一题：从所给的词中选出你听到的。
1. 这次很顺利,比原计划提前两天完成了任务。
2. 每天坚持收听广播是提高汉语水平的一个好办法。
3. 老师想让他当班长,他找了个借口推辞了。
4. 我这阵子忙坏了,连吃饭睡觉都顾不上了。
5. 如果想爬山,我推荐云南玉龙雪山,绝对漂亮。
6. 她唱得非常好听,大家都叫她"金嗓子"。
7. 两国之间的贸易往来越来越频繁。
8. 这家电脑公司今年七月份的销售额比去年同期增长了10%。
9. 会议提前结束了,我感到非常遗憾。
10. 这个学期动不动就生病,真是惨极了。

第二题：下面是10个句子,分为5组。每组的两个句子中有一个相同的词组,听完后用汉语拼音写出这个词组。
甲组：1. 今天晚上的**民族舞蹈**简直太棒了!
　　　2. 听说要学习**民族舞蹈**,大家一下子来了情绪。
乙组：1. 不管是谁请吃饭,一定要**再三推辞**。
　　　2. 我**再三推辞**,可他们还是想让我去当主编。
丙组：1. 开展**素质教育**,应该成为我们的目标。
　　　2. 进行**素质教育**,我不反对,关键是怎么进行。
丁组：1. 你有什么意见就直接说,不要**闹情绪**。
　　　2. 女朋友经常**闹情绪**,这使得他很烦恼。
戊组：1. 我知道不应该**不辞而别**,但是我没有办法。
　　　2. 他竟然**不辞而别**,简直太没礼貌了!

第三题：你将听到一个句子的一部分,从 A 和 B 之中选择一个,组成完整的句子。
1. 听到自己考上大学的消息,他(A 高兴得跳起来　　B 陶醉在幸福之中)。
2. 你要是能帮我修自行车,(A 那算什么呀   B 那再好不过了)。
3. (A 你这个人真是的   B 你还算不错的呢),都这么大了还让你妈给你洗衣服。
4. 什么风把你吹来了?(A 我没想到你会来   B 你提前到了)。
5. 结婚五十年,他们共同经历了(A 人生最后的归宿   B 人生的风风雨雨)。
6. 女朋友爱上了别的男人,这使他(A 伤透了心   B 自我安慰)。
7. 老板怪我这次生意谈得不成功,(A 把我给辞了   B 还真没有白说)。
8. 大家推荐他参加唱歌比赛,可他(A 一个劲儿地推辞   B 除了急还是急)。
9. 你说不过他的,他那张嘴巴(A 能大吃一顿   B 能把死的说成活的)。
10. 说好了全班一起吃饭,他却找借口不来,(A 搞得大家都很没情绪   B 不爱跟人交往)。
11. 我从小就住在海边,(A 喜欢潮湿的天气   B 那儿风沙很大)。

第四题:听对话,选择正确答案。

1. 男:姚敏,你这两天情绪有点反常,怎么总是无精打采的?
   女:别提了,老板怪我这次生意没有做好,今天把我给辞了。
   女的怎么了?

2. 男:蔡一玲,这张照片里,你的姿势很好看嘛!好像一位女博士在做演讲。
   女:你的嘴巴真是越来越甜了,是不是又要我帮你什么忙啦?
   男的在干什么?

3. 男:郑导游,麻烦你推荐一个地方,我暑假想出去玩儿。
   女:你还是叫我郑静吧,郑导游真难听。我刚刚从浙江千岛湖回来,那儿风景秀丽,绝对值得一去,只是有点儿远。
   男:远点儿没关系,反正这个暑假我有的是时间。
   关于女的,可以知道什么?

4. 男：你怎么天天往商店跑,我们哪有那么多钱?
   女：结婚那会儿你还答应我"要星星不给月亮"呢,现在可好,动不动就怪我花钱多。你好好儿看看这些东西,牙刷、毛巾、洗衣粉,哪个少得了?
   女的说她买的东西怎么样?

5. 男：街上的汽车太多了,简直没办法过马路!你看我,光顾说话了,忘了你还有课呢,赶紧去吧。
   女：那好吧,咱们明天见。
   女的要去干什么?

6. 男：今天的最高气温有38度,比去年同期高将近10度。
   女：我的考试成绩要是也能这样就好了!
   女的希望什么?

第五题：听短文,判断正误。

(短文一,男)我最近辞了办公室的工作。朋友们都为我感到遗憾,也觉得不可理解：坐在办公室里,风刮不着雨淋不着,事情不多,拿钱却不少,多少人羡慕呀,好好儿的为什么不干了呢?可我自己不这么想。在办公室里,每天做的是同样的事情：一杯茶,一支烟,一张报纸看半天。我不喜欢这样的生活,我想要改变。我还年轻,有能力适应各种环境,我想去看一看外面的世界,经历人生的风风雨雨。

(短文二,男)我女朋友好静不好动,喜欢看书、上网、听音乐等,不喜欢到外面活动。我自己却很喜欢运动,特别喜欢打羽毛球。每次我约她打球,她都找借口不来,什么身体不舒服啦,工作没完成啦,情绪不高啦,等等,真拿她没办法。不过还好,我们都喜欢看电影。我们谈恋爱两年了,到现在为止,一起看的电影已经超过了100部,平均每个星期看一场。对了,我们一起看的第一部电影是《绿茶》。我觉得我的女朋友就好像一杯绿茶,有点苦,但绝对好喝!

(短文三,女)我是南方人,考上大学以后第一次到北京。想像中的北京非常寒冷,所以妈妈特意为我准备了一条十几斤重的被子。到了北京之后才发现,北京其实并不是那么寒冷,我的厚被子太热了。但是北京非常干燥,每天必须喝很多水。最让人受不了的,是北京的风沙。一到春天,北京就开始频繁地刮大风,风大得简直可以把人刮走。现在我已经在北京生活了五年,但是说实话,我还是没有完全适应。不过,说来也怪,假期回到南方时,我又常常觉得太潮湿,想早点回到北京。

第五单元　何去何从

第一题：从所给的词中选出你听到的。
1. 这位心理系的老师经常给全校学生做心理咨询。
2. 为了纪念结婚十周年,他们准备去海南旅游。
3. 这孩子太不听话,净让父母为他操心。
4. 这场大雪持续下了五天,真是百年不遇。
5. 他在比赛中表现反常,第一轮就被淘汰了。
6. 在茶馆喝茶时,偶然遇到了十几年前的同学。
7. 她男朋友长得不算帅,但很精神。
8. 我倾向于支持刘经理的建议,买就买最好的。
9. 站起来的时候,她突然感到眼前一片模糊。
10. 一个成熟的人应该懂得如何控制自己的情绪。

第二题：下面是10个句子,分为5组。每组的两个句子中有一个相同的词组,听完后用汉语拼音写出这个词组。
　　甲组：1. 被人**当面拒绝**是很痛苦的。
　　　　　2. 我**当面拒绝**了他的要求。
　　乙组：1. 黄山的风景美得简直是**无法形容**。
　　　　　2. 我**无法形容**自己当时的感觉。
　　丙组：1. 一个偶然的机会,我知道了"**实话实说**"这个节目。
　　　　　2. 听说"**实话实说**"节目换主持人了,是吗?
　　丁组：1. 整天没事可干,你不觉得**精神空虚**吗?
　　　　　2. **精神空虚**很容易带来其他心理问题。
　　戊组：1. 一定要加大**宣传力度**,让我们的产品走向全国。
　　　　　2. **宣传力度**不够,知道我们产品的人还是很少。

第三题：你将听到一个句子的一部分,从A和B之中选择一个,组成完整的句子。
1. 他这个人,做什么事情都（A　犹豫不决　　B　走来走去）,很难决定。

2. 他把"问一问"说成"吻一吻",真(A 让人哭笑不得   B 拿我开心)。

3. 春天风沙大,一出门人马上变得(A 猪狗不如   B 灰头土脸)。

4. 我只懂得一些基本概念,(A 算不上什么专家   B 意思意思就算了)。

5. 我最怕数学,一看到数学题(A 就吃不下饭   B 头就大了)。

6. 看到一个幽默故事,他(A 情不自禁地   B 举棋不定地)笑了起来。

7. 我们老板很少听别人的意见,他总说:"这事(A 不用说了   B 我说了算)。"

8. 要我(A 低三下四地   B 左右为难地)去求他帮忙,我才不干呢。

9. "一分汗水,一分收获"的意思是(A 汗水就是收获   B 只有付出努力才会收获成功)。

10. 虽然他很穷,可是为了女朋友高兴,他(A 把心一横   B 心里一动),给女友买了一只很贵的手表。

11. (A 毫无道理   B 毫无疑问),学生应该尊敬老师。

12. 他那么开心,一下子感染了我们,我们(A 也都高兴起来   B 却觉得有点无聊)。

13. 究竟买还是不买,我想再找人(A 咨询一下   B 借点钱)。

第四题:听对话,选择正确答案。

1. 男:杨华,你怎么整天把脑袋埋在书堆里?出去活动活动遛遛弯儿也好啊。
   女:只有付出努力才会收获成功呀。我不聪明,所以要多下功夫。
   男:话是这么说,可是不休息好,整天晕晕乎乎地,哪儿还学得好?再说了,你要是不聪明,咱们班就没有聪明人了。
   男的想说什么?

2. 男:李莉,你的工作怎么样?
   女:别提了,整天没事可干,每天上班就是喝茶看报,要不然就是打电话聊天儿,空虚得要死!

男：什么都不用操心，多好啊，我羡慕还来不及呢，总比我忙得团团转好吧？

哪句话不对？

3. 男：听说许露萍同时在和两个男人谈恋爱，她没听说过吗？脚踩两只船，一定有危险。

   女：你操心的事也太多了！这两天跟她在一起的那个人是她哥哥。

   女的是什么态度？

4. 男：唉，工作丢了，存款也花光了，真不知道以后的日子怎么过。

   女：你尽管放心，我们不是还有400块钱吗？车到山前必有路，等这钱花完了，办法就有了。

   男：除了喝西北风，还能有什么办法？

   他们在讨论什么问题？

5. 女：别买这种了吧，太贵了。

   男：不贵，这么高级的东西，才5万块钱，算不上贵。

   女：我真佩服你，一下子花掉5万块，还能这么轻松！那明天咱们吃什么？

   男：管不了那么多了，明天的事明天再说吧。

   他们做出了什么决定？

6. 男：搞宣传，关键在于选择图片，一张好的图片比100句话都有用。

   女：你说话老是这么绝对！真让人哭笑不得。如果只有图片，什么话也没有，谁知道你要干什么？

   他们在讨论什么问题？

第五题：听短文，判断正误。

（短文一，女）我喜欢摄影。虽然我的技术不是很好，但拿着照相机照来照去，一直是我最开心的事情之一。时间长了，照片和用过的胶卷越来越多，放在哪儿就成了一个问题。有时，为了找一张旧照片，往往要花半个小时，麻烦极了。后来，我把牙一咬，把心一横，花一万多块钱买了一部高级数码相机。说实话，数码相机就是好。新的照片，比较一般的我都放在电脑里，那些特别精彩的，我拿到图片社洗出来。这样一来，节省了大量空间，找起来也方便多了。我很满意，越来越觉得自己的选择是正确的。

(短文二,男)我今年刚刚三十,可是搞不懂为什么,我的头发已经掉了一大半。因为这个,我没少烦恼。凡是我听说过的增发的办法我都试过了,可头发还是越来越少。其实我长得挺帅的,就因为头发少,到现在为止我也没有找到对象。是呀,哪个女孩子愿意和一个看起来像老头的男人谈恋爱呢?不过,光头也有光头的好处,因为见到我的人都会说:"聪明的脑袋不长毛!"不过,我知道这是朋友们在安慰我。我不是因为聪明,脑子用得太多才掉头发的;相反,我是因为头发越来越少才变得"聪明"的。

(短文三)小王和她的女朋友想去公园,两人在路口争论了起来。小王说去公园应该往东,女朋友坚持说应该往西。正在这时,小王看见了一个朋友,就上前询问。朋友一听,马上回答:"这有什么好问的?公园是在东边,但是怎么走,要女朋友说了算。如果你要去公园,就往东走;如果你要女朋友,就听她的,往西走。"

第六单元 余音绕梁

第一题： 从所给的词中选出你听到的。

1. 他在公司的宣传部搞创意设计。
2. "金茂大厦"是目前上海最高的楼,有88层。
3. 我最喜欢的娱乐活动是听演唱会。
4. 在舞台上一边唱一边跳,那种感觉真是奇妙无比。
5. 只有充满激情的作家才能写出好作品。
6. "人各有志"的意思是每个人追求的东西各不相同。
7. "选择就意味着放弃"这句话很有哲理。
8. 你尽管放心,赵月绝对是一个有眼光的人。
9. 哲学上说:"运动是绝对的,静止是相对的。"
10. 考试结束后,我要尽情地玩一个暑假。
11. 到中国以后,他逐渐适应了这里的生活。

第二题： 下面是10个句子,分为5组。每组的两个句子中有一个相同的词组,听完后用汉语拼音写出这个词组。

甲组:1. 你觉得这次演唱会的**舞台效果**怎么样？
   2. **舞台效果**不好,演员的激情也会减弱。

乙组:1. 女孩子都喜欢追求**英俊潇洒**的男人。
   2. 她觉得自己的男朋友不够**英俊潇洒**。

丙组:1. 在这个问题上,你**犯不着**这么认真。
   2. 其实你可以打个电话,**犯不着**专门跑一趟。

丁组:1. 他总是按照**固定的模式**做事。
   2. 所谓规矩就是一种**固定的模式**。

戊组:1. 上大学期间,他得到过很多**荣誉称号**。
   2. **荣誉称号**再多也不一定意味着成功。

第三题：你将听到一个句子的一部分,从A和B之中选择一个,
　　　　组成完整的句子。

1. 他从一个农民变成大名鼎鼎的科学家,真是太(A 不可思议　　B 无法形容)了。
2. 她找了个高大潇洒的男朋友,周围的女孩子都(A 烦恼　　B 眼红)极了!
3. 不就是在大家面前跳个舞吗,(A 没什么好羡慕的　　B 没什么好紧张的)。
4. 她留给我的(A 第一印象　　B 第一反应)是非常有个性。
5. 这部连续剧拍得非常好,简直是(A 分工明确　　B 无可挑剔)。
6. 这事儿人家半个月前就知道了,(A 算不上什么新闻　　B 算不了什么)。
7. 在这么多人面前闹笑话,他(A 恨不得一口吃成个大胖子　　B 恨不得找个地缝钻进去)。
8. 第一次正式在舞台上唱歌,(A 我非常紧张　　B 我感到很幸运)。
9. 我只能告诉你,非常遗憾,你要的东西(A 我们有很多　　B 刚刚卖完)。
10. 演员们最希望的,当然是(A 逐渐变得有名了　　B 一炮走红了)。
11. 这个地方没有人,(A 你可以尽情地大声唱　　B 什么都很清晰)。
12. 我现在脑子里一片空白,(A 什么都不记得了　　B 学习新东西很容易)。

第四题：听对话,选择正确答案。

1. 男:听说林强的存款已经超过了七位数!
   女:怎么,眼红了?羡慕人家不如自己好好干!
   男:自己干,那多累呀!常言道:"干得好不如干得巧",我在等着幸运找上门来呢。
   男的准备干什么?
2. 男:哇,几年不见,丑小鸭变成白天鹅了!
   女:你这话是什么意思,我原来很丑吗?
   男:不敢不敢,我的意思是你原来就漂亮,现在呢,更漂亮了,简直

是漂亮无比!

女:这还差不多!

关于这两个人,可以知道什么?

3. 男1:唐新,看你那陶醉的样子,一定是在谈恋爱了,对吧?

男2:你算猜对了。这是我的初恋,感觉简直是棒极了,我现在做梦都会笑出声来。

男1:看来真的像人家说的"不谈不知道,一谈真奇妙"。

关于唐新,哪句话不对?

4. 男:我真的没想到,"短信"竟然是2002年最流行的词之一。

女:对呀,跟手机有关的还有一个"CDMA",我也没想到"车市"会成为流行词。不过,我倒是猜对了"世界杯"。

哪个词成为流行词,女的觉得不奇怪?

5. 女1:我们家分工明确:他挣钱,我花钱;他做饭,我吃饭,从来没有发生过冲突。

女2:真让人眼红。结婚三年了,我们家那位没挣过一分钱,没做过一顿饭。

女1:那你为什么还跟他过?

女2:这就是爱情的力量!谁让我爱他呢,看到他的第一眼,我就爱上他了。

她们主要讨论什么问题?

第五题:听文章,选择正确答案。

(短文一)舞台上,一位漂亮姑娘正在和两只老虎一起表演。只见老虎一会儿把脚伸到姑娘的手上,一会儿又伸到她肩上,最后用两只脚把姑娘抱了起来。"哇,真是不可思议,简直是太棒了!"观众们大声叫好。一个年轻的小伙子却不以为然:"这有什么呀?我也会。"姑娘听了,生气地问:"喂,小伙子,你敢上来试一试吗?"小伙子回答说:"当然敢了,不过你得先把那两只老虎弄走。"

1. 哪句话不对?

2. 小伙子说"当然敢了",他的意思是他敢做什么?

(短文二)工作不忙的时候,我原来喜欢两件事,一是看连续剧,二是听流行歌曲。但是最近,我发现连续剧越来越无聊。很多连续剧在内容和情节方面毫无突破,只知道搞笑,没有任何思想,没有任何可以让人思考的东西。所以,我已经有好几个月不看连续剧了。不过,我听流行歌曲的爱好却没有改变。流行歌曲有很多不同的风格和类型,我喜欢比较慢的。我还喜欢听老歌,我觉得,越是老歌,听起来越亲切。像邓丽君的"月亮代表我的心""小城故事",罗大佑的"童年""闪亮的日子",我听过无数遍了,但还是爱听。

3. 她最近对连续剧是什么态度?
4. 她喜欢什么风格的流行歌曲?

(短文三)人必须吃饭,才能活下去,但我们活着却不是为了要吃饭。对生命的意义,人们会有不同的理解,但毫无疑问的是,每个人都在追求着什么。演员们追求的是一炮走红,运动员们追求的是比赛胜利,设计师追求的是作品受欢迎。不过,这并不是说追求的东西越多越好。事实上,当我们左右为难、举棋不定时,往往是因为我们想追求的东西太多,因而不知道什么最为重要。这也意味着我们对自己想要追求的东西并没有明确的认识。因此,我建议你们先问一下自己:"我究竟想要什么?"

5. 这段话的主要意思是什么?
6. 这段话是对什么人说的?

第七单元　闻鸡起舞

第一题：从所给的词中选出你听到的。
1. 喜欢流行歌曲的人这几天都在谈论罗大佑的演唱会。
2. 教练提醒他不要因为训练耽误了学习。
3. 你的观念已经不适应越来越开放的时代了。
4. 他被公交车撞了，幸运的是，并没有受伤。
5. 休息了一整天，他才多少恢复了一点儿精神。
6. 她在生人面前，害羞得不得了，在朋友面前却很活跃。
7. 尽管他不是作家，但在文学界却很有影响。
8. 经过大家的安慰，她的情绪逐渐稳定下来。
9. 正在 NBA 打球的姚明接受了《三联生活周刊》杂志的采访。
10. 找不到精神寄托的人，会觉得生活空虚无聊。

第二题：下面是 10 个句子，分为 5 组。每组的两个句子中有一个相同的词组，听完后用汉语拼音写出这个词组。

甲组：1. 不要**盲目崇拜**那些不值得崇拜的事物。
　　　2. 他只是一个有钱的商人，你**盲目崇拜**他干什么？
乙组：1. 我这个人很随便，**饮食起居**没什么规律。
　　　2. 她辞了工作，在家里照顾丈夫的**饮食起居**。
丙组：1. 太极拳**独特的魅力**深深地吸引了这些体育爱好者。
　　　2. 每个国家的饮食习惯都有自己**独特的魅力**。
丁组：1. 谁都不喜欢和那些只做**表面文章**的人交往。
　　　2. 她做事看起来很周到，但其实做的都是些**表面文章**。
戊组：1. 他这么做**合情合理**，无可厚非。
　　　2. 她的分析有根有据，**合情合理**。

第三题：你将听到一个句子的一部分，从 A 和 B 之中选择一个，组成完整的句子。
1. 他很有个性，做什么事情都（A　与众不同　　B　让人崇拜）。

2. 他好静不好动,喜欢在家看书,(A 偶尔   B 偶然)出去打打球。

3. 这部连续剧情节曲折,大家看得 (A 津津有味   B 很有吸引力)。

4. 你都博士生了,走路还一蹦一跳,像中学生似的,(A 真的是满怀希望   B 不怕被人笑掉大牙吗?)

5. 你见到数学题就脑子一片空白,还想当科学家,真是(A 不知天高地厚   B 精神有寄托)。

6. 歌迷的情绪很高,欢呼声(A 让人哭笑不得   B 一浪高过一浪)。

7. 有一个健康的身体当然重要,但是我不想因为锻炼身体(A 耽误学习   B 水平太次)。

8. 这座小县城从来没有出过名人,现在有了个大名鼎鼎的作家,真是(A 算不上什么新闻   B 破天荒头一回)。

9. 他说要请你吃饭,其实是想求你帮忙,这叫(A 醉翁之意不在酒   B 井水不犯河水)。

10. 教练和全体队员都觉得很有把握,(A 一定能取得胜利   B 进攻和防守都很好)。

11. 马俊力去年加入了国家篮球队,(A 身体恢复得很快   B 成了一名职业球员)。

12. 我只想提醒你一件事,在接受采访时,(A 表现一定要活跃一些   B 害羞一些没关系)。

13. 表面上看,我们俩差别不大,(A 其实有很多不同   B 我的精力更充沛)

14. 我是偷偷儿地来你这儿的,(A 所以受伤了   B 别的人不知道)。

第四题:听对话,选择正确答案。

1. 男:汪莹,你玩过蹦极吗?

   女:打死我也不敢!再说,我身体素质差,不适合玩这种运动。

   男:有什么敢不敢的,不就是从高处往下跳吗,有保护呢!你不知道,现在就流行玩这个,连老年人都玩呢!我准备这个周末去玩一次。

   女:闹了半天你也没玩过呀,我还以为你天天玩呢!

他们在讨论什么？

2. 女：张军，周涛这个人怎么样？是不是很活跃？
   男：活跃什么呀，害羞得不得了，见到女孩子就躲，好像人家能把他给吃了似的。哎，你问这个干吗？是不是对他有意思啦！
   女：什么呀，学校安排我们俩去采访几位运动员，我跟他不熟，所以想问一问。

   周涛怎么样？

3. 男：刘芳，你业余时间都怎么安排？
   女：不固定，有时和朋友约会，有时上网聊天，有时去"东方娱乐城"跳舞，偶尔去听听演唱会。
   男：比我丰富多了！你看我，除了睡觉就是加班，没劲透了！

   女的业余时间不做什么？

4. 男：李娜，这件衣服在哪儿买的？真精神！大家都说你有眼光，买的衣服风格独特，与众不同，这下我相信了。
   女：其实也没什么，可能是因为我的性格比较特别吧。不是有人说，衣服能代表一个人的个性吗？不过，话又说回来，与众不同并不一定就意味着好看，也可能会让人觉得怪怪的。

   关于李娜，哪句话正确？

5. 女：小王，我问你，罗小佑这两天为什么那么高兴？
   男：前几天，她在一个演唱会上见到了自己最崇拜的歌星罗大佑，还跟罗大佑握了手。回来后她无比高兴，好几天没睡着觉。

   罗小佑怎么了？

6. 女：您拍电影快10年了，跟很多演员合作过，您最喜欢跟谁合作？
   男：我当演员之前最崇拜的是张曼玉，后来有机会跟她合作，我觉得很幸运。张曼玉是个非常优秀的演员，对人也很亲切，我从她那里学到了不少东西。
   女：请对喜欢你的观众说一句话。
   男：在拍电影的过程中，常常需要突破自己，有些突破在一开始，连我自己都觉得不可能成功，但我做到了。所以，我想对支持我的观众朋友们说，尝试去追求新的东西吧。

   男的正在干什么？

第五题：听短文,回答问题。

(短文一,男)去年高考我是我们那个县城的第一名,电视台还专门采访了我。同学们都很羡慕我,师弟师妹们对我更是崇拜得不得了。进了大学以后,我参加了很多活动,业余生活可以说异常丰富。但是,学习却给耽误了。因为平时太活跃,事情太多,上课的时候就没有精神,老晕晕乎乎的,总想睡觉。我的成绩越来越差,这个学期大部分考试都只得了60多分。成绩这么差,对我来说是破天荒头一回。老师提醒我,如果再这样下去,就很难顺利毕业。我痛苦极了,这时才明白:作为一名学生,学习是最重要的;一旦学习出了问题,什么都谈不上了。

1. 关于说话人,可以知道什么?
2. 这段话的主要意思是什么?

(短文二)一位运动员因发高烧被送进了医院。过了很长时间,他才醒过来。护士告诉他:"你高烧40度,睡了3个多小时。"这位运动员一听,马上问道:"请问,世界记录是多少?"听到这里,你可能会忍不住笑起来。这位运动员"永远争第一"的心理是如此强烈,以至于连发烧也要争世界第一。不过,仔细想想,要想成为世界冠军,不就应该这样吗?在体育比赛中,冠军和第二名的差别往往很小,谁也不敢说自己有绝对的把握取得胜利。运动员能做的,也只能是把目标记在心中,进行合理的训练,不断达到或突破自己的极限。至于比赛中能不能取胜,还要看教练的水平、对手的水平、观众的支持等等情况。

3. 听了文章开始讲的那个故事,你有什么反应?
4. 这段文章的主要意思是什么?

(短文三)2003年初,在国际足球联合会的一项最新排名中,中国足球队排在第64位。不少人都认为,中国足球队之所以成绩不好,主要原因不在于技术不行,进攻和防守能力不好,而在于队员的身体素质太差。看中国队比赛,没有人觉得他们精力充沛。球迷们问得最多的一个问题是:"为什么这些队员总是跑不动,总是一撞就倒?"有一个材料很能说明问题。在2003年1月15日举行的足球运动员YOYO测试这个项目上,广东雄鹰队有31个人参加测试,只有5人通过;山东鲁能队也是31人,只有12人通过;青岛队稍微好一些,26人参加测试,16人通过。YOYO测试就是折返跑,一个简单的跑步项目。人们不禁要问:不能跑步,怎么能踢球?只能跑半个小时,怎么能踢满90分钟?

5. 这段文章介绍的主要是什么?

6. 根据文章讲到的内容,填写下列表格:

球队	参加人数	通过人数
青岛队		
山东鲁能队		
广东雄鹰队		

第八单元 神秘莫测

第一题：从所给的词中选出你听到的。
1. 对男人来说,女朋友温柔可爱,再好不过了。
2. 他追求的是与众不同的浪漫爱情。
3. 辞掉工作以后,他的日子越来越艰难。
4. 中国的体育比赛制度逐渐完善起来了。
5. 因为厨师技术高明,这家饭店的生意非常好。
6. 忙了一整天,他觉得疲倦极了。
7. 过分自信给人的感觉就是骄傲。
8. 脾气好的人也会发牢骚。
9. 尽管不愿意,但他还是勉强答应了。
10. 他想当作家,可最后偏偏成了科学家。

第二题：下面是10个句子,分为5组。每组的两个句子中有一个相同的词组,听完后用汉语拼音写出这个词组。

甲组：1. 他是一个**默默无闻**的普通人。
　　　2. 大名鼎鼎和**默默无闻**正好相反。
乙组：1. 王军总是过分自信,这是他的**致命弱点**。
　　　2. 取得胜利的关键是找到敌人的**致命弱点**。
丙组：1. 这些话等你们**彼此熟悉**以后再说吧。
　　　2. **彼此熟悉**的人还用得着这么客气吗?
丁组：1. 我不希望这件事对你造成任何**消极影响**。
　　　2. **消极影响**不是没有,但关系不太大。
戊组：1. 他希望找到一个**事业上的伙伴**。
　　　2. 生活伴侣和**事业上的伙伴**是两个概念。

第三题：你将听到一个句子的一部分,从A和B之中选择一个,组成完整的句子。
1. 听了这位哲学家的演讲,大家(A 似懂非懂　　B 完全明白)。

2. 他这阵子太忙了,顾不上收拾,所以房间里(A 门当户对的   B 乱七八糟的)。

3. 他们在一起很配,所以大家都说他们是(A 天生的一对   B 幸运的一对)。

4. (A 自我安慰   B 自我控制能力)不强的人,容易发脾气。

5. (A 说来话长   B 说来好笑),我今天突然忘了我丈夫的名字。

6. 让害羞的人在大家面前唱歌,她会觉得(A 难为情   B 如鱼得水)。

7. 为了帮助孩子(A 养成良好的性格   B 记住失败的教训),父母应该鼓励孩子多和朋友交往。

8. 他经常和妻子吵架,这天回家以后,又是(A 大发脾气   B 打扫房间)。

9. 我有一个朋友特别幽默,和他在一起(A 别提多浪漫了   B 别提多有意思了)。

10. 马文莉什么时候都特别谦虚,(A 大家都很崇拜她   B 别人也喜欢跟她交往)。

11. 我早就告诉你了,小明特别固执,(A 可你偏偏不信   B 可你却很好强)。

12. 我们跟她讲了半天,(A 她才勉强同意了   B 彼此都很疲倦)。

13. 战争期间,大家的生活都很艰难,(A 有饭吃就不错了   B 饮食也比较合理)。

14. 我的工资又被扣掉了200块,(A 把我气坏了   B 老板真是太慷慨了)!

第四题:听对话,选择正确答案。

1. 女1:罗姗姗,你身材这么好,有什么秘诀吗?
   女2:秘诀谈不上,我觉得女孩子要想苗条,锻炼、控制饮食都不重要,关键是一定不能睡懒觉,作息要有规律。

   关于罗姗姗,哪句话不对?

2. 女:你知道《开往春天的地铁》吗?
   男:别搞笑了,地铁都是开往某一个地方的,怎么会开往春天?
   女:这是我向你推荐的电影,相当不错,什么时候约你女朋友一起去看吧。

他们在谈论什么问题？

3. 男：我怎么一点精神都提不起来？昨天睡得挺好的,也没得什么病,究竟是怎么回事呀？真是搞不懂。

女：你没听说吗,"春困秋乏",这个季节人们容易觉得疲倦,想睡觉。

男的有什么问题？

4. 男：我真是纳闷儿,为什么有的人干什么事都一帆风顺,而我,连坐飞机也这么艰难？

女：飞机坏了？

男：飞机倒是没坏。第一次我坐地铁去机场,突然停电了。第二次我打的,正走得好好儿的,司机接到一个电话,说他的孩子病了,马上要去医院。第三次很顺利地到了机场,偏偏又赶上大雨,飞机推迟起飞。

如果你是女的,你会怎样说？

5. 女：舒鹏,你以后不要回来太晚了,小心有鬼！

男：都什么时代了,你还相信有鬼！我看你是鬼故事看多了吧？

女："宁可信其有,不可信其无"嘛,小心一点总不是什么坏事。书上都说有,也许是真的。

哪句话正确？

6. 女：你这几天总是一个人默默地坐着,一句话也不说,想什么呢？

男：我看到一本书上说,成功的前提和关键是发现自己的弱点并且改正它。我很想成功,可我想了好几天了,也没有发现我有什么弱点。常言道,"人无完人",世界上没有完美无缺的人。可是,你说,我为什么会这么完美？

男的这几天怎么了？

第五题：听短文,判断正误。

(短文一,男)我是一个厨师,做菜的技术非常高明。起初我在一家饭店里工作,经常推出一些独特的菜,绝对与众不同,所以饭店的生意非常红火。可是老板脾气不好,动不动就冲我们大发脾气。你说他冲别人发脾气也就算了,我可是他生意成功的关键,他竟然也敢冲我发火,简直把我气死了。一气之下,我辞掉工作不干了,这叫炒老板的鱿鱼。现在我正准备自己当老板,开一个"美食天地",干一番事业。对了,我做的螃蟹号称"天下第一蟹",到时候你一定别忘了来我的"美食天地"尝一尝。

(短文二)鲁军来自西北的一个小县城。小时候家里的日子过得异常艰难,常常是吃了上顿没下顿。因为穷,鲁军不够自信,养成了内向的性格。别人和他说话的时候,他总是默默地听,很少开口。他觉得自己和别人的差别很大,所以就拼命地学习,只有学习上的成功才能给他带来一点自信。后来鲁军考上了大学,这在他们那个小县城可是破天荒头一回。大家都说鲁军聪明,天生是个大学生。他自己心里却很清楚,自己成功的秘诀不是聪明,而是好强、努力。现在他在一家电脑公司找到了不错的工作,住上了宽大豪华的房子,一家人生活在幸福之中。

(短文三)甲乙两家公司因为要扩展业务,想盖新楼。没想到,两家公司看上了同一块地方,就是地铁边上的那块空地。甲公司负责人说:"我们请风水先生看过了,这是我们的风水宝地。你们就别想要了。"乙公司的经理说:"我们也请风水先生看过了,这是我们的风水宝地。不管付出什么代价,我们都要买下这块地方。"两家公司互不相让,吵起架来。吵来吵去,大家觉得一直吵下去也不是办法,就准备把风水先生叫来,再仔细问一问。打电话的时候,两家公司吃惊地发现,他们说的竟然是同一个名字。这下他们纳闷儿了:怎么回事?你猜怎么着?原来他们请的是同一个风水先生!

第九单元　梅妻鹤子

第一题：从所给的词中选出你听到的。
1. 据说喜爱古典音乐的人精神往往更有寄托。
2. 大家对他这种自私的行为感到不满。
3. 香水的气味好闻，就证明质量不错。
4. 农村和城市的差距越来越小，怪不得有人不愿到城里来呢。
5. 附近的噪音太大了，简直吵得我睡不着觉。
6. 他养成了每天背五个成语的习惯，说话也爱用成语。
7. 研究显示，老年人的心理有儿童化倾向。
8. 小金身材苗条，让人羡慕得不得了。
9. 鲜花都有自己的语言，比如玫瑰象征爱情，康乃馨象征亲情。
10. 有客人来访，本来是件高兴的事，可他脸上一点笑容也没有。

第二题：下面是10个句子，分为5组。每组的两个句子中有一个相同的词组，听完后用汉语拼音写出这个词组。

甲组：1. 敌人**心狠手辣**，我们千万要小心。
　　　2. 自私的人一定**心狠手辣**吗？
乙组：1. 他是一个**中规中矩**的人。
　　　2. 现在的年轻人喜欢与众不同，不喜欢**中规中矩**。
丙组：1. 我对他已经**忍无可忍**了。
　　　2. 常言道："**忍无可忍**，无需再忍。"
丁组：1. 这件事情我**举双手赞成**。
　　　2. **举双手赞成**的意思是完全同意。
戊组：1. 客人一到，她立刻**笑容满面**。
　　　2. **笑容满面**并不一定说明心情愉快。
己组：1. 看见一条小虫子她也会**大喊大叫**。
　　　2. 有的人喜欢用**大喊大叫**来表示自己的不满。

作业文本

第三题：你将听到一个句子的一部分,从 A 和 B 之中选择一个,
组成完整的句子。

1. 小赵也太不像话了,(A 他的发音不好   B 又把我的自行车骑坏了)。

2. 不管你答不答应,(A 可见谁都想去   B 反正我一定要去)。

3. 怪不得他今天上班无精打采的,(A 原来是跟爱人吵架了   B 简直是太不像话了)。

4. 他连如此简单的成语都不知道,(A 因此,成语很不好学   B 可见他学得并不好)。

5. 她和一个有钱的商人结婚了,从此(A 不愁吃和穿   B 被人遗弃了)。

6. 他这个人非常自信,做什么事情都(A 胸有成竹   B 举棋不定)。

7. 这个小县城(A 四季常青   B 山清水秀),吸引了很多外地人。

8. 我们班最高的同学有两米零六,他和大家站在一起,简直是(A 松鹤延年   B 鹤立鸡群)。

9. 他既年轻又勇敢,什么事情都想尝试一下,真是(A 初生牛犊不怕虎   B 林子大了,什么鸟都有)。

10. 我说了这么多次,难道(A 我说得不好吗?   B 你没听见吗?)

11. 我的(A 方向感极差   B 脾气不好),所以学开车一点自信都没有。

12. 野生动物的数量正在迅速减少,所以,我们一定要(A 收养动物   B 采取措施)。

13. 你这个孩子也太不争气了!(A 怎么才考了65分?   B 应该平静一点。)

14. 小赵很有才能,但非常自私,(A 一点不顾别人   B 大家都很喜爱他)。

第四题：听对话,选择正确答案。

1. 女:孙枫,听说千岛湖山清水秀,风景秀丽。你刚从那儿回来,是这样吗?
   男:可不是嘛!特别是那里的水,号称"天下第一秀水",简直是棒极了,绝对值得一去。

他们在谈论什么问题?

2. 男:何晴,你怎么整天乐呵呵的,跟神仙似的?难道你没有烦恼吗?
   女:当然有了!不过,我觉得关键是要知道满足,知足常乐嘛!有的人,给他十个苹果他还说少;我呢,只要一个苹果就够了,因为还有人连半个苹果都没有呢。其实,生活就是这么简单,想开点儿,就什么烦恼都没有了!

   女的为什么整天跟神仙似的?

3. 男:廖燕,你听说了吗?上海的磁悬浮列车车票卖到了1000块钱一张!
   女:不可能吧,不是只有30公里,只需要7分多钟嘛!怎么那么贵?
   男:官方的票价是150,黑市票卖到了1000块。报纸上都在宣传,说没坐过磁悬浮列车,就不算到了上海,所以很多人把它当成上海的象征。
   女:怪不得呢!

   女的对什么感到奇怪?

4. 男:吴巧玲,你知道鹤里面有哪些是国家一级保护动物吗?
   女:这可难不倒我,鹤是我最喜爱的动物,我能不关心吗?有白鹤、白头鹤、赤颈鹤、黑颈鹤、丹顶鹤。

   没有提到哪种鹤?

5. 男:孙丽娜,你赞成选美比赛吗?
   女:我赞成也好,反对也好,反正年年会有这样的比赛,年年也会有漂亮的姑娘当选。
   男:听你的口气,你是不赞成了?
   女:我不是不赞成,我是说我的意见不重要。

   他们在讨论什么问题?

6. 男:今年的总统选举,我希望能有女性当选。
   女:别做梦了,这是不可能的。
   男:哎,小雯,你怎么这么绝对?现在都二十一世纪了,男女平等,女的为什么不能当选总统?
   女:不是我绝对,是本来如此。你想,如果这个女的长得不漂亮,男人就不会投她的票;如果她长得很漂亮,女人就不会投她的票。

哪句话不是小雯的观点？

第五题：听短文，回答问题。

（短文一）大部分人都喜爱动物，人们保护动物的意识也越来越强，这可以从很多事情上得到证明。比如，汉语里本来有这样一首儿歌："一二三四五，上山打老虎。老虎没打到，打到小松鼠。松鼠有几个，让我数一数。数来又数去，一二三四五。"现在人们把这首儿歌前边几句改成了："一二三四五，上山采蘑菇。蘑菇没采到，碰到小松鼠。""打老虎"和"打小松鼠"变成了"采蘑菇"和"碰到小松鼠"，说明人们对动物更有爱心了。

（短文二）很多人有了钱，就喜欢养一些小动物，也就是"宠物"。银行家钱先生也是这样，他在自己宽大明亮的办公室里，养了好多五颜六色的金鱼。所有的事情，给金鱼喂东西，换水等等，钱先生都亲自动手，从不让手下人帮忙。一天，一位记者来采访钱先生。他走进了钱先生的办公室，看见钱先生正在给金鱼换水，感到有些意外，就问道："钱先生，这些事情也需要您亲自动手吗？"钱先生回答说："是的，对我来说，这是一种乐趣。""钱先生，我有点不明白。银行每天有很多事务需要您来处理，您的时间一定很宝贵。在养金鱼上花这么多时间，会不会耽误您的时间，影响您的工作呢？"记者又问。"绝对不会的。既然你来采访我，肯定也知道，在这座大楼里，一共有将近2000名工作人员。不过，有一点你可能不知道，那就是，在这里，只有这些金鱼张着嘴巴却不是向我要钱。所以，看到它们我心情舒畅。我难道不应该对它们好一些吗？"

有些人则是因为养小动物而变得有钱的。一位百万富翁金先生对记者说："你已经在这儿坐了2个多小时了，我很佩服你的耐心。所以，我决定把我的发财秘诀告诉你，我以前从来没有告诉过任何人。我的秘诀就是：养鸽子，然后卖掉。""是吗？"记者非常吃惊，"那您一定养了很多鸽子吧？""不多，只有一只。但我和这只鸽子感情非常好，我头天卖掉它，它第二天就又飞回来。"

第十单元　独在异乡

第一题：从所给的词中选出你听到的。
1. 女孩子最喜爱的两件东西就是服装和化妆品。
2. 他性格内向,不怎么和人来往。
3. 一种学英语的方法——疯狂英语逐渐流行开来。
4. 有毅力的人在遇到挫折时不会随便放弃。
5. 见到自己崇拜的人,我感到万分荣幸。
6. 上门推销商品要特别注意技巧。
7. 因为没有真心朋友,他感到非常孤独。
8. 人生有苦有乐,不可能到处都是鲜花。
9. 因为一连失误了好几次,王军很快被淘汰了。
10. 这是最起码的要求,一点都不过分。

第二题：下面是10个句子,分为5组。每组的两个句子中有一个相同的词组,听完后用汉语拼音写出这个词组。

甲组：1. 她是个温柔的女人,对丈夫**体贴入微**。
　　　2. 要找一个**体贴入微**的男人简直比登天还难。
乙组：1. 连着加了几天的班,他感到**疲惫不堪**。
　　　2. 你看他那副**疲惫不堪**的样子,一定是累坏了。
丙组：1. 我有**减肥秘诀**,所以不怕变胖。
　　　2. 他说自己有**减肥秘诀**,其实就是不吃东西。
丁组：1. 做任何事情都要**讲究技巧**。
　　　2. **讲究技巧**的人往往可以事半功倍。
戊组：1. 在艰难的环境里,他依靠**非凡的毅力**取得了成功。
　　　2. 从事这种工作的人都有着**非凡的毅力**。

第三题：你将听到一个句子的一部分,从 A 和 B 之中选择一个,组成完整的句子。
1. 他从未和别人吵过架,(A 更不用说打架了　　B 大家都说他很疯狂)。

2. 她迫不及待地要见到亲人,所以(A 非常开心　　B 越走越快)。

3. 过去的几个月,我整天只知道花前月下,(A 但是常常迷路　　B 学习却给耽误了)。

4. 他在这个小县城住了将近30年,对这里的一切都(A 了如指掌　　B 特别管用)。

5. 教育孩子不能过分严格,要不然会(A 知足常乐　　B 适得其反)。

6. 他们结婚四十年了,说起这些年来走过的风风雨雨,真是(A 特别荣幸　　B 一言难尽)。

7. 这位厨师做的菜特别有家乡风味,(A 吸引了不少远离家乡的人　　B 可惜不能减肥)。

8. 不管是谁,真正的知心朋友肯定(A 不会很多　　B 比较能干)。

9. 他今年打工挣了不少钱,所以经常去商店(A 转换心情　　B 疯狂购物)。

10. 因为要对付考试,我连着开了一个星期的夜车,现在几乎(A 累趴下了　　B 忙得团团转)。

11. 他好静不好动,很少参加(A 外交活动　　B 户外活动)。

12. 听了丈夫的(A 甜言蜜语　　B 金嗓子),她觉得不好意思冲他发火了。

13. 在国外学习,不仅要克服生活上的困难,还要面对学习上激烈的竞争,(A 简直是棒极了　　B 没有压力那才怪呢)!

14. 特别疲惫的时候,(A 我就想趴在床上休息一下　　B 我常常望着窗外发呆)。

第四题:听对话,选择正确答案。

1. 男:曹洁,你知道《真心英雄》吗?
   女:《真心英雄》我不知道,《英雄》我倒是知道。
   男:《英雄》是张艺谋的新电影,很多人都迫不及待地要看;《真心英雄》是一首流行歌曲,旋律非常优美,我想把它推荐给你。
   关于《真心英雄》,哪句话不对?

2. 男:我很喜欢一句歌词:"外面的世界很精彩,外面的世界很无奈。"

女：一会儿说精彩，一会儿说无奈，真让人搞不明白，究竟是精彩还是无奈。

男：这才叫有哲理呢，它其实是要告诉我们：人生到底怎样关键在于自己，如果你努力奋斗，人生就会精彩，相反，人生会很无奈。

他们在谈论什么？

3. 男：现在商场的服务真是越来越好了，还免费给顾客做皮肤测试呢。

女：什么呀，这不过是一种推销的手段，为了促使你购买化妆品，就算没问题的皮肤也会被测出问题来。

女的对皮肤测试是什么态度？

4. 男：邵瑾，你最近怎么老发呆？遇到感情挫折啦？

女：在想问题呢，我想给自己定一个最完美的减肥计划。

男：要我说，你还不如用这些发呆的时间去做运动呢。减肥，只有运动最管用！

女的为什么老发呆？

5. 女：艾明，比赛结果怎么样？

男：真的是太可惜了，我差一点就成了冠军。我采用的疯狂进攻的办法很管用，但还是输了，真遗憾！

女：比分很接近吧？

男：是呀，要不然就不会觉得可惜了。三局的比分都是20比22，我总是在最后的关键时刻失误。

关于男的，对话告诉我们什么？

6. 女：我最喜欢的一句格言是"有志者事竟成"，它告诉我们，只要有毅力，最后一定能成功。

男：我最喜欢的是"太阳每天都是新的"，它告诉我们，不管面对什么样的挫折和失败，都不要对未来失去信心，因为每天都可以是一个新的开始。

哪个不是格言中谈到的哲理？

第五题：听短文，回答问题。

（短文一，男）你喜欢上网吗？不瞒你说，我是一个超级大网虫，吃饭、睡觉和上网是我生活的全部。只要一有时间，我就会迫不及待地去上网。我在网上购物,鲜花、杂志、服装、化妆品等,甚至吃的东西,我都在网上购买。在网上买东西方便极了,不出家门,就可以买到自己想要的任何东西。我在网上聊天,虽然我不知道跟我聊天的网友是男是女,是老是少,也不知道他们的真实姓名,但是我们聊得很开心。我相信,我们可以成为知心朋友,因为网上聊天比面对面的直接交流更轻松。我在网上工作,每天我把写好的稿子通过 e-mail 发到编辑部。我在网上获得帮助,当我遇到困难时,我会在网上请求帮助,很快就会有人给我回信,告诉我解决的办法。我还准备在网上谈恋爱、结婚。总之我的人生和因特网是分不开了,一旦离开它我也会马上死掉。

(短文二,女)时间过得真快,一转眼一个学期就要结束了。不少同学可能还清楚地记得,第一次上听力课时,我们学习的课文叫"第一次"。另外,大家也可能不会忘记,第一单元的题目叫"升堂入室",是希望大家的汉语水平越来越高的意思。现在,在学期的最后,回想这个学期的学习,你对自己的进步程度是否满意?你是不是觉得这本听力书很管用?作为听力课的老师,我最希望听到的是:"我现在听中国人讲汉语,根本不用费劲,简直太容易了!"

人们常说"万事开头难",又说"好的开始是成功的一半"。经过这么长时间的努力,大家可能都有同感:自己的汉语虽然还不完美,但已经相当不错了。在这个学期即将结束的时候,希望你的汉语能给你带来好的运气,同时更希望你能坚持学习汉语。好的开始固然重要,更重要的还在于坚持。只要你能坚持学习,时间会证明,你的一切努力都是值得的。我小的时候,老师常常让我想像:一条大河从西向东流,一个人划着船,却要往西边去。这种情况下会出现什么结果呢?很明显,如果你不能前进,就只能后退,随着河水往东边漂去。你不可能停留在原来的地方。老师告诉我,学习就是这样,不进则退。我现在把这个比喻送给你,希望你能体会到其中的哲理。

这篇文章是这个学期你听到的最后一篇。这篇文章的特别之处在于,文章的最后不是练习,而是祝愿。祝你事事满意,天天开心!